JENS FÖRSTER
SCHUBLADE AUF, SCHUBLADE ZU

Die verheerende Macht
der Vorurteile

Besuchen Sie uns im Internet:
www.droemer.de

Aus Verantwortung für die Umwelt hat sich die Verlagsgruppe
Droemer Knaur zu einer nachhaltigen Buchproduktion verpflichtet.
Der bewusste Umgang mit unseren Ressourcen, der Schutz unseres Klimas
und der Natur gehören zu unseren obersten Unternehmenszielen.
Gemeinsam mit unseren Partnern und Lieferanten setzen wir uns für eine
klimaneutrale Buchproduktion ein, die den Erwerb von Klimazertifikaten
zur Kompensation des CO_2-Ausstoßes einschließt.
Weitere Informationen finden Sie unter: www.klimaneutralerverlag.de

Originalausgabe Mai 2020
Droemer Verlag
Ein Imprint der Verlagsgruppe
Droemer Knaur GmbH & Co. KG, München
Alle Rechte vorbehalten. Das Werk darf – auch teilweise – nur mit
Genehmigung des Verlags wiedergegeben werden.
Redaktion: Sabine Wünsch
Covergestaltung: © www.lilliflux.de / M. Memminger
Satz: Adobe InDesign im Verlag
Druck und Bindung: CPI books GmbH, Leck
ISBN 978-3-426-27790-4

2 4 5 3 1

*Für Manfred, Frank und Jan
und alle anderen mutigen, aufrechten Menschen*

Inhalt

Einleitung: Wenn Normale verrücktspielen		9

Teil I
Vorurteile, Diskriminierung und Stereotype – Von was reden wir hier eigentlich?
17

Das ABC der Psychologie	21
Wo beginnt Diskriminierung?	33
Manchmal diskriminierst auch du!	42

Teil II
Unbewusste Vorurteile
47

Von Schubladen und schnellen Schüssen	52
»Wo kommst du eigentlich her?« – Fettnäpfchenkunde	66
Die Last der Vorurteile – Von sich selbst erfüllenden Prophezeiungen	72
Gruppen und ihre Regeln sind Wegweiser – Wehe den Andersdenkenden!	83
»Wir sind Papst!« – Von sinnlosem Rudeldenken	96
Spaßfreie Zone? Wann Stereotype nicht witzig sind	106

Teil III
Bewusste Vorurteile
111

Schwarz-Weiß-Denken: »Klassischer« und »moderner« Rassismus	117
Der nette Grabscher: »Moderner« und »ambivalenter« Sexismus	121

Homophobie oder: Wer hat Angst vorm schwulen Mann? 127
Wir da oben, die da unten – Soziale Dominanzorientierung 130
Nach oben buckeln, nach unten treten –
Autoritäre Persönlichkeit und Rechtsautoritarismus 134
Die Grenzen der Messung von Vorurteilen 141
Unsicherheit – Mit Sicherheit nicht gut für das Gute in uns 148

Teil IV
Wie wir das Atom spalten
155

Was Diskriminierung alles anrichten kann – Die Opfer 159
Regeln und Gesetze geben Struktur 164
Vom Südseekönig und vom Gendern 168
Mehr Rollstühle in der Nebenrolle 172
Den Scheinwerfer auf die Starken richten 174
Denk mal nicht an Eisbären! – Der Bumerang-Effekt 179
Die Erklärung für einen Unterschied
macht den Unterschied 185
»Mann, bist du blöd!« – Hundsgemeine Glaubenssätze 193
Gegensteuern – Offenen Auges, blindlings oder per Quote? 197
»Eine Welt« – Warum geht das nicht? 206
Bildung als Prophylaxe 218
Vom Selbstwert zur Wertschätzung der anderen 223
Die »Kontakthypothese« oder: *Love rules* 236

Schluss (mit lustig) 245

Danksagung 251
Literaturempfehlungen 253
Anmerkungen 264

Einleitung:
Wenn Normale verrücktspielen

Der Applaus ebbt langsam ab. Ich trinke einen Schluck Wasser, bevor die Diskussion losgeht. Die Moderatorin, Frau Molitor[1], übergibt mir einen Blumenstrauß und eine »gute Flasche Wein vom besten Winzer des Ortes«, wie sie ins Mikrofon verlauten lässt. Noch bevor sie das Publikum zu Fragen ermuntern kann, winkt ein Mann, geschätzt Mitte dreißig, ungeduldig mit der Hand. »Wie wunderbar«, freut sich Frau Molitor, »Sie sehen, Herr Förster, wie sehr uns das Thema hier bewegt …« Der Mann unterbricht sie barsch. »Ich finde es, entschuldigen Sie, Herr Professor, ein Unding, dass Sie die Schuld am digitalen Wahn allein den Eltern geben. Mein Name ist René Wittlich, ich bin dreifacher Vater, JA!, dreifach! Das gibt es noch in diesem Land. Ich habe mich immer wieder bemüht, meine Kinder von Handys fernzuhalten. Und nun kommen Sie und sagen uns: ›Versucht's mal mit Erziehung!‹ – Das ist, mit Verlaub, eine Unverschämtheit.«

Ich mag starke Reaktionen, räuspere mich kurz und will zur Antwort ansetzen, da erhebt sich eine feine Dame aus der ersten Reihe, die auch in dieser Gluthitze und nach zwei Stunden Vortrag noch einen Hut trägt. Sie pocht mit ihrem Stock auf den Boden und sagt zu dem aufgebrachten Herrn: »Sie haben doch gehört, was Herr Professor Förster gesagt hat! Dass in einer Familie Werte ganz deutlich kommuniziert werden sollen, und schon kann Erziehung ohne Strafen gelingen. Ich finde das fabelhaft!« Dann wendet sie sich nach vorn, zwinkert und raunt mir zu: »Ich war einmal Oberstudienrat.« Der dreifache Vater ist außer sich: »Das ist doch sonnenklar, dass die Regierung hier was machen muss, so wie in Frankreich. Handyverbot ...« Er ist rot angelaufen. »Und ich lasse mir auch keine Erziehungstipps von jemandem geben, der homosexuell ist und selbst keine Kinder hat.« Im Saal rumort es. Eine ungefähr vierzigjährige, bunt gekleidete Frau mit Bad-Hair-Frisur dreht sich zu ihm um und ballt die Faust: »Das kann ja wohl nicht dein Ernst sein, René, jetzt kommt schon mal ein renommierter Vorurteilsforscher zu uns in den Stadtsalon, fährt von Köln aus hier an den Mittelrhein für teuer Geld, und du kommst hier mir Stammtischparolen. Beleidigst den! Das geht gar nicht!« Herr Wittlich will antworten, wird aber von mehreren Seiten angeschrien.

Die Moderatorin geht dazwischen: »Meine Damen und Herren, es ist ja schön, wenn wir hier lebhaft diskutieren. Aber den Redner beleidigen, das geht nun wirklich nicht. Bleiben wir doch sachlich. Herr Professor Förster hat in seinem Vortrag ja auch gar nicht auf Erziehung abgehoben, sondern auf die Selbstregulation, also, wie es uns gelingt, uns selbst zu disziplinieren. Die Handys der Kinder, das war doch nur ein Beispiel, stimmt's?« Sie lächelt mich an, als hätten wir die Kindheit miteinander verbracht. Der Mann neben der bunten Frau ist ebenfalls aufgestanden und wendet sich zuerst an Frau Molitor und dann an den Vater: »Das ist richtig, Lissy, und wenn hier in Rhein am Rhein Schwule diskriminiert werden, dann ist es ein Zeichen von Zivilcourage, wenn meine Frau Brigitte hier für die Opfer eintritt.« Ich würde jetzt gern sagen, dass ich mich gar nicht als Opfer fühle, da kommt mir die feine Dame dazwischen: »Herrn Professor Försters sexuelle Orientierung spielt hier doch überhaupt keine Rolle. Und als Oberstudienrat a. D. muss ich Ihnen jetzt allen einen Tadel aussprechen.« Sie hebt mahnend den Zeigefinger und lächelt verschmitzt: »Ihr Kinder habt alle das Thema verfehlt. Ungenügend.«

Das ist richtig, denke ich, denn in dem Vortrag ging es

nicht um Vorurteile, sondern um Selbstregulation. Aber irgendwie hört das Publikum an diesem Abend wohl mein »altes Thema« heraus, das Thema, mit dem ich bekannt geworden bin. Ein übergewichtiger Mann in schwarzem Leder erhebt sich und krallt seine Hände in die Lehne des Vordermanns. Er schaut finster. Ich habe den Eindruck, mit dem ist nicht gut Kirschen essen. »Also, hier mal meine fünf Cent. Ich bin zwar nur ein asozialer, Bier saufender Biker, und ich habe auch überhaupt nichts gegen Schwule. Solange ihr die Pfoten bei euch behaltet, ist alles gut. Aber dieser ideologische Trip, auf dem der Herr Professor hier ist, ist doch komplett durchschaubar. Ich erinnere an Ihren Ausspruch in dieser Talkshow, in der Sie davon laberten, wir wären das reichste Land der Welt und so und dass wir es uns deshalb leisten könnten – nein, Sie sagten, dass wir sogar die *Pflicht* hätten, die Ausländer hier aufzunehmen. Putin lässt grüßen.« Er setzt sich hin und verschränkt die Arme vor der Brust. Die bunte Frau ist nicht mehr zu halten.

»Das ist doch genau das, was Deutschland ruinieren wird. Diese verdammte AfD. Diese Bier saufenden und pöbelnden Neofaschisten! Es ist echt zum Kotzen.« Ein paar Leute gehen. Der Biker grinst und öffnet zischend eine Bierdose. Ich denke: »Ich will auch eine.« Es ist heiß, zehn Uhr abends, und ich habe seit Mittag nichts gegessen. Sicherlich gibt es in dieser Kleinstadt keine Büdchen. Geschweige denn noch eine offene Küche um diese Zeit.

Die Moderatorin moderiert: »Unsere liebe Frau Günderode hier vorn hat recht. Wir sind alle nicht beim Thema!« Frau Oberstudienrat Günderode a. D. pocht mit dem Stock: »Ja, Lissy, dann wiederhole doch mal bitte das heutige Thema, damit es hier mal wieder manierlich vorangeht.« Lissy Molitor ist gerade überfordert, will in ihren Aufzeichnungen blättern, was ihr nicht gelingt, da sie in der einen Hand das Mikrofon hält. Die Blätter segeln auf den Boden, ich gehe auf die Knie und sammle sie auf. Beherzt ergreift sie das Wort: »Also, zur Erinnerung: Der Titel des Vortrags war ›Unser Autopilot. Wie wir unseren inneren Schwulenhund besiegen‹.« Tosendes Gelächter. Immer noch vor ihr kniend, schüttle ich den Kopf. Die Arme wendet sich vom Publikum ab, mit hochrotem Gesicht. Zu allem Überfluss muss sie auch noch husten. Sie hat sich verschluckt. Wieder gibt sie sich einen Ruck und dreht sich zum Publikum, das sich vor Lachen biegt. Die folgenden Sätze werden immer wieder von Lachsalven unterbrochen. »Pardon, Schweinehund, bei Herrn Förster ging es um seinen Schweinehund ... ich meine, nicht um seinen, o Gott ... um uns alle, um unser aller Schweinehund ... wie wir ihn besiegen ... O Gott, Herr Förster, wie mache ich das nur wieder ... O Gott, wie konnte das passieren? ... Gibt es denn noch Fragen zum Vortrag selbst Ihrerseits?« Dann muss zuerst ich laut lachen und dann sie selbst. Einige stehen schon vor dem Büchertisch Schlange. Ich wollte noch ankündigen, dass im nächsten Frühjahr wieder ein Vortrag zur multikulturellen Gesellschaft ansteht, hänge aber das Mikrofon in den Ständer und sage nur: »Ich wünsche Ihnen ein gutes Leben!«, woraufhin einige applaudieren. Dann marschiere ich zum Büchertisch.

In diesem Buch geht es um Vorurteile. Wieder einmal. Nachdem vor gut zehn Jahren mein erstes Buch *Kleine Einführung in das Schubladendenken. Über Nutzen und Nachteil des Vorurteils* herauskam, lässt mich das Thema nicht mehr los. Über hundert Vorträge habe ich in der Zwischenzeit gehalten, ich war in zig Talkshows zum Thema und werde immer wieder als Trainer und Gutachter für die Bereiche Diskriminierung, Normen der politischen Korrektheit und Diversity eingeladen. Neuerdings auch zu Inklusion, Faschismus, Sexismus, Frauen in Führungsetagen. Hat sich in den letzten zehn Jahren etwas grundlegend verbessert? Nein, mag man denken, wenn wir uns allein die Debatten der letzten Jahre anschauen. Im Gegenteil, hat sich die Lage nicht sogar verschlechtert? Der Begriff »Schubladendenken« wird nun standardmäßig für Diskriminierung benutzt, und wenn ich auch ein klein wenig stolz darauf bin, so kommt er mir doch wie eine Verniedlichung vor. Diskriminierung ist in Deutschland, und nicht nur hier, ein sehr ernstes Thema geblieben, und Ausgrenzung wird sogar noch leidenschaftlicher diskutiert als vor zehn Jahren, so kommt es mir vor. Wir haben eine nicht enden wollende Debatte über Geflüchtete, die unheilvollerweise mit einer »Islamdebatte« verwoben ist und wiederum als Grund dafür gesehen wird, warum in Deutschland rassistische Meinungen und sogar Parteien wieder salonfähig sind. Wir haben eine #MeToo-Bewegung und einmal mehr erfahren, dass Frauen immer noch massiv belästigt werden, hier und heute und nicht nur in den 50er-Jahren. Gleichzeitig empfinden manche diese Auseinandersetzung als übertrieben und sprechen von »Überempfindlichkeit« oder von einem »neuen Pranger«.

Diese Diskussionen waren alles andere als heiße Luft, hatten sie doch Konsequenzen, für politische Entscheidungen und Ereignisse und für viele Menschen. Weil sich Angela Merkel und Horst Seehofer in der Flüchtlingsfrage nicht einigen wollten, wäre fast die Regierung zerbrochen, mit einigen Schäden für die politische Glaubwürdigkeit. Weil sich Mesut Özil diskriminiert fühlte, verließ er die Nationalmannschaft und provozierte eine #MeTwo-Bewegung,[2] in der wir erfahren mussten, wie unsäglich unfair Deutsche mit sogenannten Ausländern umgehen. Und zahlreiche Männer verloren ihre Posten, weil herauskam, wie sie mit Mitarbeiterinnen und Kolleginnen umgegangen sind – es werden weitere folgen. So hat die #MeToo-Bewegung bestimmte Institutionen wie etwa die Universitäten noch gar nicht erreicht, und sie wird, wenn sie schließlich dort ankommt, die Alma Mater in ihren

Grundfesten erschüttern, das kann ich schon jetzt prophezeien, denn schließlich habe ich über dreißig Jahre lang an Universitäten verbracht, darunter siebzehn als Professor.[3] Auch in Sachen Gleichberechtigung im Beruf hat sich an den deutschen Universitäten kaum etwas getan. Während achtzig Prozent der Psychologie Studierenden Frauen sind, gibt es immer noch nur zwanzig Prozent Professorinnen.

Während meiner Zeit an Universitäten in Deutschland, den Niederlanden und New York habe ich zig Forschungsprojekte über Vorurteile und soziale Kognitionen durchgeführt. Über hundert wissenschaftliche Artikel sind daraus entstanden. Über diesen langen Zeitraum hat sich auch die Wissenschaft weiterentwickelt.

Aus diesem Grunde habe ich mich entschieden, das alte Buch *Kleine Einführung in das Schubladendenken* nicht zu überarbeiten, sondern stattdessen ein neues Buch zu schreiben. Die Theorien zur Entstehung von Vorurteilen haben über die Jahre Bestand gehabt und sich als sehr nützlich erwiesen, weshalb ich sie hier noch einmal zusammenfassen und durch neue Ansätze ergänzen werde. Andere Forschungsbereiche haben sich vom Alltag entfernt und sind eine Art Elfenbeinturm-Forschung geworden, mit der ich Sie nicht belästigen werde. Es geht hier vielmehr darum, den neuesten Forschungsstand in verständlicher Weise – so wie im Ursprungsbuch – zu präsentieren, mit zahlreichen Anekdoten und Fallbeispielen zu veranschaulichen, sowie darum, zu ergründen, was die Wissenschaft zu den brennenden gesellschaftlichen Fragen beitragen kann. Ich bin mittlerweile nicht mehr allzu optimistisch, dass ich mit einem Buch die Welt verändern kann, hoffe aber, dass die wissenschaftliche Psychologie hilfreich ist, um Vorurteile und Diskriminierung im Alltag besser zu verstehen. Ich präsentiere Ihnen die wichtigen Befunde der internationalen Psychologie, die uns helfen könnten, Diskriminierung und Aggression gegenüber Minderheiten anzugehen. Das meiste wurde in den USA entwickelt und entdeckt. Es trifft jedoch, wie Sie sehen werden, auch auf Deutschland zu. Wann immer ich sie finden konnte und für relevant hielt, nutzte ich auch deutsche Forschung.

Mein Spezialgebiet ist die *Sozialpsychologie*, das heißt die Psychologie, die sich mit dem Alltagsleben der Menschen beschäftigt, die nicht als »klinische Fälle« betrachtet werden können. Sie beschäftigt sich vornehmlich damit, wie wir andere Menschen wahrnehmen, und dabei, so hat man in fast hundert Jahren intensiver Forschung festgestellt, spielen Vorurteile eine große Rolle. Ich habe diesen Bereich der Psychologie einmal »Alltagspsychologie« genannt, 2018 dann ein plastischeres Bild entwickelt: die »Alienpsychologie«. Sozialpsychologie ist demnach der Versuch, einem intelligenten Alien zu erklären, warum wir Menschen uns so und nicht anders verhalten, warum manche Menschen Blondinen doof finden, warum ärmere intelligente Kinder seltener an Universitäten studieren oder warum es so wenige Frauen in Führungspositionen gibt. Ich erkläre meinem Alien, der gern WRX genannt werden will, auch, was uns selbst selbstverständlich und teils sogar »gottgegeben« erscheint, denn ein Alien würde auch fragen, warum wir dabei zusehen, wie Menschen, die aus ihrer Heimat flüchten, im Meer ertrinken, warum Homosexuelle brutal zusammengeschlagen werden und warum ein Mann Präsident werden kann, der behauptet, sein Reichtum erlaube es ihm, Frauen in den Schritt zu greifen.

Das Bild des Aliens macht vielen meiner Zuhörer*innen auch deshalb Spaß, weil es dazu animiert, einmal darüber nachzudenken, wie alles auch ganz anders sein könnte. Warum eigentlich dürfen wir Autos auf der Straße abstellen, nicht aber unsere Kleiderschränke? Warum müssen sich alte Menschen in unseren Altenheimen einschränken? Das alles muss ich WRX immer wieder erklären. Er ist der festen Überzeugung, *alles könnte auch ganz anders sein,* es gebe immer viele verschiedene Perspektiven auf dieser Welt ... vermutlich liegt es daran, dass er, im Gegensatz zu uns, viele Köpfe hat, die sich gegenseitig beobachten können. Und dass diese Köpfe verschiedene Charaktere haben – einer ist bescheiden, einer aggressiv, einer materialistisch, einer einfach grün schillernd und inhaltsleer ... WRX meint, dass es in unseren Köpfen genauso aussieht. Es gebe immer verschiedene Teile in uns, und jeder hat eine andere Perspektive. Komischerweise nutzten wir aber meistens nur eine ...

Teil I
Vorurteile, Diskriminierung und Stereotype – Von was reden wir hier eigentlich?

In der Alltagssprache ist häufig von »Vorurteilen« die Rede, und auch die Fremdwörter »Klischee« und »Diskriminierung« haben es auf die Straße geschafft. Irgendwie wissen wir alle, was wir damit meinen. Und doch, wenn es relevant wird, wollen wir es genauer wissen. Wenn der schwarze Student Tori Reichel in einem offenen Brief an die Uni Wien beklagt, dass sie sein Foto nutzt, um ihre »internationalen Kontakte« anzupreisen – ist das übertrieben? Der in Oberndorf bei Salzburg geborene 23-Jährige fühlte sich durch diese Verwendung des Bildes »diskriminiert«. Oder was ist mit der Klage von Frauen gegen Banken wegen Diskriminierung? Sechs Mitarbeiterinnen warfen der Dresdner Kleinwort (die ehemalige Investmentsparte der Dresdner Bank) vor, niedrigere Bonuszahlungen als Männer für dieselbe Leistung erhalten zu haben. Mitarbeiterinnen unter anderem von Morgan Stanley, Merrill Lynch und der Deutschen Bank prangerten »eine Kultur der Diskriminierung« an, »Männerzirkel«, zu denen sie keinen Zugang gehabt hätten. In vielen Klagen war die Rede von Vertragsabschlüssen und Entscheidungen, die im Bordell verhandelt worden waren. Nicht wenige Frauen erhielten recht und Millionenbeträge als Schadensersatz.[1] Oftmals endeten die Prozesse in einem vorgerichtlichen Vergleich, wohl weil die Banken einen publikumswirksamen Prozess als große Gefahr einschätzten. Man hat also Angst davor, als diskriminierend angesehen zu werden. Diskriminierung beschäftigt freilich nicht nur Banken und Universitäten, sondern betrifft nahezu alle Lebensbereiche – auch den Sport.

»Schweren Herzens und nach gründlicher Überlegung werde ich wegen der zurückliegenden Vorkommnisse nicht länger für *die deutsche Nationalmannschaft spielen, da ich Rassismus und fehlenden Respekt spüre*«[2], so Mesut Özil am 22. Juli 2018. Diese Ankündigung traf das hitzegeplagte Deutschland wie ein Paukenschlag. Er fühle sich als Türke und Muslim diskriminiert, obwohl er Deutscher sei. Nicht angekommen in dieser Gesellschaft. In seinen drei Briefen, die er um diesen Austritt herum veröffentlichte, schildert er Beispiele für offenen Rassismus: »*Ich wurde von Bernd Holzhauer (ein deutscher Politiker) als ›Ziegenficker‹ wegen meines Bildes mit Präsident Erdoğan und meines türkischen Hintergrunds bezeichnet. Außerdem sagte mir Werner Steer (Chef des Deutschen Theaters), dass ich mich ›nach Anatolien verpissen soll‹, ein Gebiet in der Türkei, aus dem viele Migranten stammen.*« *Und er zitiert einen* »*Deutschland-Fan, der mir nach dem Spiel gegen Schweden gesagt hat: ›Özil, verpiss dich, du scheiß Türkensau. Türkenschwein, hau ab.‹*« *Allerdings hatte es Kritik nicht allein gehagelt, weil Herr Özil sich mit Erdoğan abbilden ließ, auch sein Spiel missfiel vielen Fans und Sportjournalisten. Waren das etwa alle Rassisten? Wie definiert man ein Vorurteil? Und wer entscheidet, wann Diskriminierung vorliegt?*

Das ABC der Psychologie

In der Psychologie untersuchen wir, wie Menschen denken, fühlen und handeln. Diesen Bereich des menschlichen Lebens kann man mit der **ABC-Formel** gut erfassen:

A wie **A**ffect = Emotion, Stimmung, Gefühl
B wie **B**ehavior = Verhalten und
C wie **C**ognition = Denken, Wahrnehmung, Erinnern

Man kann sich fragen, was Menschen fühlen (A), wenn sie Özil einen »Scheißtürken« nennen (Ärger? Neid? Wut? Schadenfreude? Mitleid? Hass? etc.), was sie über Türken denken (C) (»Die sollen nach Hause gehen«, »Die nehmen uns die Jobs weg« etc.) und wie sie sich ihnen gegenüber verhalten (B) (meiden, beleidigen, ignorieren etc.).

Unter einem Vorurteil versteht man in der wissenschaftlichen Sozialpsychologie, die sich mit dem Phänomen zentral beschäftigt, gemeinhin *eine Abneigung oder Zuneigung gegenüber einer Person aufgrund ihrer Zugehörigkeit zu einer sozialen Gruppe*. Eine soziale Gruppe bilden zum Beispiel Türken, Sinti, Deutsche, aber auch Frauen, Oberstudienräte, Pubertierende, Veganer, Mathematikerinnen, ein Organisationsteam, Übergewichtige etc. Offensichtlich müssen sich die Mitglieder einer sozialen Gruppe weder kennen – wie sollten sich beispielsweise sämtliche Pubertierende der Welt kennen? – noch miteinander interagieren (im Sinne eines Teams), sondern werden lediglich deshalb als Gruppe wahrgenommen, weil sie ein gemeinsames Merkmal tragen. Ein solches Merkmal kann erworben werden, wie zum Beispiel Porsche-Sammler oder Priester sein, oder angeboren sein wie Geschlecht,

Ethnie, Hautfarbe oder sexuelle Orientierung, um nur einige zu nennen.

Ein Vorurteil beinhaltet eine Emotion oder – wie wir Sozialpsycholog*innen sagen – einen affektiven positiven oder negativen Wert, der sich in Abneigung (»Ich mag keine Türken«) oder Zuneigung (»Ich finde Türken klasse«) ausdrücken kann. Daraus entwickeln sich Meinungen. »Ich finde, die Türken integrieren sich nicht genug und wollen mit uns Deutschen nichts zu tun haben« wäre ein Beispiel oder »Türken sind sehr kinderlieb«. Nicht immer – aber häufig – basieren Urteile über andere auf dürftigem Wissen. Man fällt ein Urteil, obwohl man wenig über die Person und oft auch wenig über die Gruppe weiß. »Beamte sind faul«, »Frauen können kein Unternehmen führen«, »Schwule machen nur Party« oder »Fußballspieler haben nichts in der Birne« sind solche Vorurteile. Auf Personen angewandt wäre es so etwas wie: »Der neue Nachbar ist Lehrer – na, der wird sicherlich genug Zeit haben, sich über den Balkon zu hängen und die Kinder anzumeckern!«

Im Gegensatz zum allgemeinen Sprachgebrauch gibt es auch positive Vorurteile: »Homosexuelle sind kreativ und haben Geschmack«, »Dicke sind lustig und gute Kumpel« oder »Schwarze sind die besten Sportler« gehören dazu. Letztendlich resultieren negative Emotionen wie Ekel, Angst, Neid in einer negativen Meinung und positive Gefühle wie Neugier, Freude, Erregung in einer positiven Meinung.

Manche Affekte sind uns aber auch nicht bewusst. Vor allem dann, wenn wir uns schnell negativer Vorurteile entledigen wollen, die wir während unserer Kindheit entwickelt haben. An der Jacobs University Bremen begegnete ich einer Studentin, die aus einem Land kam, in dem Homosexuelle wie Aussätzige behandelt werden. Sie erzählte, wie ein schwuler Mitschüler gefesselt und halb tot geschlagen wurde, vor den Augen aller Dorfbewohner. Irgendwann wandte sie sich an mich und sagte: »Ich habe Ihre Vorlesung besucht und habe mich total verändert. Ich akzeptiere jetzt Homosexuelle, und darauf bin ich auch ein wenig stolz. Vielen Dank, dass Sie mich so wachgerüttelt haben.« So sehr mich das rührte, so wenig erkannte ich das in ihrem Verhalten. Als einmal auf dem Campus ein Film gezeigt wurde, in dem zwei Männer sich küssten, zuckte sie zusammen und hielt sich die Hände vor die Augen. Diese Verhaltensweise war allerdings für jemanden, der jahrelang einer homophoben Kultur ausgesetzt war, zunächst völlig »normal«, denn unser Langzeitgedächtnis speichert Emotionen, die mit bestimmten Verhaltensweisen oder sozialen Gruppen zusammenhängen. Dies erlaubt es uns, schnell auf Eindrücke von außen zu reagieren. Wenn wir gelernt haben, dass große schwarze Männer gefährlich sind (egal, ob das stimmt oder nicht), dann wechseln wir, wenn uns ein solches Exemplar nachts entgegenkommt, eher die Straßenseite, als wenn eine 1,50 Meter große Chinesin auf uns zuläuft. Unser emotionales Langzeitgedächtnis radiert nicht einfach und sofort Gedächtnisspuren aus, die uns seit Jahren dabei geholfen haben, in unserer Kultur »gut« und »böse« voneinander zu unterscheiden. Es braucht vielmehr Zeit und bedarf einiger Arbeit an sich selbst, um spontane negative Reaktionen durch positive zu ersetzen. Selbst wenn man den festen Willen hat, dauert es, ein Vorurteil zu zertrümmern.

Auch einmalige traumatische Erfahrungen können zu starken Vermeidungsreaktionen oder Abneigungen führen. Viele Kölnerinnen haben berichtet, dass bei ihnen Vorurteile durch die sogenannte Silvesternacht in Köln entstanden waren: dass sie nachts besonders empfindlich reagierten, wenn ihnen ein Mann mit dunkler Haut begegnete, und sie manchmal sogar starke Angst entwickelt hatten. Manche waren durch diese Empfindungen ganz verwirrt, denn sie wollten gar nicht so reagieren, hielten sich für tolerant und gehörten sozialen Gruppen an, die Geflüchtete eher begrüßen wollten und das

Leid dieser Menschen verstanden. Dies ist nicht verwunderlich, denn unser emotionales Gedächtnis vergisst Angstbesetztes, aber auch Ekel oder Unwohlsein nicht so schnell, auch wenn unsere Vernunft das vielleicht möchte. Wir kennen das von Lebensmittelvergiftungen: Viele Menschen können nach einer Muschelvergiftung keine Meeresfrüchte mehr essen. Und so gesteht der linke Shooting-Star der französischen Literaturszene Edouard Louis voller Scham, dass er, nachdem er von einem Algerier vergewaltigt worden war, rassistische Gefühle entwickelt hätte, die er auf der Kopfebene vehement ablehne.

In der Sozialpsychologie sprechen wir zudem von *Stereotypen*. Sie betreffen das **C**, die *Cognition*, also das Denken über bestimmte soziale Gruppen. Stereotype sind mit einer sozialen Gruppe assoziierte Eigenschaften, die starke Abneigung oder Zuneigung beinhalten können, aber nicht müssen, wie »Türken essen Döner«, »Schwarze leben in den USA in ärmeren Vierteln« oder »Frauen reden mehr als Männer«. Ich habe diese assoziativen Netzwerke einmal *Pseudowissensstrukturen* genannt, die im Langzeitgedächtnis gespeichert werden. Pseudowissen deshalb, weil wir ständig allen möglichen Informationen über soziale Gruppen ausgesetzt sind und sie manchmal einem Test standhalten, oftmals aber auch nicht. Auf der anderen Seite nutzen wir diese Stereotype wie ein Wissen um Objekte oder Situationen, das heißt, wir richten uns häufig danach. Wenn wir so etwas abgespeichert haben wie »Frauen sind kommunikativer als Männer«, stellen wir unter Umständen lieber eine Frau in unserem Callcenter ein als einen vielleicht gleich qualifizierten Mann. Und wir würden Pizza eher in einem italienischen Restaurant bestellen als in einem Brauhaus. Im Gegensatz zum Affekt, der bei Vorurteilen eine starke Rolle spielt, entsprechen Stereotype rein gedanklichen Konstruktionen. Man hat Vorurteile »heiß« und

Stereotype »kalt« genannt, weil Letztere recht verkopft daherkommen können. Die Annahme etwa, dass Italiener*innen Pizza mögen, mag nicht unbedingt zur Folge haben, dass ich sie gern mag oder der Meinung bin, Italiener*innen sind tolle Europäer*innen.

Stereotype sind üblicherweise in einem gesellschaftlichen Kontext entstanden und beinhalten *sozial geteiltes* Pseudowissen. Uns Deutschen sind Stereotype wie »Alte sind weise, aber vergesslich«, »Manager sind männlich und Materialisten«, »Biker tragen Lederjacken« oder »Amerikaner sind häufig übergewichtig« bekannt – dies bedeutet, dass die meisten in unserem gesellschaftlichen Kontext ein solches Pseudowissen im Gedächtnis gespeichert haben. Wenn man an ein Stereotyp glaubt und es vertritt, also zum Beispiel tatsächlich meint, dass Amerikaner übergewichtig und unwissende Cowboys seien, und darüber hinaus Übergewichtige unattraktiv oder gar eklig findet, dann würde aus dem Stereotyp ein Vorurteil. Wenn man diese Assoziationen eher fragwürdig findet, handelt es sich immer noch um ein Stereotyp, aber nicht um ein Vorurteil. Man *weiß*, dass andere so über Amerikaner denken, hat also »stereotypes Wissen«, findet es jedoch gleichzeitig nicht nützlich oder sogar verwerflich, so über andere zu denken.

Diese Unterscheidung ist für viele Leser*innen sicherlich nicht so wichtig, denn im Alltag lassen sich Vorurteile und Stereotype oftmals nicht voneinander trennen. Wenn mir irgendwann meine Musiklehrerin vermittelt hat, dass Schwarze besser Jazz singen als Weiße, dann vertrete ich vielleicht auch diese Meinung und fühle mich wohl, sobald Louis Armstrong in einem Café erklingt. **A**, Affect, und **C**, Cognition, überlappen sich also häufig.

Allerdings werde ich später über Forschung berichten, die zeigt, dass die kalte, emotionslose Assoziation »Schwarze = Getto« selbst bei toleranten Menschen zu Diskriminierung führen kann. Aus diesem Grund machen wir in der Forschung einen Unterschied zwischen A und C, denn um zu diskriminieren, braucht man keine Rassistin oder ein Sexist zu sein – manchmal, so gruselig das klingen mag, diskriminieren wir alle.

Im Alltag würde man häufiger das Wort »Klischee« benutzen. Während allerdings das Klischee eindeutig unwahre oder übertriebene Vorstellungen beinhaltet und daher niemals zutrifft, kann ein Stereotyp der »Wirklichkeit« entsprechen oder sich ihr annähern – oder auch nicht. Natürlich müssen wir bei der Personenbewertung mit Begriffen wie »Wahrheit« und »Wirklichkeit« vorsichtig umgehen, denn letztendlich ist unklar, wer eigentlich bestimmt, wann jemand dumm, attraktiv, aggressiv oder kreativ ist, um nur ein paar Beispiele zu nennen. WRX hat umgehend erkannt, dass solche Urteile immer auf die Perspektive ankommen. Er mag das Wort *ist* sowieso am wenigsten und meint, nach dem nächsten Evolutionsschub würden wir Menschen nur noch danach beurteilen, was sie *tun*.

Stereotype sind die *Schubladen*, die wir in unserem Gedächtnis vorfinden. Treffen wir auf eine fremde Frau, scannt unser Wahrnehmungsapparat sie zunächst nach gruppentypischen Merkmalen. Wir erkennen, so die Forschung, innerhalb von Millisekunden, noch bevor wir einen Menschen überhaupt bewusst wahrnehmen, ob es sich bei ihm um einen Mann oder eine Frau handelt, ob er jung oder alt ist, weiß oder schwarz, ob er ärmlich oder teuer gekleidet ist. Eine Fremde wie Frau Günderode kommt also zunächst in die Schublade »alte, wohlhabende Frau«, in der passende Assoziationen herumliegen wie »liest gern Romane«, »spricht Fremdsprachen« oder »kocht gut«. Damit haben wir in Millisekunden einen groben Eindruck von ihr. Will ich mit ihr ins Gespräch kommen, spreche ich sie vermutlich nicht auf die letzten Bundesliga-Ergebnisse an, weil »Fußball« in ihrer

Schublade schlichtweg nicht zu finden ist, sondern mache ihr vielleicht Komplimente bezüglich ihres schicken Kleides oder rede über meinen Hundewelpen, der gerade meine Prada-Schuhe zerlegt hat.

Diskriminierung bezeichnet ein unterschiedliches Verhalten gegenüber einer Person aufgrund ihrer Gruppenzugehörigkeit. Diskriminierung gründet auf Stereotypen und Vorurteilen: Viele von uns haben in ihrem Kopf gespeichert, dass Fußball ein Männersport ist (**C**: Stereotyp), viele sind auch der Meinung, dass Frauen nicht so gut Fußball spielen (**A**: Vorurteil) – deshalb schauen sich viele die Frauenfußball-WM gar nicht erst an (**B**: Diskriminierung). Viele würden ihre Tochter eher dazu motivieren, in den Ballettunterricht zu gehen, statt dem Fußballverein beizutreten, obwohl sie den so klasse findet (**B**: Diskriminierung). Diskriminierung beinhaltet die Wendung »einen Unterschied machen«. Dies kann auf eher harmlos erscheinende Beispiele zutreffen: »Weil sie eine Tochter und kein Sohn ist (Unterscheidung), schicke ich sie eher zum Reiten als zum Fußball.« Diskriminierung ist auch, dass der schwarze Student Tori Reichel in der Uni-Broschüre nur in Kontexten auftaucht, in denen es um die Internationalität der Universität geht. Hier wird ein Unterschied gemacht, der noch dazu der Realität nicht standhält, da Reichel gebürtiger Österreicher ist.

Diskriminierung umfasst eine breite Skala von Verhalten, die von mild bis sehr schwerwiegend reicht: Wenn Sie sich – bewusst oder unbewusst – auf einen Platz weiter weg von einer Türkin im Bus setzen, hätten wir es demnach bereits mit Diskriminierung zu tun. Wenn ich eine Studentin, die sich im Statistikunterricht meldet, ignoriere, weil ich denke, Frauen könnten eh nicht rechnen, dann wären die Folgen schon schwerwiegender. Wenn Kinder einen Kleinwüchsigen mobben und schlagen, wäre das noch heftiger. Weit oben auf der

Skala findet sich extrem aggressives Verhalten gegenüber Menschen bestimmter Gruppierungen wie Übergriffe auf Kippa-Träger oder Überfälle auf Flüchtlingsunterkünfte – am Ende steht der Völkermord.

A, **B** und **C** – alle drei Faktoren beinhalten die Gruppenzugehörigkeit eines Menschen. Es geht bei Vorurteilen, Stereotypen und Diskriminierung immer um Generalisierungen, das heißt nicht um ein bestimmtes Individuum, sondern um diesen Menschen als *Mitglied einer sozialen Gruppe* und darum, was wir von ihr halten. Wenn ich eine Studentin ignoriere oder nicht mag, weil sie sich mir gegenüber unverschämt verhalten hat oder weil sie die Seminare schwänzt, muss ich mir vermutlich nicht vorwerfen, aufgrund eines Vorurteils zu handeln. Hier hat mein Verhalten mit dem spezifischen Verhalten der Studentin, einem Individuum zu tun und nicht mit der Gruppenzugehörigkeit Frau. Mag ich sie allerdings nicht, weil ich denke, Frauen nähmen ihr Studium weniger wichtig als die ehrgeizigeren Männer, dann handle ich auf der Basis eines klassischen Vorurteils.

Manchmal sind unsere Stereotype so stark im Kopf verankert, dass wir gar nicht verstehen können, wenn sich jemand aus einer sozialen Gruppe ganz anders verhält. Walter Lippman, ein Journalist in den 1920er-Jahren, beschrieb sie als »Bilder im Kopf«, die sehr feste Vorstellungen davon beinhalten könnten, wie etwas zu sein habe.

Ein absurder Vorfall im Jahr 2018 in Österreich mag das illustrieren. Ein Beamter des Bundesamts für Fremdenwesen und Asyl lehnte das Asylgesuch eines homosexuellen Afghanen mit folgender Begründung ab: »Weder Ihr Gang, Ihr Gehabe oder Ihre Bekleidung haben auch nur annähernd darauf hingedeutet, dass Sie homosexuell sein könnten«, und weil ihm bekannt war, dass sich der Mann im Asylheim ab und zu gestritten hätte. »Ein Aggressionspotenzial ist bei Ihnen also vorhanden, was bei einem Homosexuellen nicht zu erwarten wäre.« Der Beamte glaubte auch der Aussage nicht, dass der Mann heterosexuelle Jungen geküsst habe: »Dass Sie nicht homosexuelle Jungs geküsst hätten, sogar viele davon, ist absoluter Unsinn. Sie hätten das im Spaß gemacht, behaupteten Sie. Hätten Sie das tatsächlich bei einem nicht homosexuellen Jungen gemacht, dann hätten Sie furchtbare Prügel bezogen.« Der Beamte hat zudem genaue Vorstellungen davon, wie Heterosexuelle ticken: »Kein Mann lässt sich von einem anderen Mann küssen, wenn er nicht homosexuell ist. Das ist völlig undenkbar.«

Stereotype Vorstellungen sind, wie dieses Beispiel zeigt, manchmal wie in Stein gehauen, und Menschen vertreten sie mit großer Überzeugung, als gäbe es keine Alternativen. Die Welt erscheint schwarz oder weiß, Graustufen sind »völlig undenkbar«. Das Beispiel zeigt auch, welche verheerenden Konsequenzen diese Konstruktionen haben können, denn einem abgeschobenen homosexuellen Afghanen drohen in seinem Heimatland Folter und Tod. Deshalb hat der Europäische Gerichtshof auch einen Anspruch auf Asylrecht bei homosexuellen Afghanen vorgeschrieben. In Europa schicken wir keine Geflüchteten in den Tod.

Immer wieder höre ich: »Ach, kommen Sie, Herr Förster, wenn Sie in Polen Urlaub machen, dann fahren Sie doch sicher nicht mit Ihrem eigenen Auto dorthin?« Und ein Universitätskollege, der mich immer wieder mit deutschen Vorurteilen aufziehen will, meinte: »Aber ihr Deutschen dürft euch doch nicht wundern, dass ihr inzwischen vor allem mit dreckigen Pornos in Verbindung gebracht werdet. Dafür seid ihr doch bekannt! No condoms, SM, Gangbangs – wer macht denn sonst solche Filme? Da habt ihr doch eindeutig eure Marktlücke gefunden.«

Ich habe Stereotype als *sozial geteiltes Pseudowissen* bezeichnet. Manche halten einem objektiven Test stand, andere nicht und leiten trotzdem unser Verhalten, enthalten zumindest eine Empfehlung, wie man sich gegenüber bestimmten Menschen oder in bestimmten Situationen verhalten sollte. Ich besitze zwar – und darauf bin ich stolz – seit dreißig Jahren kein Auto, aber hätte ich eines, würde ich mir tatsächlich überlegen, ob ich damit in Länder fahre, die in dem Ruf stehen, dass dort viele Autodiebstähle stattfinden. Stereotype leiten auch das Verhalten eines marokkanischen Teilnehmers meiner Therapeuten-Ausbildung, der immer eine halbe Stunde vor Seminarbeginn im Raum sitzt: »Ich habe das Gefühl, fünf Minuten zu spät und du bist in Deutschland ein toter Mann.«

Dies sind Beispiele dafür, dass wir Stereotype nutzen, um zu urteilen, zu entscheiden und zu handeln. Wir machen dabei sicherlich Fehler, doch die meisten davon können wir uns in unserem Luxusleben leisten. Sollte die Anmietung eines Leihwagens für eine Polenreise übertrieben sein, weil da mittlerweile gar nicht mehr so viele Autos gestohlen werden, habe ich dreihundert Euro in den Sand gesetzt – so what? Als ich in New York lebte, habe ich viel verpasst, wie ich später merkte, weil ich spannende Viertel wie die Bronx, Queens und Harlem mied (damals *bad neighbourhoods*). Man kann diese Fehler aber verkraften und wird Zusatzausgaben und übertriebene Vorsicht rational begründen mit Sprüchen wie »Sicher ist sicher« oder »Lieber einmal zu vorsichtig gewesen, als zu riskant gehandelt«. Was ist daran problematisch?

Das Beispiel Harlem zeigt, dass wir uns oftmals an Stereotypen orientieren, die vielleicht irgendwann einmal nützlich erschienen, jetzt aber nicht mehr zutreffen. Viele Stereotype sind veraltet und trotzdem intakt, denn unser Langzeitgedächtnis vergisst halt wenig. 1996 bis 1998 lebte ich in New York, und damals war die Empfehlung, sich nicht im nördlichen, an Harlem angrenzenden Teil des Central Park aufzuhalten. Das war damals ein guter Rat, denn tatsächlich wurden dort öfter Leichen gefunden. Im Jahr 2018, während ich mich länger in diesem Teil Manhattans aufhielt, berichteten mir viele New Yorker, dass der untere Teil Harlems längst gentrifiziert sei. Trotzdem meiden immer noch viele Tourist*innen diesen Bereich. Tatsächlich überleben viele Stereotype ihren Wahrheitsgehalt.

Vieles glauben wir auch viel zu voreilig. Wenn ich von einer Kollegin höre, dass bulgarische Studierende besonders leistungsmotiviert wären, rumänische aber nicht, halte ich das schnell für eine objektive Beobachtung. Dieses Beispiel zeigt auch, wie schwierig es ist, ein »wahres« Bild zu formen. Wie sollte ich das denn machen? Eine Umfrage unter meinen Kolleg*innen durchführen, welche Studierenden motiviert sind? Soziales Wissen ist häufig vage. *Wir überprüfen Stereotype nicht, weil das oftmals nicht möglich ist.* Somit sind Stereotype also lediglich Hinweise und keine Ratgeber.

Oftmals hinterfragen wir auch die *Repräsentativität* einer Aussage nicht, das heißt, wir hören oder beobachten einen Zusammenhang zwischen einer Person und deren Verhalten ein einziges Mal und denken, es müsste immer und auf die ganze Gruppe zutreffen. An der Jacobs University, wo Studierende aus achtzig Nationen studierten, fiel mir das besonders auf. Ich beobachtete ein oder zwei von ihnen und zog daraus Schlüsse. Mir fiel zum Beispiel eines Tages auf, dass die beiden bulgarischen Studenten vegetarisch aßen, und so schloss ich daraus: In Bulgarien ist Vegetarismus ein Thema. Ich lernte einen nigerianischen Studenten der Ingenieurswissenschaften kennen, der bei mir im Nebenfach Kurse belegte, und schloss daraus: Junge Leute aus armen Ländern studieren eher etwas, mit dem man richtig was anfangen kann, also Staudämme bauen, Transportfirmen leiten, Minen sprengen etc., als Psychologie oder soziale Wissenschaften, wo man »vor allem redet«. Den nächsten nigerianischen Teilnehmer meiner Kurse hielt ich wochenlang für einen Nebenfachstudierenden, obwohl er aus Leidenschaft Psychologie als Hauptfach gewählt hatte.

Zudem sind Stereotype ja *Generalisierungen*. Selbst wenn sie auf eine Gruppe zutreffen, müssen sie nicht auf alle einzelnen Mitglieder zutreffen. Lese ich in mehreren Reiseführern, dass Mexiko eine Machokultur ist, und finde dies auch in soziologischen Betrachtungen wieder, dann kann ich mich im Allgemeinen auf Kontakte dieser Art einstellen – meine weiblichen Reisebegleitungen warnen oder sogar schützen und mir Antworten zurechtlegen, wenn es mir zu viel wird. Aber dieses Stereotyp sagt mir natürlich nichts darüber, wie eine einzelne Person tickt. Es kann sein, dass die mexikanische Reiseleitung Fernando alles andere als ein Macho ist, und er könnte genervt sein, wenn ich ihn dafür hielte. *In dem Fall wäre der Fehler, dass ich alle über einen Kamm schere*. WRX nickt, als ob er alles im Prinzip verstanden hätte, jedoch schüttelt er auch viele seiner Köpfe – er fragt sich, wie die Menschheit mit solchen vereinfachenden Hirntools überleben konnte. Er kann sich durchaus vorstellen, dass Menschen aufhören, andere zu bewerten, und, wenn sie schon werten möchten, nachfragen, um sich ein komplexes, faires Bild von jemandem zu machen. Mir scheint, so funktionieren wir leider nicht. Vermutlich fehlt uns die Zeit, um uns eingehende Gedanken zu machen.

Stereotype sind somit Theorien über das Leben, die häufig falsch oder veraltet sind oder für die es keine Beweise oder Evidenz gibt. Solche Theorien haben wir über alles und jedes, und immerzu versuchen wir Menschen, aus wenigen Informationen Sinn zu machen. Nur selten bringt uns das um. Ein tragisches Gegenbeispiel möchte ich Ihnen aber nicht vorenthalten: So mancher Tourist hat schon in einem amerikanischen Nationalpark sein Leben gelassen, weil er Bären für Kuscheltiere hielt und sie zum Foto-Shooting in sein Auto auf den Beifahrersitz einlud.

Wo beginnt Diskriminierung?

Zurück zu Özil: Wenn ich ihn nicht mag, weil er schlecht gespielt hat oder weil er merkwürdige politische Meinungen vertritt, beurteile ich seine individuelle Leistung oder seine persönliche Einstellung und bin vermutlich kein Rassist. Wenn ich ihn deshalb beschimpfe, zeigt das vielleicht nicht meine beste Seite, aber ich diskriminiere ihn nicht, sondern bewerte sein individuelles Verhalten. Wenn ich ihn aber abwerte, weil er Türke oder Muslim ist, dann ist das Diskriminierung.

Die Sache wird kompliziert, weil es, wie bereits angedeutet, auch unbewusste Ablehnung gibt. Türkische Menschen werden immer noch wenig integriert, und Deutsche lernen bereits als Kinder, sei es durch Beobachtung oder durch Geschichten, dass türkische Mitbürger*innen anders wären. Wir beobachten, dass sie in »schlechteren«, das heißt ärmeren Vierteln wohnen, wir erleben, wie sie Schwierigkeiten in der Schule haben, wir lesen, wie Erdoğan seine Bürger und Bürgerinnen behandelt und letztlich die Kriegsmaschinerie gegen das kurdische Volk in Gang setzte, wir hören von Kinderehen, Zwangshochzeiten und Unfreiheit in muslimischen Ländern. All dies landet in der Schublade »Türken«, und da sich darin viele unliebsame Assoziationen befinden, wird unsere Bewertung normalerweise nicht besonders positiv ausfallen. Und da wir Menschen selten die Quelle unserer Urteile über andere kennen, ist es durchaus möglich, dass jemand denkt, er möge Özil nicht, weil der zu viele Bälle verschossen hat, und dabei nicht merkt, dass ein unbewusst wirkendes Stereotyp sein Urteil beeinflusst.

Özil argumentiert recht klar, warum er sich nicht etwa als Individuum Mesut Özil, sondern als Türke diskriminiert fühlt: Wir Deutschen würden einen Unterschied machen, was die Herkunftsländer von Menschen angeht. »Meine Freunde Lukas Podolski und Miroslav Klose werden nie als Deutschpolen bezeichnet, also warum bin ich Deutschtürke? Ist es so, weil es um die Türkei geht? Ist es, weil ich ein Moslem bin? Ich glaube, dass hier ein wichtiger Grund liegt.« Gerade der Vergleich mit Lukas Podolski leuchtet ein. In seiner Endphase als Fußballer wurde Podolski zwar häufig für sein Spiel kritisiert, selten jedoch aufgrund seiner polnischen Abstammung beschimpft. Und Presseberichten zufolge hat er Erdoğan gelobt, als er in der Türkei unter Vertrag stand. Es kann also durchaus sein, dass Özil Diskriminierung entdeckt hat. Kann aber auch sein, dass er einfach nicht so sympathisch ist wie Podolski. Ich zumindest finde das – Podolski mit seinen lustigen Augen, seiner guten Laune und den publikumsträchtigen Aktionen wie dem Bau einer Döner- und einer Eisbude in Köln wirkt irgendwie nett. Özils politische Ansichten sind dagegen manchmal verstörend. Sollten diese individuellen Unterschiede zu einer unterschiedlichen Bewertung der beiden Fußballer führen, dann sollte es keine Rolle spielen, welcher Nationalität Özil zugehört. Spielt sie jedoch eine Rolle, ist das Diskriminierung.

Dass türkische Menschen in Deutschland immer noch diskriminiert werden, machte die #MeTwo-Aktion überdeutlich. In einem Twitter-Blog posteten Türken und Türkinnen Beispiele, wie sie etwa in der Schule zur Klassensprecherin gewählt wurden und der Lehrer die Wahl noch einmal durchführen ließ, damit ein deutsches Kind diese ehrenvolle Aufgabe übernehmen konnte. Der *Spiegel*-Journalist Hasnain Kazim twitterte: »Wenn ich im übervollen Zug der einzige Nichtweiße bin, Polizei steigt ein, und der Einzige, der seinen Ausweis zeigen muss, bin ich.« Ein anderer berichtet: »Lange

Schlange an der Kasse. Ich sag zum älteren Mann hinter mir: ›Sie können ruhig vor.‹ – ›Nein danke, ich habe dich lieber im Blick.‹« 50 000 Postings zählte #MeTwo bereits zwei Wochen nach der durch den Türken Ali Can initiierten politischen Aktion. Diese Beispiele zeigen deutlich Diskriminierung von türkisch aussehenden Menschen (viele davon haben einen deutschen Pass). Hier ging es nicht um Individuen, sondern um deren Gruppenzugehörigkeit.

Allerdings ist es manchmal schwierig, Diskriminierung nachzuweisen. Und das muss man, will man rechtlich dagegen vorgehen. Ein Beispiel aus meinem Coaching-Alltag:

»Herr Förster, ich habe gekündigt!«

»Ups, das ging aber schnell. Sie waren ja schon lange unzufrieden mit dem Job, aber nun ging das auf einmal so fix?«

»Ja, und ich werde die Firma verklagen, weil die mich diskriminiert hat. Das sind alles Sexisten, alles Schwulenhasser. Ich will eine Abfindung.«

»Warum?«

»Nun, weil die praktisch die Stelle ausschreiben, die ich verdient hätte: die Leitung. Seit Jahren arbeite ich dort und wäre nun einfach mal dran gewesen. Nun soll ich mich auf die Stelle als Leitung bewerben? Das wäre ja noch schöner!«

»Haben Sie denn irgendwelche Mails oder Aufzeichnungen, die zeigen, dass Sie als Schwuler diskriminiert wurden?«

»Nein. Die passen da schon auf.«

»Ich glaube Ihnen ja, dass Sie sich schlecht behandelt fühlen, aber wenn Sie Diskriminierung ins Feld führen, dann brauchen Sie Beweise. Dürfen Sie sich denn auf die Stelle bewerben?«

»Ja, natürlich, aber das mache ich nicht. Ich will die Stelle so. Weil ich qualifiziert bin.«

»Aber dann haben Sie doch nichts in der Hand. Vermutlich werden die sagen, dass sie unfair handeln würden, wenn sie die Stelle nicht öffentlich ausschreiben.«

»Und Sie würden mich darin nicht unterstützen?«

»Natürlich unterstütze ich Sie, aber ich hätte an Ihrer Stelle gewartet, bis die Einstellungsgespräche gelaufen sind. So können die ja sagen: Wir hätten den genommen, wenn er sich den Regeln entsprechend beworben hätte.«

Auch ich habe mich als Homosexueller häufig diskriminiert gefühlt. Aber ich habe Lehrgeld bezahlt, und weil heutzutage der Vorwurf, diskriminiert worden zu sein, rechtlich schwer wiegt, weiß ich, dass man sich genau überlegen sollte, ob man ihn ausspricht. Außerdem braucht man spezifische Informationen darüber, *wann man allein wegen seiner Gruppenzugehörigkeit unfair behandelt wurde.* Dazu taugt alles, das auf diese Gruppe hinweist. Also, wenn vom Chef etwas kommt wie: »Ihr Mütter geht aber auch dauernd ans Handy, sobald euer Kind nur den leisesten Schnupfen hat«, »So langsam könnt Ihr in Kapstadt arbeiten, aber nicht hier« oder »Wenn wir schon mit Ihnen eine Frau in die Führung gesetzt haben, dann erwarte ich, dass Sie klarer kommunizieren«, dann geht es nicht nur um die Person, sondern um die Person *als Mitglied einer Gruppe.* Dann beginnt Diskriminierung. Um es noch einmal derb zu prononcieren: »Özil, verpiss dich!« wäre nicht unbedingt Diskriminierung, »Özil, verpiss dich, du scheiß Türkensau« ist eindeutig Diskriminierung. Diskriminierung ist in Deutschland verboten, und Menschen, die so etwas sagen, sollten vor ein Gericht gestellt werden. Wie bei jedem Vorwurf sollte dies zeitnah geschehen.

Da Diskriminierung so schwer nachzuweisen ist, sollte man bestenfalls Zeug*innen haben. Ich empfehle zudem für solche Prozesse ein Coaching – im oben geschilderten Fall musste mein Klient während der Verfahren einiges aushalten. In der letzten Zeit habe ich auch beobachtet, dass Organisationen und Firmen sich nicht gern dem Vorwurf der Diskriminierung ausgesetzt sehen. Dies können Opfer nutzen, indem sie um vorgerichtliche Mediationen bitten.

Wie man sich einen psychischen Schutzpanzer gegen solche Angriffe und die Folgen anlegen kann, werde ich in Teil IV näher schildern.

Ein Vorwurf, der Vorurteilsforscher*innen häufig gemacht wird, ist, dass sie quasi »andersrum diskriminierten«, da sie Vorteile für Geflüchtete, Frauen, Schwule und Lesben, Menschen mit Behinderung etc. forderten. Vorteile, die wiederum einen unfairen Unterschied zwischen sozialen Gruppen produzieren würden.

Eine Bevorzugung von Minderheiten oder vormals benachteiligten Gruppen ergibt sich aber ganz logisch aus der Tatsache, dass sie zunächst einmal gefördert werden müssen, um mit den Mitgliedern der Mehrheitsgruppen gleichziehen zu können. Das ist zwar für den Einzelnen aus der Mehrheitsgruppe mitunter hart, aber oftmals ein unvermeidbarer Effekt. So wurde mir an einer Universität eine Bewerberin vorgezogen, deren wissenschaftliche Arbeiten weit seltener zitiert wurden und die keine einzige Veröffentlichung in einem Top-Journal aufzuweisen hatte. Das war per Definition Diskriminierung – es wurde ja ein Unterschied aufgrund der Gruppenzugehörigkeit (Mann/Frau) gemacht –, und offen gestanden war ich für einige Tage wütend und frustriert. Doch stand die Entscheidung im größeren Rahmen einer gesellschaftlichen Verbesserung, und es ging dabei nicht um meine Person, sondern um mich als Mitglied einer Gruppe, weshalb ich die Entscheidung letztlich verkraften konnte.

Auf Möglichkeiten, Ungleichheiten aus der Welt zu schaffen, komme ich in Teil IV ausführlich zurück. Hier soll lediglich deutlich gemacht werden, dass die Bevorzugung von vorher Unterlegenen eine Maßnahme sein kann, um einen Ausgleich zu schaffen und Gerechtigkeit herzustellen. Zu diesen Bevorzugungen gehört nicht nur ein finanzieller Ausgleich, sondern auch ein Umschwung in der Bewertung. Viele empfinden es als verstörend, wenn das, was vormals abgewertet wurde, plötzlich gut sein soll. Der jugendliche Slang, der sich in Sprachmelodie und Grammatik an die Sprache von Migrant*innen und Schwarzen anlehnt und sich für Ältere von uns wie Gebrabbel anhört, ist plötzlich auf den Schulhöfen angesagt. Vermutlich hat er es über den Rap in den Alltag geschafft. Für die Musik und den Sport gilt ja sowieso: »Das können Schwarze besser!«, und es kann sein (ich weiß es nicht), dass sie bessere Chancen bei Plattenfirmen haben, also positiv diskriminiert werden.[3] Weibliches Führungsverhalten wird mancherorts nun sogar als Ideal bezeichnet und als Basis für neue Organisationskonzepte wie »agile Teams« und »soziales Führen« angesehen. Zu guter Letzt werden Schwule, die noch vor zwanzig Jahren offen diskriminiert werden durften, inzwischen in einigen Branchen und Bereichen angeblich bevorzugt behandelt, vor allem wenn es um Mode, Medien, Kreativität, Design und Geschmack geht. Auch das Stereotyp, dass sie keine Kinder haben, ist für bestimmte Arbeitgeber*innen interessant.[4] Diese Beispiele reflektieren ein komplexes Bild: Viele Gruppen werden mit positiven wie negativen Stereotypen belegt, und in manchen Bereichen werden einigen Gruppen Vorteile zugesprochen, während in anderen andere zum Zug kommen. Dennoch gibt es natürlich viele Gründe, Gruppen zu fördern, die jahrelang unfair behandelt wurden.

Irritierend ist manchmal, dass bestimmte Gruppen gefördert werden, andere nicht. Ich fühlte mich zum Beispiel als Schwuler an Universitäten nicht geschützt. Im Gegenteil, es gab weder eine Quote noch eine besondere Akzeptanz meiner sexuellen Identität. Das hing sicher auch damit zusammen, dass Professoren zumeist heterosexuell und männlich sind und selbst in diesem ehrenwerten Milieu wichtige Absprachen manchmal im Bordell getroffen werden, womit ich als Schwuler ebenso wenig zu integrieren war wie talentierte

Frauen. Zudem war mein Eindruck aus zahlreichen Berufungsverfahren, dass Übergewichtige, Raucher*innen, Linke, Ostdeutsche[5], Vegetarier*innen, Moslems, Singles und Kolleg*innen, die keinen Alkohol tranken, an Deutschlands Universitäten benachteiligt wurden. Da stellt sich die Frage: Wer legt eigentlich fest, welche stigmatisierten Gruppen gefördert werden sollten?

Wir haben in Artikel 3 des Grundgesetzes klar und deutlich verankert: *Niemand darf wegen seines Geschlechts, seiner Abstammung, seiner Rasse, seiner Sprache, seiner Heimat und Herkunft, seines Glaubens, seiner religiösen oder politischen Anschauungen benachteiligt oder bevorzugt werden. Niemand darf wegen seiner Behinderung benachteiligt werden.*

Damit sind nicht alle Minderheiten explizit genannt, was von einem Grundgesetz, das ja keine Tausende Seiten umfassende Abhandlung sein soll, auch nicht erwartet werden sollte. In der »Charta der Vielfalt«[6], einer Initiative zu einem vorurteilsfreien Arbeitsumfeld, wurden schließlich sechs Kerndimensionen der Diversity definiert, die besonders zu schützen seien:

- ethnische Herkunft und Nationalität,
- Geschlecht und geschlechtliche Identität,
- Alter,
- sexuelle Orientierung und Identität,
- behinderte Menschen,
- Religion und Weltanschauung.

Sie dienen als Leitfaden für Organisationen und Firmen und sollen Personalabteilungen oder Arbeitgeber*innen für die Dimensionen der Diskriminierung sensibilisieren. Es gelten Normen der politischen Korrektheit (zum Beispiel »Mach keine sexistischen Witze!«), und wenn sie übertreten werden, kommen normalerweise Sanktionen zum Einsatz. Im Zusammenhang mit diesem Ansatz wurde auch der Begriff des

»Normmenschen« geprägt, der üblicherweise nicht diskriminiert wird: Normmensch ist der weiße, junge, gesunde, normalgewichtige, heterosexuelle Mann aus der Mittelschicht.[7]

Der Schutz der genannten sozialen Gruppen ist sicherlich wichtig – zum einen hat Diskriminierung bei ihnen eine lange Geschichte, zum anderen zeigt die Forschung, dass es notwendig ist, auch Selbstverständliches immer wieder aufzufrischen und Menschen daran zu erinnern, dass Normen bestehen, diese Gruppen nicht zu diskriminieren. Doch auch in der Charta kommen bestimmte Gruppen schlichtweg nicht vor, und es besteht die Gefahr, dass man sie übersieht und wenig über ihre Not weiß. Übergewichtige Menschen etwa, die sich, so die Interessenverbände, lieber »Dicke« nennen lassen wollen, werden durch die Charta nicht geschützt. Als Folge davon wird sich selten jemand einen Verweis oder eine Abmahnung einhandeln, der in der Kantine einen Witz über eine »dicke Fleischerei-Fachverkäuferin« macht – vermutlich liegt das auch daran, dass diese Gruppe keine große Lobby hat. Jedenfalls dürfen wir gefühlt Dicke eher beleidigen als Behinderte oder Muslime.

Besonders verwunderlich ist für mich, dass der *sozioökonomische Status* in der Charta keine Rolle spielt. Wir wissen aus der Forschung, dass Kinder aus »bildungsfernen« Familien oder aus armen Haushalten weniger gefördert werden und seltener eine Universität besuchen, selbst wenn sie sehr intelligent sind. Das ist Diskriminierung, und ich denke, eine moderne Gesellschaft, die Fairness (und Leistung!) im Blick hat, sollte diese Dimension auf jeden Fall mit aufnehmen.

Zudem gibt es zahlreiche Berufe und soziale Rollen, die man ungeschoren diskriminieren darf, wie Müllmänner, Finanzbeamte, Klofrauen[8] und viele mehr. Auch solche Gruppen werden von der Forschung häufig übersehen. Und paradoxerweise werden in unserer Leistungsgesellschaft auch Hochbegabte ungestraft diskriminiert und gemobbt. Einige betreue ich in meiner Praxis und bin immer wieder schockiert, wenn sie mir über ihre leidvollen Erfahrungen berichten.

Während es für die Lebenswirklichkeit von Menschen von hoher Relevanz ist, welcher Gruppe sie angehören, ist es für bestimmte Forschungsfragen nicht so wichtig, welche soziale Gruppen man untersucht, denn manche Prozesse sind für die meisten unterlegenen Gruppen gleich. Während bei der Homophobie vielleicht Ekelgefühle eine Rolle spielen und bei Rassismus Sozialneid, gibt es bestimmte Verhaltensweisen, die allen stigmatisierten Gruppen gegenüber gezeigt werden. Das bedeutet, dass die Forschungsergebnisse oftmals auf recht viele Minderheiten und benachteiligte Gruppen übertragbar sind. An dieser Stelle wird auch deutlich, wie konstruiert soziale Regeln sind: Jede Gesellschaft oder Gruppierung legt fest, wen man diskriminieren darf und wen auf keinen Fall. Es gibt ein Oben und ein Unten und ab und zu Korrekturen, wer von unten nach oben darf. Unserem Alien WRX ist überhaupt nicht klar, warum bestimmte Gruppen eher geschützt sind als andere. Er meint, wenn wir mehrere Köpfe hätten, dann kämen wir gar nicht auf so eine blöde Idee.

Manchmal diskriminierst auch du!

In diesem Buch möchte ich immer wieder auch auf Phänomene hinweisen, die Vorteile des Schubladendenkens anzeigen, oder auf Situationen, in denen ein friedliches Leben mit oder ohne Stereotype möglich ist. Während sich in vielen der obigen Beispiele Denken (**C**ognition), Emotion (**A**ffect) und Verhalten (**B**ehavior) überlappen,
- jemand denkt, Ostwestfalen sind geizig (**C**),
- er fühlt sich unwohl, wenn er mit Ostwestfalen essen geht (**A**),
- und meidet sie (**B**),

gibt es auch Situationen, in denen sie nicht übereinstimmen. Im Lauf meiner Coaching-Tätigkeit habe ich zum Beispiel immer wieder Unternehmenslenker kennengelernt, die wenig von Frauen und Minderheiten in der Führung hielten und deren Führungsetagen trotzdem nicht ausschließlich von weißen heterosexuellen Männern besiedelt waren. Sie versuchten – meist aufgrund veränderter sozialer Normen – den Anschein sozialer Fairness zu erwecken, obwohl sie Vorurteile hatten. Oft beobachteten sie dann über die Zeit hinweg, dass ihr Vorurteil nicht zutraf, und gaben es letztendlich auf. Sie machten also positive Erfahrungen mit Menschen, die sie zunächst widerwillig eingestellt hatten.

Nicht immer gehen also **ABC** dieselben Wege. Manchmal führen *Normen der politischen Korrektheit* dazu, Diskriminierung zu verhindern, und manchmal reicht dafür die Einsicht, wie unsere Emotionen zustande kommen.

Ich erinnere mich gern an einen Kollegen an der Columbia University in New York, der im Gegensatz zu vielen anderen sehr breit gebildet war. Er las Literatur, ging in die Oper und setzte sich für Tierrechte ein. Irgendwann einmal gestand er mir beim Mittagessen: »Jens, ganz ehrlich, meine Tochter ist ja lesbisch, und ich lese so viel Literatur, darunter auch von Schwulen, aber jedes Mal, wenn ich an Schwulensex denke, wird mir schlecht. Das ist richtig eklig für mich.« Ich lachte laut auf, und weil man mit ihm wunderbar reden konnte, sagte ich: »Weißt du, ehrlich gesagt interessieren mich deine Gefühle herzlich wenig, wenn du sie mir gegenüber nicht zeigst. Du hast mich vor allem in Statistik gefördert, als wäre ich ein Zahlengenie: ich könnte mit jeder blöden Frage zu dir kommen; du umarmst mich, wenn wir uns treffen; du isst jedes Mal den Rest von meinem Sandwich – also, solange du mich nicht schlechter behandelst als alle anderen, kannst du fühlen, was du willst.«

Ich hatte den Eindruck, dass das hohe Maß an Selbstreflexion, das dieser Kollege hatte, unser Miteinander ermöglichte. Er hatte seine Emotionen an die Leine nehmen können, ohne sie vollends zu verleugnen, und überließ mir die Entscheidung, ob ich mit diesem Wissen um seine Gefühle weiter mit ihm verkehren wollte.

Womit ich auch sagen will, dass es manchmal schwierig wird, wenn einem gegenüber solche Gefühle kommuniziert werden. Eine schwarze Zuhörerin sprach mich nach einem Vortrag an, ihr sei Ähnliches geschehen. Ihre Schwiegermutter habe ihr gestanden, dass sie ihre schwarze Haut »irgendwie unansehnlich« fände und ihr deshalb lieber nicht die Hand geben würde. Ihr sei das damals eindeutig zu viel gewesen, und sie habe den Kontakt abgebrochen. Dies zeigt: Jedes Diskriminierungsopfer hat eigene Erfahrungen, Erlebnisse und Empfindlichkeiten – sie sind ernst zu nehmen, und hier hilft Forschung wenig weiter, um allgemeine Rezepte für das Verhalten zu geben. Ich weiß nicht, wie ich reagieren würde, wenn meine Schwiegermutter mir mitteilen würde, dass sie einen großen unveränderbaren Teil meines Selbst inakzeptabel findet.

Insgesamt zeigen die Beispiele aber, dass ABC voneinander getrennt werden können.

Obwohl es in diesem Buch vor allem um Vorurteile gegenüber Menschen gehen soll, sollte nicht vergessen werden, dass auch gegenüber Objekten, Tieren und Situationen Vorurteile bestehen können. Mein Standardbeispiel sind italienische Nudeln. Weil ich (wahrscheinlich aufgrund irgendeiner Marketingstrategie) der Meinung bin, dass italienische Nudeln die besten sind, kaufe ich kaum welche aus anderen Ländern. Autokäufer stehen ebenfalls unter Generalverdacht, zu diskriminieren. Meine Tante Heiko – sie hieß tatsächlich so –, eine leidenschaftliche Autofahrerin, die ihre Passion mit immer neuen Autofahrerhandschuhen stolz zur Schau trug, schwor auf die »Franzosen«. Damit machte sie sich zur Außenseiterin, kaufte man damals in Lübbecke doch ausschließlich »deutsche Qualität«. Autokäufe basieren selten auf rationalen Entscheidungen. Tatsächlich waren jahrelang »die Franzosen« die sichersten Autos, wie alle Autovergleichstests zeigten – trotzdem fuhren die eher sicherheitsfanatischen Deutschen (ein Stereotyp?) überwiegend deutsche Marken. In der Wissenschaft würden wir hier von Diskriminierung sprechen, weil man ja beim Kaufen einen Unterschied macht und wie beim Urteilen über Menschen nicht fair oder rational vorgeht – ja, sogar manchmal seine eigenen Werte (Sicherheit) zurückstellt.

Unsere Forschung kann also auch für die Wirtschaft durchaus aufschlussreich sein. Erst kürzlich bat mich ein Hörgeräteakustiker um Hilfe, wie man das negative Vorurteil »Nur Kranke tragen Hörgeräte« verändern könne. Sie können sich denken, dass das nicht leicht ist, aber die Brillenindustrie hat es ja auch geschafft, dass modebewusste Leute Brillen mit

Fensterglas tragen, weil Brillen hip sind. Als ich vor 35 Jahren meine erste Brille erhielt, gab es noch das Schimpfwort »Brillenschlange«. WRX müsste ich erst einmal erklären, warum eine Brille modisch ist und ein Hörgerät nicht. »Ihr müsstet einfach mehr Gelegenheit haben, auf euch draufzuschauen!«, brummelt er aus einem seiner Münder. »Dann wüsstet ihr, wie schnell sich eure Meinungen ändern! Wenn ihr sehen würdet, dass ihr noch vor wenigen Jahren geraucht, zu lange in der Sonne gelegen und chinesisches Essen fremdartig gefunden habt, würdet ihr euch leichter Neuem gegenüber öffnen.«

Andere Vorurteile und ihre Wandlungen betreffen Tiere. Ist es nicht erstaunlich, wie positiv das Bild von Insekten zurzeit ist? Während ich als Kind noch Spinnen und Käfer zertrampeln durfte (Kaninchen aber nicht), säen Landwirt*innen jetzt für die Krabbler Wiesen ein. Einen ähnlichen Sinneswandel konnte man beim Wolf beobachten – wobei er für manche Deutsche immer noch der Schafe reißende Bösewicht zu sein scheint. Dies sind alles Beispiele für gesellschaftliche und historische Unterschiede, und sie zeigen, dass es Stereotype und Vorurteile auch bezüglich von Objekten und Tieren gibt. Und von Orten. So war mein Gedanke, in Kleinstädten am Mittelrhein gebe es ab 22 Uhr nichts mehr zu essen, nichts als ein Vorurteil. Tatsächlich haben Frau Molitor und ich uns nach dem »Schwulenhund«-Vortrag ein herrliches Menü geleistet. Irgendwann so gegen zwei Uhr morgens führte uns der Wirt in seinen privaten Weinkeller, und wir zechten bis in die Früh … In diesem Buch soll es aber vor allem um Personenurteile gehen.

Teil II
Unbewusste Vorurteile

Wie kommen wir eigentlich zu Urteilen über eine Person? Bestenfalls haben wir sie in vielen verschiedenen Situationen beobachtet. Wenn ich zum Beispiel eine Mitarbeiterin nach einem halben Jahr bewerte, weiß ich, wie gut sie schreibt, wie schnell sie auf meine E-Mails reagiert, wie sorgfältig sie mit Daten umgeht und wie offen sie in sozialen Situationen ist. Wissen bedeutet hier natürlich nicht, dass ich alles über sie weiß oder dass ich mich nicht irren kann; es ist und bleibt ein Eindruck, den ich von ihr habe. Trotzdem, wenn ich sie länger kenne, kann ich sie normalerweise besser einschätzen als nach fünf Minuten Kontakt. Als Psychologe würde ich dabei empfehlen, mehr auf das Verhalten eines Menschen zu achten und weniger auf seine Äußerungen, denn aus der Forschung und auch aus Alltagsbeobachtungen weiß ich, dass das treffsicherer ist. Wenn eine Mitarbeiterin das zwanzigste Mal zu spät kommt und immer noch beteuert, dass sie »eigentlich immer« pünktlich sei, dann würde ich eher das Verhalten zur Urteilsgrundlage machen als ihre Aussagen.

Wenn wir eine Person nicht oder wenig kennen, fällen wir nichtsdestotrotz unsere Urteile; das geht in Sekundenschnelle. Dieser Bewertungsmechanismus ist wahrscheinlich in unser evolutionäres Programm aufgenommen worden, damit wir sowohl Gefahren als auch Positives wie Nahrung oder Partner*innen schnell wahrnehmen und uns entsprechend verhalten können. So ist es zum Beispiel sehr nützlich, dass wir einer Schlange im Gras ausweichen, noch bevor wir sie bewusst erkennen.

Gerade wenn wir jemanden nicht kennen oder wenig Zeit für eine Beurteilung haben, helfen uns Stereotype und Vorurteile bei der Bewertung. Sie liefern uns überhaupt irgendeine Information, auf der wir ein Urteil basieren können. Muss ich dringend zur Toilette und komme in einem Hotel an, frage ich Leute, die wie Rezeptionisten oder Putzfrauen aussehen. Von ihnen erhoffe ich mir eine bessere Auskunft als von der Frau im Cocktailkleid, die verloren in der Lobby sitzt.

Weitergehende Urteile wie »Rezeptionisten stellen ihre Freundlichkeit nur zur Schau« und »Putzfrauen sind ungebildet« haben aber selten etwas mit den Beurteilten zu tun. Was wir über andere denken, sagt mehr über uns als über die anderen aus. Oder hat mit dem zu tun, was unsere Kultur uns ins Gedächtnis transportiert hat. Das bedeutet, dass die Orientierungsfunktion unter Umständen auch Kosten mit sich bringt. Wenn ich das ernst gemeinte Kompliment einer Rezeptionistin als Berechnung interpretiere, steigert es vermutlich weniger meinen Selbstwert, als es könnte, und wenn ich einer Putzfrau mangelnde Intelligenz unterstelle, unterschätze ich vielleicht ihre Fähigkeit, in einer Unfallsituation Erste Hilfe zu leisten. Solche Prozesse sind uns nicht immer bewusst. Ich entscheide nicht, sondern bewege mich automatisch auf diejenigen Leute zu, von denen ich mir Auskunft erhoffe und denen gegenüber meine Frage nicht peinlich klingt. Ebenso überlege ich im Fall eines Unfalls nicht, warum ich den Mann mit Brille und Mantel um Hilfe bitte und nicht die Frau in der speckigen Jogginghose.

WRX hat durchaus verstanden, dass dies eine vorläufige Antwort auf seine Frage nach dem Sinn der Schubladen sein könnte. Er sieht ein, dass wir viel damit zu tun haben, unser Leben zu organisieren, und dass wir viel in der Welt herumdüsen. Er gibt allerdings zu bedenken, dass unsere ständige Geschäftigkeit und der permanente Stress nicht vom Himmel gefallen sind. Er denkt, es sei ja auch eine Entscheidung, sich mehr Zeit fürs Geldverdienen zu nehmen als dafür, die neu zugezogene Nachbarin zu verstehen.

Jedenfalls haben wir oder nehmen wir uns nicht immer die Zeit und lassen Bewertungen spontan, automatisch, unbewusst passieren. Doch was verstehen wir denn eigentlich unter »unbewusst«?

Sicherlich haben viele Leser*innen das Stereotyp im Kopf, die Psychologie beschäftige sich vor allem mit dem Unbewussten. Das kennt man aus Filmen und Büchern, und tatsächlich ist es ja so, dass der Urvater der Psychologie, Sigmund Freud, das Unbewusste erforscht und populär gemacht hat. Er vermutete, dass vor allem Tabuisiertes, wie Sex und der Tod, verdrängt würden und im Unterbewusstsein unser Verhalten antrieben. Heutzutage fasst man unter dem Unbewussten alles zusammen, was ohne großen mentalen Aufwand schnell und effizient gedacht, getan oder gefühlt wird. Autofahren gehört genauso dazu wie der Sprachfluss oder Tanzen. Das alles tun wir, ohne viel nachzudenken. Personen beurteilen wir ebenso spontan. Da kommt uns ein Kellner sympathisch vor, da haben wir den Eindruck, der Bankkauffrau könnten wir vertrauen, und da haben wir uns »auf den ersten Blick« in jemanden verliebt. Leider sind diese schnellen, spontanen Prozesse bei der Personenbeurteilung häufig vorurteilsbasiert oder beruhen auf Assoziationen, die sich in unserem Gedächtnis verankert haben. Erinnert uns ein Grübchen im Gesicht eines Fremden an unseren geliebten Vater, mögen wir den Fremden lieber – und das muss uns nicht bewusst sein. Genauso kommen uns Menschen, die uns nicht vertraut sind oder sich stark von unserer eigenen Gruppe unterscheiden, spontan erst einmal merkwürdig vor.

Von Schubladen und schnellen Schüssen

Die psychologische Forschung hat in den letzten dreißig Jahren zahlreiche unbewusste Prozesse entdeckt, die zu Diskriminierungen führen. Bevor ich mich mit bewusstem Faschismus, Sexismus und Rassismus befasse, möchte ich Sie in die Labors mitnehmen, in denen das Unbewusste erforscht wurde. Da ich davon ausgehe, dass Sie als Leser*in von Büchern wie diesem alles andere als rassistisch oder sexistisch sind, werde ich Sie dabei mit einer unangenehmen Idee konfrontieren: Unbewusst, so die Forschung, diskriminieren auch diejenigen Menschen, die sich für tolerant halten. Sprich: Wir behandeln manchmal andere unfair, ohne es selbst zu merken. Wie kommt man auf eine solche verstörende Idee?

Vielen Topmanagerinnen und Professorinnen ist es schon passiert, dass man sie für eine Sekretärin hielt. Ich selbst habe an der Universität auf der Suche nach einem Dessertrezept meine Mitarbeiterin gefragt und nicht etwa den Kollegen nebenan. Und als ich letztens ein türkisches Restaurant (ein Kölner Spitzenlokal) für eine Überraschungsparty eines Freundes vorschlug, sagte eine Freundin: »Aber zum Geburtstag gehen wir doch in keinen Dönerladen!«

Unser Gedächtnis speichert alle Informationen, die unser Wahrnehmungsapparat aufnimmt. Es ist wie eine Kommode mit vielen Schubladen, in denen alle Assoziationen liegen, die wir beobachtet oder gelernt haben oder die uns erzählt wurden. So liegt in der Schublade »blonde junge Frau« eher »dumm«, »sexy« und »hohe Stimme« als zum Beispiel »CEO«, »Mathematik« und »Auto fahren«. Dementsprechend hatte Alice

Schwarzer recht, als sie Angela Merkel zur Wahl zur Bundeskanzlerin gratulierte und sinngemäß sagte: Ab jetzt können kleine Mädchen auch davon träumen, Bundeskanzlerin zu werden. Vorher lag in der Schublade Bundeskanzler schlichtweg keine Frau, denn Kinder beobachteten vor der Ära Merkel, dass die wichtigen Positionen mit Männern besetzt waren.

Manche dieser Lernprozesse sind uns bewusst. So kamen mein Mann und ich vor Kurzem das erste Mal in die Verlegenheit, eine Wohnung zu vermieten. Unsere Schublade »potenzielle Mieter« war zunächst kaum gefüllt; das Einzige, was wir uns wünschten, war, dass wir wenig Last mit ihnen hatten und dass sie pünktlich und regelmäßig zahlten. Solchermaßen unerfahren, informierten wir uns bei einem Haus- und Grundbesitzerverein und bei unseren Freund*innen und Bekannten, die schon Erfahrung mit Vermietungen hatten. Einige, auch solche, von denen wir es nicht gedacht hätten, rieten uns von ausländischen Bewerber*innen ab: »Ich habe ja persönlich nichts gegen die, aber ihr wollt ja keine Mietnomaden«, hörten wir nicht nur einmal. Auch mit anderen Tipps füllte sich unsere Schublade schnell. »Nehmt bloß keine Lehrer«, sagten die einen, »bloß keine Rechtsanwälte« hörten wir einige Male und »bloß keine Hundebesitzer« sehr häufig. Manches kam mit umfangreichen Erklärungen: Lehrer und Rechtsanwälte hätten zu viel Zeit und Lust, bei jeder Kleinigkeit zu klagen, Hunde würden alles zerkauen und das Parkett zerkratzen, Hundebesitzer wären per se nicht besonders reinlich, und so ging es in einem fort. Letztendlich machte Miranda das Rennen, eine Kroatin, mit Oswald, einem australischen Hirtenhund (wie das Parkett mittlerweile aussieht, wissen wir nicht). Das Füllen der Schublade war ein expliziter Vorgang. Wir waren uns sehr bewusst, was wir lernten, und machten uns viele Gedanken darüber, wie plausibel das Gelernte uns erschien. Daher ist es nicht verwunderlich, dass wir in der

Lage waren, uns gegen das Schubladendenken zu entscheiden – auch wenn Oswald tatsächlich sehr süß und Miranda sehr nett ist und wir natürlich gerade WRX um uns haben, der unsere festen Gedanken gern verflüssigt.

Nicht alle Lernprozesse müssen uns immer bewusst sein; wir sprechen dann von *implizitem Lernen*. Manchmal beobachten wir etwas, quasi im Vorübergehen, und schon wird es abgespeichert. Implizites, unbewusstes Lernen ist zunächst einmal ein nützlicher Prozess. Wir könnten wohl kaum Ballett lernen, wenn uns die Lehrerin jede kleine Bewegung erklären müsste – wir lernen es durch Beobachtung, und nicht jeder kleine Schritt ist uns dabei bewusst. Und wenn wir aus einem Gespräch Jahre später noch Sätze erinnern, haben wir uns das häufig nicht bewusst vorgenommen, so als würden wir Vokabeln lernen. Manchmal möchte man sich an etwas gar nicht erinnern und tut es doch. Mein Mann schaut manchmal mit Begeisterung Trash auf RTL, und wenn ich noch Jahre später Zitate aus dem Dschungel-Camp herbeten kann, dann geschieht das absolut unwillentlich, denn meistens surfe ich nebenbei im Netz oder beschäftige mich anderweitig, weil ich diese Sendungen eher bescheuert finde. Trotzdem »lernt« mein System parallel dazu.

Was auf der einen Seite nützlich ist, kann auf der anderen durchaus fatal sein, denn Vorurteile und Stereotype werden nicht selten ebenfalls implizit erlernt. Wenn ich andauernd darüber lese, dass in der Filmindustrie wichtige Männer übergriffig wurden, dann laufe ich Gefahr, die Männer dieser Branche mit sexuellem Fehlverhalten zu verbinden – und übersehe, dass das in anderen Branchen genauso passiert.[1]

Unser Gedächtnis speichert zudem besonders gut Vorfälle ab, die nicht so häufig passieren oder ungut für den Menschen sind. Viele von uns überschätzen etwa die Wahrscheinlichkeit von Flugzeugabstürzen. Dieses Phänomen nennt man *illusorische Korrelation,* was nichts anderes bedeutet, als dass wir eine Verbindung zweier Elemente – Flugzeug und Absturz – für wahrscheinlich halten, obwohl es sie in der Häufigkeit gar nicht gibt. Illusorische Korrelationen bastelt das Gehirn vor allem aus zwei negativen oder selten vorkommenden Elementen. Man fliegt seltener, als dass man Auto fährt, und ein Absturz ist sowohl selten als auch negativ. Beiden Ereignissen wird eine erhöhte Aufmerksamkeit gewidmet, der Zusammenhang wird im Gedächtnis gespeichert und ab dann schnell abgerufen. Was wir schnell abrufen, halten wir oftmals für wahr. So kommt es also, dass wir uns vor Haiattacken fürchten oder glauben, uns eher beim Inder eine Lebensmittelvergiftung einzufangen als im deutschen Brauhaus.

Auf Personen bezogen würden wir demnach Verbindungen wie »Flüchtling = kriminell« eher für möglich halten als »Deutscher = kriminell«. Illusorische Korrelationen werden aber natürlich auch explizit vermittelt. Das bringt die Medien in die Verantwortung, denn bei (möglichen) Verbrechen, die von Nichtdeutschen begangen werden, wird oft auch deren Nationalität genannt. Man liest häufiger so etwas wie »Ein Familienvater iranischer Herkunft ermordete seine beiden Töchter« als »Ein deutscher Familienvater ermordete seine beiden Töchter«. Diese Ungleichheit in der Informationsvermittlung kann dazu führen, dass Stereotype geschaffen und erlernt werden. Wir haben diese illusorische Korrelation in der »Kölner Silvesternacht« kennengelernt, in der tatsächlich zig Attacken auf Frauen um den Kölner Bahnhof herum stattfanden und die Polizei von der Masse der Vergehen überfordert war. Obwohl diese Verbrechen wohl vor allem von Nordafrikanern ausgingen, benutzten die Medien in ersten Bekanntmachungen den Begriff »Flüchtlinge« – ohne weitere Differenzierung. Damit fielen die Ereignisse in die Schublade »Flüchtlinge«, die mit vielen Ängsten, unter anderem vor Gewalt, Überfremdung und Konkurrenz (»Die nehmen uns die Butter vom Brot«), gefüllt ist.

Für viele markierte die Silvesternacht gar den Wendepunkt der Willkommenskultur. Hatte man nicht doch Menschen hereingelassen und bewirtet, die unsere Werte der Toleranz und der Gleichberechtigung mit Füßen treten? Die Korrelation »Flüchtlinge = Sexualverbrecher« ist aber illusorisch, wie die Kriminalstatistiken zeigen. Andere Bevölkerungsgruppen begehen genauso viele Sexualverbrechen wie die soziale Gruppe der »Flüchtlinge«. Vor allem aber ist der Begriff »Flüchtling« unpräzise. In einigen Kriminalstatistiken zeigt sich ein Trend, dass junge Männer bestimmter Nationen eher Verbrechen begehen – hier handelt es sich meist um junge Männer von 16 bis 25 Jahren, und diese Gruppe ist auch unter den Deutschen und anderswo eher gewaltbereit, was an unterschiedlichen Faktoren (Hormone, Gruppendynamiken) während der Pubertät liegt.

Sträubt etwas in Ihnen sich gerade dagegen? Glaubt ein Teil von Ihnen das nicht? Das könnte das Resultat der illusorischen Korrelation in Ihrem Gedächtnis sein, die durch die Presseberichte entstanden ist.

Der Vorurteilsforscher Uli Wagner hat in einem offenen Brief an Angela Merkel daran erinnert, dass der Pressekodex des Presserats vorsieht, Herkunftsländer nicht in Verbindung mit Straftaten zu berichten. Er fordert, dass »die Zugehörigkeit der Verdächtigen oder Täter zu religiösen, ethnischen oder anderen Minderheiten nur dann erwähnt« werden soll, »wenn für das Verständnis des berichteten Vorgangs ein begründbarer Sachbezug besteht.« »Dieser Grundsatz«, so Wagner, sei »im Zusammenhang mit den Ausschreitungen in Köln in der Silvesternacht 2015/6 heftig kritisiert worden. Gefordert wird, immer mit aller Offenheit die Herkunft von Tätern zu benennen. Eine solche Forderung missachtet die Tatsache, dass Menschen eben keine objektiven Informationsverarbeiter*innen sind und zur Übergeneralisierung neigen. Abwägung und Ausgewogenheit in unseren alltäglichen Äußerungen, in Veröffentlichungen von Polizei, Politik und Medien sind daher nach wie vor angebracht. Und wenn Gruppenzugehörigkeiten aus o. g. Gründen benannt werden müssen, sollte das mit Vorsicht geschehen, wie beispielsweise wenn es um die Nennung von Gruppenmitgliedschaften in Schlagzeilen geht.«

Auch der Kollege Wagner sieht eine Gefahr von irreführenden Assoziationen, die in unserem Gedächtnis landen könnten. Im Gegensatz zu den Kommoden zu Hause, die wir beliebig füllen und leeren können, ist das Schubladendenken weniger kontrollierbar. Nicht selten stopft jemand aus unserem Kulturkreis etwas hinein, was wir lieber nicht dort finden würden. Natürlich ist unsere Presse nicht schuld an Rassismus und Sexismus, jedoch kann sie wie eine Lupe Zusammenhänge größer erscheinen lassen. Damit nicht aus Versehen Flächenbrände entstehen, sollte sie vorsichtig mit Assoziationen umgehen, um illusorischen Korrelationen vorzubeugen. Das, was dann in den Schubladen landet, landet auch schnell auf der Zunge.

»… der Schwarze schnackselt gern«, so Fürstin Gloria von Thurn und Taxis über die Ursache der Probleme Afrikas, insbesondere die Ausbreitung von Aids. Kaum hatte die Fürstin das in der Talkshow *Studio Friedman* ausgesprochen, brach ein Sturm der Entrüstung los. Das ziemlich anzügliche Vorurteil gegenüber Schwarzen wurde als Angriff auf unsere humanistischen Werte verstanden, verlautbart von einer reichen, einflussreichen Frau. Das passte zudem zum Gesamtbild der Person, die vielerorts als extrem konservativ wahrgenommen wird und nicht nur Schwarze abwertet, sondern auch Homosexuelle und Geflüchtete. Trotzdem ist zu vermuten, dass sie diesen Satz nicht so aussprechen wollte und er ihr im Eifer des Gefechts herausgerutscht ist. Ich möchte das nicht als Entschuldigung für ein, wie ich finde, skandalöses Verhalten gelten lassen, sondern versuchen, diesen Ausspruch mithilfe eines Modells zur Stereotypen-Aktivierung zu erklären, das die Sozialpsychologie in den letzten dreißig Jahren prägte.

Die Sozialpsychologin Patricia Devine argumentierte, dass wir alle stereotype Assoziationen im Gedächtnis gespeichert haben. Sobald wir an einen Menschen mit bestimmten Merkmalen denken oder ihn sehen, sorgt ein automatischer Mechanismus in der Psyche dafür, dass landläufige Stereotype aktiviert werden und die weitere Kommunikation oder das Verhalten leiten. Oder in meinen Worten: Es wird eine Schublade geöffnet, die am ehesten auf das Gegenüber oder den Gedanken passt. Spricht das Aussehen des Mannes in der Straßenbahn dafür, dass er ein Jude ist, öffnet sich diese Schublade. Dreht sich das Gespräch um Schwarze, öffnet sich das entsprechende Fach. Und da findet sich in den Kommoden eines heute lebenden Deutschen mit hoher Wahrscheinlichkeit auch so etwas wie »klaut«, »aggressiv«, »kriminell«, »sexuell aktiv«. Man kann überprüfen, ob das auf einen selbst zutrifft, indem man sich fragt, ob man das Stereotyp kennt. Wenn ja, dann hat man es gespeichert, ansonsten könnte man das nicht entscheiden.

Und immer dann, wenn wir gestresst sind, abgelenkt oder müde, steigt die Wahrscheinlichkeit, dass wir solche Assoziationen äußern – selbst wenn wir sie für Unsinn halten. Devine würde vorhersagen, dass ich, wenn ich müde aus der Praxis komme, eher einen Sitzplatz suchen würde, der weit weg von dem Menschen wäre, den ich als Moslem wahrnehme. Und wenn eine Frau abends einen Schwarzen auf sich zukommen sieht, empfiehlt ihr die Schublade, schnell an ihm vorbeizugehen. Das zeigt nach ihrem Modell den *automatischen Prozess* der *Stereotypen-Aktivierung* an. Ich habe das automatische, unbewusste System früher einmal den »Autopiloten« genannt, den man anschaltet und mit dem man oftmals gar nicht so schlecht durchs Leben laviert. Der Autopilot ist oft ungerecht und strunzkonservativ, aber er ist bequem und schützt mich im Allgemeinen vor Gefahren.

Automatischen Prozessen kann entgegengewirkt werden, wenn ich *kontrollierte Prozesse* hinzunehme. Die allerdings *folgen* automatischen Reaktionen, und sie benötigen Konzentration, Energie und Aufmerksamkeit. Ich kann mir, schalte ich kontrollierte Prozesse ein, also sagen: So ein blödes Stereotyp, wie muss sich so ein Mensch denn fühlen, wenn jeder ihn meidet wie der Teufel das Weihwasser; also setz dich neben ihn und fang ein Pläuschchen mit ihm an, so wie (Wahl-) Rheinländer das normalerweise tun.

Devines Provokation steckt in der These, dass wir *alle* diskriminieren, jedenfalls manchmal. Wir alle haben Stereotype im Kopf, und die werden automatisch abgerufen, sobald ich an ein Gruppenmerkmal (schwarz, Veganer, Sportler, Chihuahua-Besitzer etc.) denke oder es wahrgenommen habe. Aktivierte Stereotype können bei jedem ein diskriminierendes Verhalten hervorrufen. Wollte man das ändern, müsste man früh ansetzen, das heißt bei der Speicherung stereotyper Assoziationen, oder sogar noch vorher, bei deren Präsenz in unserer Gesellschaft, denn wir schlucken wie gesagt vieles, was wir gar nicht aufnehmen wollen. Irritierend ist auch, dass man aufgrund der automatischen Aktivierung manchmal Menschen, die diskriminieren, keine bewusste Absicht unterstellen kann. Zwar haben rassistische Menschen mit fast hundertprozentiger Sicherheit das Stereotyp »Schwarze = sexuell aktiv« im Kopf, aber mit letzter Sicherheit könnte ich nicht von der Fürstin behaupten, dass sie eine Rassistin ist. Vor allem, wenn ihr das nur ein einziges Mal so herausgerutscht wäre, könnte oder müsste ihr wohlwollend unterstellt werden, dass sie abgelenkt war und die stereotype Verbindung, die in unserer Gesellschaft nun einmal verfügbar ist, ungewollt von sich gab. Nur anhand vieler weiterer Informationen könnte ich und würde ich in diesem Fall tatsächlich behaupten, dass die Fürstin zwischen ihrer Meinung nach guten und schlechten Menschengruppen unterscheidet.

Ein anderes Beispiel: Im Juli 2018 wurde die Bochumer Polizei der Diskriminierung schuldig gesprochen, weil sie im Jahr 2017 am Hauptbahnhof einen Schwarzen (dessen Namen nicht genannt wird) kontrolliert hatte.[2] Der heute 43-Jährige war seiner Ansicht nach allein wegen seiner dunklen Hautfarbe ausgewählt worden und hatte aufgrund dessen die Bundespolizei verklagt. Die Richter des Oberverwaltungsgerichts betonten in ihrer mündlichen Urteilsbegründung, dass Polizeibeamte nur dann auch die Hautfarbe als Anknüpfungspunkt für eine Kontrolle auswählen dürfen, wenn ausreichende Anhaltspunkte für Straftaten vorliegen. Da die Polizei diese nicht vorlegen konnte, sei die Ausweiskontrolle ein Verstoß gegen das im Grundgesetz verankerte Diskriminierungsverbot gewesen.

Auch hier kann es sein, dass die Polizist*innen rassistisch waren, es muss aber nicht zutreffen: Oftmals werden unsere Wahrnehmung und unser Verhalten automatisch durch Stereotype wie »Schwarze = kriminell« geprägt. Die Polizist*innen selbst behaupteten, der Mann habe sich auffällig verhalten. Dies kann durchaus ihre Wahrnehmung gewesen sein, wenn auch eine durch Stereotype verzerrte. Wieder einmal kann man sagen: Das *war* Diskriminierung, und der Mann hat sicherlich darunter gelitten, sonst hätte er nicht die anstrengende Odyssee eines langwierigen Gerichtsprozesses auf sich genommen (er ging durch zwei Instanzen). Ob dieses sogenannte *Racial Profiling* den Beamt*innen aber vollends bewusst war, ist unklar. Es geschieht sicher manchmal auch unbewusst. Ein Training des Personals wäre hier dringend angebracht. Die amerikanische Technik *Do it by numbers, not by faces* wirkt gegen Diskriminierung, wie Erfahrungen zeigen: Dabei wird stur jeder fünfte (oder neunte oder x-te) Besucher des Bahnhofs gecheckt statt derjenigen, die aufgrund ihres Aussehens verdächtig vorkommen. Was man aber wohl sagen kann, ist, dass all diese Vorfälle nur in einer Gesellschaft vorkommen können, in der solche Assoziationen häufig zur Verfügung gestellt werden. Manche würden das eine »rassistische Gesellschaft« nennen.

Ich musste WRX an dieser Stelle stark beruhigen. Er versteht überhaupt nicht, warum die Pigmentierung der Haut Grund für Diskriminierung ist. Wir gehen dann immer am Rhein entlang, schauen Schiffe an, und ich lasse ihn beim Steinchen-springen-Lassen gewinnen. Ich vermute, dass auf seinem Planeten Gerechtigkeit ein weit höherer Wert ist als bei uns auf Erden.

Patricia Devine geht in ihrem *Zwei-Prozess-Modell* davon aus, dass beim Aufeinandertreffen von Menschen Stereotype automatisch aktiviert werden und erst in einem zweiten Schritt die Möglichkeit zur Korrektur besteht. Dadurch angeregt, folgten unzählige Studien, die demonstrierten, wie drastisch automatische, unbewusste Diskriminierung wirken kann.

Für viele besonders überzeugend und gleichzeitig verstörend waren die Experimente der Sozialpsychologen Joshua Correl, Bernd Wittenbrink und Kollegen: Versuchsteilnehmende sollten sich in einem Computerspiel in die Rolle eines Polizeioffiziers versetzen und richtig reagieren, wenn auf dem Bildschirm eine Person mit oder ohne Waffe in der Hand erschien. Zwei Tasten auf dem Keyboard waren markiert, wobei die eine »Schießen«, die andere »Nicht-Schießen« bedeuten sollte. Die Teilnehmenden hatten 850 Millisekunden Zeit, um zu »schießen«, wenn jemand mit Waffe erschien, oder »nicht zu schießen«, wenn keine Waffe und stattdessen ein Handy oder eine Geldbörse zu sehen war. Die Zeit zur Entscheidung war mit Absicht knapp gehalten, und die Gegenstände waren nicht hundertprozentig klar zu sehen. Eindeutig ist die Situation ja auch in der Realität kaum je, und mehr als eine Sekunde bleibt Polizist*innen in solchen Situationen selten, um zu reagieren. Die am Bildschirm gezeigten Personen waren entweder Weiße oder Afroamerikaner. In mehreren Studien, die danach in anderen Ländern repliziert wurden, fanden die Wissenschaftler, dass Versuchspersonen öfter auf Schwarze schossen, und dies auch, wenn diese lediglich ein Handy oder eine Cola-Dose in der Hand hielten. Hier kann von einem automatischen Effekt gesprochen werden, denn für bewusste, kontrollierte Prozesse wie Nachdenken, Abwägen, vorsichtig Entscheiden bleibt in dieser Anordnung keine Zeit.

Folgestudien offenbarten, dass der Effekt selbst dann auftrat, wenn Versuchspersonen aktiv nicht diskriminieren wollten. Und zu allem Übel zeigten ihn sogar manche Schwarzen. Natürlich können solche Befunde nicht eins zu eins auf den Alltag übertragen werden, und spätere Studien ergaben, dass spezielle Trainings Polizist*innen von einem solchen *Shooting Bias* abhalten können. Jedoch machen die Experimente deutlich, dass allein die Gedächtnisspur »Schwarzer = kriminell« dazu führen kann, dass Teilnehmende Schwarze eher »erschießen«, selbst wenn sie dies nicht wollen.

Das heißt aber nicht, dass man niemals entscheiden könnte, ob jemand, der einen Schwarzen erschießt, automatisch aufgrund eines Gruppenmerkmals diskriminiert oder mit Absicht rassistisch gehandelt hat. Im Gegenteil, die Forschung und das Zwei-Prozess-Modell von Patricia Devine geben einen Aufschluss über genau diesen Unterschied. Wenn ein Schwarzer nichts in der Hand hat, was falsch wahrgenommen werden könnte, sollte bei halbwegs geschultem Personal Diskriminierung vermieden werden können. Oder wenn, wie in einigen Fällen, ein flüchtender Schwarzer in den Rücken geschossen wird, dann ist das alles andere als rein automatisch oder unbewusst und kann sehr wahrscheinlich auf bewussten Rassismus zurückgeführt werden. Tatsächlich ist der Shooting Bias ja keine Erfindung eines psychologischen Labors, sondern zeigen Statistiken, dass in den USA Schwarze überzufällig oft von Polizist*innen erschossen werden, die offen rassistisch sind. Wenn die Situation allerdings sehr uneindeutig ist, jemand nachts festgehalten wird und einer Polizistin nicht klar ist, ob gerade ein Handy oder eine Waffe aus der Hosentasche gezogen wird, können im Stress der Situation und in dem vorgegebenen minimalen Zeitrahmen kontrollierte Prozesse nicht mehr greifen, um die automatische Aktivierung von Stereotypen im Zaum zu halten.

Unbewusst aktivierte Stereotype, so zeigen viele Experimente, führen nicht nur dazu, dass Versuchsteilnehmende Schwarze in einem Ballerspiel eher erschießen, sondern sie beeinflussen auch die Urteile über Personen, Personalentscheidungen, die Bildung von Freundschaften und die Distanz zu anderen.

Mit einem Filmteam haben wir einmal klassische Experimente nachstellen wollen. Dazu nutzten wir die Straßenbahn, die vom Bochumer Hauptbahnhof auf den Hügel fährt, auf dem die Universität thront. Wir baten eine attraktive junge Frau, einen Sitz einzunehmen. Mal trug sie ein Kopftuch, mal nicht. Unser Team war sich einig: Beide Male sah sie wunderschön aus. Schon nach sechs Fahrten hatten wir die Szene im Kasten. Immer wenn sie ohne Kopftuch dasaß, setzte sich in wenigen Sekunden ein Student neben sie. Hatte sie ein Kopftuch angelegt, blieb der Platz neben ihr leer. Selbst wenn die Bahn rappelvoll war! Die Kameraleute konnten also recht früh Feierabend machen, den sie nutzten, mir ihre Verwunderung über dieses anscheinend immer noch so rassistische Land mitzuteilen.[3]

Es ist ja auch immer noch so, dass bei gleicher Qualifikation Frauen und Ausländer*innen eine weniger große Chance haben, einen Führungsposten zu bekommen; das zeigen zahlreiche Experimente. So schickte die Ökonomin Doris Weichselbaumer von der Universität Linz 1474 fiktive Bewerbungen an deutsche Unternehmen. Stand der Name »Sandra Schulz« im Lebenslauf, erfolgte in 18,8 Prozent aller Fälle eine Einladung zum Vorstellungsgespräch. Hieß die Bewerberin dagegen »Merym Öztürk«, wurde sie nur zu 13,5 Prozent eingeladen – obwohl die Bewerbung dieselben Noten und Zeugnisse enthielt. Zeigte das Bewerbungsfoto Frau Öztürk auch noch mit Kopftuch, wollten nur noch 4,2 Prozent aller angeschriebenen Unternehmen sie kennenlernen. Zu ähnlichen Ergebnissen kommen verschiedene Untersuchungen, etwa die des Sachverständigenrats deutscher Stiftungen für Integration und Migration, der die Chancen türkischstämmiger Bewerber*innen auf dem Ausbildungsmarkt untersuchte.[4]

Verzerrte Wahrnehmungen durch Stereotype sind schon aus den 70er-Jahren bekannt, wo Versuchspersonen Videos von Kindern gezeigt wurden, in denen ein Kind das andere leicht auf die Schulter schlug. Es war recht uneindeutig, ob es sich um einen freundschaftlichen Klaps oder um aggressives Schlagen handelte. Jedenfalls zeigte die Untersuchung, dass der Schlag eher als aggressiv gewertet wurde, wenn er von einem schwarzen Kind ausgeführt wurde. Auch wenn diese Effekte mit großer Wahrscheinlichkeit unbewusst entstanden sind, würde eine Skeptikerin fragen dürfen: Sicher? Sind sie das? Ist es nicht eher schwer zu entscheiden, was in den Köpfen der Leute vorgeht, wenn sie zum Beispiel eine Frau Öztürk ablehnen? Vielleicht sind sie ja bewusste Rassist*innen – und halten bloß ihre Einstellung geheim, wenn man sie danach befragt.

Um sicherzugehen, dass es unbewusste Stereotypisierungseffekte gibt, nutzte Patricia Devine in ihren Experimenten *subliminales Priming* – eine Technik, bei der am Bildschirm Wörter oder Bilder für eine so kurze Zeit (im Millisekundenbereich) eingeblitzt werden, dass die Versuchspersonen sie nicht bewusst wahrnehmen können. Wir wissen aber aus der Wahrnehmungsforschung, dass solche kurzen Darbietungen dennoch unser Gedächtnis erreichen und sich auf unsere Urteile auswirken. Devine verwendete Wörter, die mit dem Schwarzen-Stereotyp zusammenhängen, wie »Reggae«, »Negroe« oder »lazy«. Und tatsächlich kam es zu einer unbewussten Aktivierung des Stereotyps, denn in der Folge beurteilten Devines Proband*innen eine Person, die ihnen beschrieben wurde, als aggressiver als die Kontrollgruppe, der keine Wörter eingeblitzt worden waren. Die Assoziation »schwarz = aggressiv« hatte sich also auf die nachfolgenden Urteile ausgewirkt, und dies auch bei Menschen, die in Rassismus-Fragebogen als tolerant identifiziert worden waren.

»Wo kommst du eigentlich her?« – Fettnäpfchenkunde

Unbewusste Effekte sind noch einmal etwas anderes als Fragen oder Bemerkungen, bei denen man sich nicht bewusst ist, dass sie beleidigend oder diskriminierend sein könnten. Hier würde ich stattdessen von *mangelnder Sensibilität* sprechen.

In der ersten Augustwoche 2018 wurde in Deutschland im Zuge der #MeTwo-Debatte diskutiert, ob allein die Frage »Wo kommst du eigentlich her?« an Menschen, die nicht wie der prototypische Deutsche aussehen, als herabsetzend und diskriminierend empfunden werden kann.[5] Auch Komplimente wie »Hey, Ihr Deutsch ist aber super, dafür, dass Sie Türke sind!« können beleidigend ankommen. Hasnain Kazim, Deutscher mit Migrationshintergrund, erklärt: »… in manchen Fällen ignoriert es eben auch, dass der Gelobte ja Deutscher ist, Teil dieser Gesellschaft. Diese Person für ihre Deutschkenntnisse zu loben hat durchaus etwas Ausgrenzendes, Abwertendes. Oder es schwingt eine allgemeine Kritik mit an Menschen mit Migrationshintergrund, die auch nach Jahren in Deutschland die Sprache nur unzureichend beherrschen. Diese Kritik mag in Einzelfällen berechtigt sein, landet dann aber in den meisten Fällen beim falschen Adressaten.«[6]

Auf der anderen Seite könnte man denken, der Deutsche meine es doch nur gut oder sei einfach neugierig – und wird dann auch noch ungerechterweise als Rassist wahrgenommen. Das regt manche auf, wie Henning Sußebach, der sich schon 2017 (also vor der #MeTwo-Debatte) echauffierte, dass man ihn als Rassisten bezeichnen müsste, weil er häufig nachfragt, woher jemand kommt: »Ich hatte also Schulfreunde aus dem Mittleren und Nahen Osten, lief als Deutscher durch ein Konzentrationslager, lebte jahrelang auf der damals noch juckenden Wiedervereinigungsnarbe, räumte für einen Syrer mein Arbeitszimmer leer ... und die emotionalsten wie erkenntnisreichsten Momente folgten meist auf die Erkundigung: ›Wo kommst du eigentlich her?‹«[7] Händeringend wehrt er sich, als Rassist bezeichnet zu werden. Ich nehme an, dass er keiner ist, allerdings stellt sich hier wieder die Frage, wer eigentlich bestimmt, was Diskriminierung ist.

Bin ich als Schwuler zu empfindlich, wenn mir jemand unterstellt, ich hätte von Erziehung keine Ahnung, weil ich keine Kinder habe? Sind Frauen »falsch«, wenn sie auf der einen Seite gern Komplimente hören, auf der anderen einen deutlichen Blick auf das Dekolleté zur Anklage bringen? Auch auf Özils Klagen hörte man die Standardreaktion: »Das war doch kein Rassismus!« Und unser Nationaltorwart meinte glatt: »Rassismus hat er in der Mannschaft überhaupt nicht erfahren.« Neben der verständlichen und wohlmeinenden Verteidigung der Teamkollegen enthält diese Äußerung ein deutliches Nichtwissen über das Thema Diskriminierung, mit dem ein großer blonder Erfolgsträger sicher weniger vertraut ist als manch anderer, und transportiert damit einmal mehr eine Abwertung der Gefühle von Opfern und mangelnde Empathie. Minderheiten und Mehrheitsmitglieder kommen sicherlich nicht zusammen, wenn Letztere Ersteren auch noch vorschreiben, wann sie unter was zu leiden haben.

Es fällt mir dabei Folgendes auf: Die »Täter«, also die, die teils ohne Absicht ins Fettnäpfchen getreten sind, sind irgendwie betroffen und schämen sich. Sie wollen auch nicht als Rassisten dastehen. Sie lehnen eine Bewertung ihres Verhaltens als diskriminierend ab – diskriminieren tun die anderen. Sie entwickeln eine eigene Sicht, was Diskriminierung ist, ohne den Opfern zuzuhören. Oft folgt logisch daraus eine Argumentation wie: »Wenn das Rassismus sein soll, dann nenn mich doch Rassist!«, oder man hört eine Belehrung, was man »eigentlich« unter Rassismus verstehen sollte. Es ist mir zumindest unsympathisch, dass hier Mitglieder der überlegenen Gruppe den Opfern ihres Verhaltens vorschreiben wollen, was Diskriminierung bedeutet.

Könnten wir uns nicht darauf einigen, dass die Minderheit oder die bewertete Gruppe bestimmt, was sie als beleidigend empfindet? Könnten wir nicht einfach zuhören – und lernen, was ihnen wehtut? Keiner von uns ist fehlerfrei. Wir alle diskriminieren. Wir können das nur verhindern, wenn wir die Nöte der anderen ernst nehmen, statt auf unserer vermeintlichen Fehlerfreiheit zu beharren.

Nun wohnt WRX schon eine ganze Zeit bei uns und bemerkt, dass auch wir als Paar bestimmte Trigger haben, die uns explodieren lassen und die für den jeweils anderen oft keinen Sinn ergeben. Mein Mann erträgt es nicht, wenn ich pfeife. Ich hasse es, wenn ich von Auslandsreisen zurückkomme und die Dusche nicht geputzt ist. Was machen wir? Ich pfeife nicht, und er putzt die Dusche. Wir nehmen aufeinander Rücksicht, damit unser Zusammenleben gut funktioniert. Warum geht das nicht auch im Umgang mit Fremden?

Wenn eine Gruppe aufgrund eines Gruppenmerkmals beleidigt wird, handelt es sich dabei immer um Diskriminierung, selbst wenn das nicht beabsichtigt wird und selbst wenn es lustig gemeint ist. Muss man denn »Zigeunerschnitzel« oder »Mohrenkopf« sagen, wenn Minderheiten in unserer Gesellschaft das als klar beleidigend empfinden? Unsere schöne deutsche Sprache wird es überleben. Und Peter Hahne (Buch *Rettet das Zigeunerschnitzel!*), der einmal in einer Sendung sagte, er wäre zu alt, um so etwas noch umzulernen (Vorschlag war: »Paprikaschnitzel« oder »Pusztaschnitzel«), hat unrecht, denn mit großer Wahrscheinlichkeit lernt auch er immer wieder neue Wörter dazu, wie Handy, Software oder Basecamp.

Vielleicht hilft ein Perspektivenwechsel: Mir wäre es als Deutscher auch recht unangenehm, wenn Österreicher eine bestimmte Blutwurst »Piefke-Schlauch« oder chinesische Köchinnen einen Käse »Chou Gui« (= »stinkende Teufel«, das chinesische Schimpfwort für Deutsche) taufen würden. Traditionen und schöne deutsche Sprache hin und her – die Welt verändert sich ständig, und wir dürfen etwas dazulernen.

Kontrovers wird es immer dann, wenn ein tradierter Wert aufgegeben werden soll. Hat man als Kind Negerküsse geliebt, kann das dazu führen, dass ein Namenswechsel einem etwas zu rauben scheint. Hat man als Kind gelernt, der Dame die Tür aufzuhalten, unterlässt man es als Erwachsener nur ungern. Die Kindheit ist einem lieb und teuer. Ich persönlich bekomme heute noch immer einen kleinen Schock, wenn ich die Mainzelmännchen sehe, weil sie irgendwann anders (und abscheulich!!!) gezeichnet wurden. Solche Änderungen mögen wir nicht. Wir sind aber nun erwachsen, und Herr Hahne wird sich schon nicht in den Schlaf weinen, wenn er statt eines Zigeunerschnitzels ein Paprikaschnitzel essen muss. Sinti und Roma fühlen sich nun einmal verunglimpft, wenn man sie Zigeuner nennt. Die Tatsache, dass man bestimmte Ausdrücke von früher Kindheit an gelernt hat, führt jedoch dazu, dass immer einmal Ausrutscher passieren können. Vor Kurzem ist mir tatsächlich das Wort Negerkuss herausgerutscht, bei allem Bemühen, so etwas Blödes nicht mehr zu sagen. Umlernen braucht Zeit, und wenn man jemanden damit beleidigt, kann (sollte) man sich entschuldigen.

Das von oben herab gebellte »Stell dich nicht so an!« hat man (das weiß ich, obwohl ich keine Kinder habe) aus der modernen Erziehung glücklicherweise verbannt – brauchen wir es noch in der politischen Auseinandersetzung? In der #MeTwo-Debatte beklagten sich einige Deutsche ohne rezenten

Migrationshintergrund, warum »die Ausländer« sich nicht früher beschwert hätten, sondern gerade jetzt. Dazu möchte ich sagen:

Liebe Leute, wenn es ein relevantes Thema und eine aktuelle Diskussion gibt, dann finden sich heutzutage Menschen in digitalen Netzen und erzählen ihre Geschichten.

Diese Geschichten waren immer präsent, wir haben nur bisher wenig davon gehört. Vielleicht lag es daran, dass sie uns nicht interessierten?

Man nimmt Blogs als Anlass, diese Geschichten zu erzählen. Genau das nennt man bloggen.

Und zweitens ist es keine Verschlagenheit, wenn diese Geschichten früher nicht erzählt wurden, sondern möglicherweise Zurückhaltung, Schüchternheit, reine Höflichkeit, vielleicht auch reine Angst, dass man sich mit Kritik an den vorherrschenden Gruppen unbeliebt macht. Die Tatsache, dass sie still waren, könnte mit uns, den länger hier lebenden Deutschen zu tun haben, die diese Geschichten nicht hören wollten. Und immer noch nicht hören wollen, wie ja diese Reaktionen trefflich zeigen!

Die Episoden über Diskriminierungen, die bei #MeTwo geschildert werden, spiegeln übrigens selten unbewusste Prozesse wider, sondern häufig offene, gemeine Herabsetzung, die manchmal sogar kriminell ist. Da schildert eine junge Frau, dass sie beim Pflichtpraktikum in der siebten Klasse im Bürgerbüro der Stadt nicht wie die anderen an sichtbaren Stellen (wie im Büro mit Kundenkontakt) sitzen und mithelfen durfte, sondern ins Archiv gesteckt wurde. Ein anderer berichtete davon, dass er Wohnungen nur mit bezahlter Maklerprovision bekommt, anders habe er als Ausländer kaum eine Chance. Es ist bestimmt schmerzhaft, dennoch wichtig, solche Geschichten zu erzählen, damit wir alle davon erfahren und die Lage einschätzen können. Anstatt Scham und Schuld defensiv anzugehen oder gar mit weiteren diskriminierenden Beleidigungen fortzufahren (»Die sind aber auch empfindlich!«), wären Entschuldigungen seitens der Normmenschen stimmig. Wie wäre wohl eine Entschuldigung der Kanzlerin oder des Bundespräsidenten im Namen der deutschen Mehrheitsgesellschaft angekommen? Hätte sie zu einer politischen Diskussion anregen können, wie man die Situation in Zukunft verbessern könnte, jetzt, da so viele Wunden aufgedeckt wurden? Ich meine nicht die Diskussion, ob wir weitere Geflüchtete ins Land lassen sollen oder nicht, sondern die Fragen, wie wir Menschen anderer Herkunft behandeln, die bei uns leben, wie wir mit Anderssein umgehen und was außerhalb der Grenzen unserer Toleranz liegt.

Der AfD gelingt es momentan, den Begriff »Flüchtlinge« mit »kriminell« »frauenfeindlich« und »Sozialschmarotzer« stark zu verbinden. Wir müssen so etwas nur häufig genug lesen oder hören, und schon sitzt alles zusammen in derselben Schublade und leitet unsere Wahrnehmung und unser Verhalten.

Im Prinzip bedeutet das, dass sowohl das Individuum für seine (diskriminierenden) Taten verantwortlich ist als auch die Gesellschaft oder einige ihrer Mitglieder, die bestimmte Assoziationen zur Verfügung stellen, sie stärken oder abschwächen. Hier sollten andersdenkende Politiker*innen gegensteuern und andere, wohlwollende Assoziationen beisteuern, damit die Schubladen nicht irgendwann einseitig gefüllt sind. Und schließlich betreffen Stereotype ja jeden und jede: Träten zum Beispiel in einer Gesellschaft Assoziationen wie »alt = dement, hässlich und wertlos« nicht auf, fänden sie sich auch selten in den Köpfen der Individuen wieder. Ist das alles nur eine abstrakte Idee, oder hat es Alltagsrelevanz?

Die Last der Vorurteile – Von sich selbst erfüllenden Prophezeiungen

Becca Levy und Ellen Langer fanden heraus, dass das Stereotyp gegenüber Alten in westlichen Kulturen viel negativer ausfällt als in asiatischen. Während wir mit »alt« häufig »vergesslich«, »zerbrechlich«, »geizig«, »arm« verbinden, denken Chines*innen bei Altsein eher an positive Aspekte wie »Lebensleistung«, »Weisheit«, »Erfahrung« und »Durchblick«. Die beiden Forscherinnen vermuteten, dass diese Stereotype auf dem Weg sich selbst erfüllender Prophezeiungen Gedächtnisleistungen beeinflussen, und fanden tatsächlich heraus, dass alte Amerikaner*innen in Gedächtnistests weitaus schlechter abschnitten als junge, während sich die Gedächtnisleistungen von jungen und alten Chines*innen kaum voneinander unterschieden. Nun kann es sein, dass sich Menschen in China gesünder ernähren (in der Schublade: Tofu und Ingwer), mehr Qigong machen oder bessere Gene haben. Um sich selbst erfüllende Prophezeiungen nachzuweisen, lud Becca Levy betagte Amerikaner*innen in ihr Labor ein und konfrontierte sie entweder mit Wörtern des typischen westlichen Altersstereotyps wie »vergesslich«, »dement« und »senil« oder bot ihnen Wörter wie »weise«, »verständnisvoll« oder »beraten«. Der ersten Gruppe wurde damit die Schublade »alt = schlecht« mit ihren kulturellen Assoziationen weit geöffnet, der anderen die Schublade »alt = weise«. Während in der ersten Gruppe die Gedächtnisleistung dramatisch abfiel, stieg sie in der positiv konnotierten zweiten Gruppe an. Diese Ergebnisse können nicht auf irgendwelche Gene oder feste Persönlichkeitseigenschaften zurückgeführt werden, sondern zeigen, dass die in einer Situation aktiven Assoziationen unbewusst unser Verhalten leiten.

Sich selbst erfüllende Prophezeiungen aufgrund von Vorurteilen haben in der letzten Zeit in der Sozialpsychologie einige Aufmerksamkeit erregt, nicht zuletzt deshalb, weil die Folgen von Stereotypen für die Opfer der Diskriminierung nachgewiesen werden können. Antidiskriminierungsverbote sind damit keine willkürlichen Spinnereien irgendwelcher Gutmenschen, sondern können dafür sorgen, dass Mitglieder von Minderheiten sich nicht quasi selbst daran hindern, ihr Potenzial auszuschöpfen.

Den Impuls für diese Untersuchungen gab eine Studie aus dem Jahr 1995 von Claude Steele und Joshua Aronson. Sie gaben schwarzen und weißen Studierenden der Universität Stanford einen sprachlichen Leistungstest. Um einige von ihnen mit ihren stereotypen Gruppenmerkmalen zu konfrontieren, sollte die eine Hälfte vorher ihre Hautfarbe angeben, während die andere Hälfte nicht dazu befragt wurde. Damit die Frage nicht so sehr ins Auge fiel, war sie in einen umfangreicheren Fragebogen eingebettet, der ansonsten für alle Versuchsteilnehmenden die gleichen Fragen (nach Alter, Geburtsort etc.) enthielt. Zusammengefasst ergaben sich vier Untersuchungsgruppen:

- Schwarze, die ihre Hautfarbe angeben sollten,
- Weiße, die ihre Hautfarbe angeben sollten,
- Schwarze, die nicht nach ihrer Hautfarbe befragt wurden, und
- Weiße, die nicht nach ihrer Hautfarbe befragt wurden.

Alle vier Gruppen mussten Auszüge von Intelligenztests lösen. Die Gruppe der Schwarzen, die ihre Hautfarbe angeben sollten, schnitt deutlich am schlechtesten ab. Bei ihnen hatte sich wohl die Schublade »Schwarze = nicht intelligent, ungebildet, unmotiviert etc.« geöffnet und sie in ihren Leistungen deutlich beeinflusst.

Natürlich machen diese Effekte auch vor anderen sozialen Gruppen nicht halt. Eigene Forschung zeigte dementsprechend, dass blonde intelligente Studentinnen in Tests langsamer waren, wenn sie vorher daran erinnert worden waren, dass sie blond sind. Und schwarze Sportler*innen profitieren insofern von der Assoziation »schwarz = besser in Sport«, als ihre weißen Konkurrent*innen tatsächlich schlechter sind, wenn sie vor dem Wettkampf daran erinnert werden, dass sie weiß sind.

Stereotype Erwartungen müssen nicht offensichtlich aktiviert werden, um zu wirken. Unsere Gruppenzugehörigkeit ist durch die langen Jahre unserer Erziehung so stark mit bestimmten Erwartungen (»Schwarze sind in intellektuellen Leistungsaufgaben schlecht«, »Frauen können nicht Auto fahren«, »Dicke haben ein komisches Talent«) assoziiert, dass es ausreicht, sie durch eine subtile Erinnerung wie ein bloßes Hinschreiben des entsprechenden Merkmals (der Hautfarbe, des Geschlechts, des Gewichts etc.), einen Blick in den Spiegel oder Ähnliches zu aktivieren. Gleichzeitig ruft es assoziierte Erwartungen wach: Was sollte man als Mitglied dieser Gruppe können und was nicht? Dabei schüchtern negative Erwartungen eine Person auf zweierlei Weise ein: Erstens hat sie Angst, negativ bewertet zu werden, und zweitens befürchtet sie, nicht zu genügen, also die Misserfolgserwartung tatsächlich zu erfüllen. Das alles löst Stress aus, und der kann Leistungen beeinträchtigen.

Aber woran liegt es eigentlich, dass wir uns von eigenen Stereotypen beeinflussen lassen? Werden wir tatsächlich dümmer? Kraftloser? Oder können wir uns weniger motivieren, wenn wir dergestalt eingeschüchtert werden?

Zusammen mit Beate Seibt und Lioba Werth habe ich Untersuchungen dazu an der Universität Würzburg durchgeführt. Es ist unlogisch, dass wir allein durch das Niederschreiben eines Wortes wie »schwarz« oder »weiß« weniger wissen oder weniger Kraft in den Beinen haben sollten. Wir vertraten die These, dass es vielmehr die Vorsicht ist, die die Leistungen beeinträchtigt. Uns interessierte zudem, wie sich positive Stereotype (zum Beispiel »Frauen = sprachlich gut«) auswirken. Falls Stereotype unser Tempo beeinflussen, könnte es ja sein, dass eine Erfolgserwartung uns mutiger und schneller werden lässt. Diese Überlegungen beruhen auf Untersuchungen zur Motivationspsychologie, die ich in New York mit Tory Higgins und Nira Liberman entwickelt habe. Aus diesen früheren Studien wissen wir nämlich, dass positive Erwartungen (»Ich kann das gut!«) zu riskantem, schnellem, aber unvorsichtigem Verhalten führen – das heißt, positives Denken hat gute wie schlechte Seiten: Es macht uns schnell, aber schlampig. Negative Erwartungen (»Ich kann das nicht!«) dagegen animieren uns zu vorsichtigem, langsamem Verhalten, der Vorteil ist aber, dass wir auf Details und mögliche Fehler achten und somit genauer arbeiten. Dies, so unsere These, sollte auch passieren, wenn die Erfolgs- oder Misserfolgserwartungen durch ein Stereotyp ausgelöst würden.

Wir luden Frauen und Männer in unser Labor ein und gaben jeweils der Hälfte von ihnen die Information, dass der anstehende Test Geschlechtsunterschiede bei sprachlichen Leistungen messe, während wir der anderen Hälfte erzählten, dass es in dem Test um allgemeine Leistungen gehe. Wir hatten damit Folgendes im Sinn: Die Information, dass der Test Geschlechtsunterschiede bei sprachlichen Leistungen messe, sollte bei Frauen eine Erfolgserwartung wecken (»Ich kann das gut!«), während sie bei Männern eine Misserfolgserwartung auslösen konnte (»Ich kann das nicht!«). Die Teilnehmenden sollten aus fünf dargebotenen Wörtern, zum Beispiel aus der Reihe Apfel – Zitrone – Banane – Tomate – Papaya, dasjenige heraussuchen, das nicht passte, in diesem Fall also »Tomate«. Sie hatten dreißig Sekunden Zeit für dreizehn solcher Fragen, die mal mehr, mal weniger knifflig waren. Es gab zwei Leistungskriterien: Schnelligkeit (Wie viele Reihen gehen Teilnehmende in dreißig Sekunden an?) und Genauigkeit (Wie viele haben sie richtig oder falsch?). Folgendes kam heraus: Männer und Frauen unterschieden sich nicht signifikant in der Fehlerrate, wenn sie glaubten, der Test messe allgemeine Leistungen. Allerdings waren Männer viel genauer, aber auch dramatisch langsamer, wenn sie dachten, es gehe um einen sprachlichen Leistungstest. Frauen schafften unter dieser Annahme zwar mehr Aufgaben, arbeiteten jedoch weniger sorgfältig und machten mehr Fehler.

Unsere Vorhersagen hatten sich somit bestätigt: Je nach Situation geweckte Stereotype lösen Erfolgs- oder Misserfolgserwartungen aus, die unterschiedliche Folgen haben. Es ist demnach wohl so, dass Menschen mit Misserfolgserwartungen deshalb in Tests versagen, weil sie zu langsam sind. In unserer High-Speed-Society, in der wir Schüler*innen und Studierende durch die Tests und Examen hetzen, versagen vor allem die Zaghaften und Vorsichtigen. Das hat eine interessante Konsequenz: Gäben wir Menschen mit Versagensängsten mehr Zeit, würden sie sogar besser dastehen als diejenigen mit Erfolgserwartungen, weil sie ja weniger Fehler machen. WRX fragt sich nun, warum diese Erkenntnisse nicht sofort in unsere Prüfungsbedingungen mit einfließen, denn schließlich werden für unterschiedliche Aufgaben unterschiedliche Menschen gebraucht, mal vorsichtige und mal risikofreudige.

Schnelligkeit ist nicht der einzige Faktor, der beeinträchtigt wird, wenn wir denken, wir könnten etwas nicht. Der fehlende Mut in dieser Stimmung senkt auch die Kreativität, wie wir in anderen Experimenten herausfanden, während Risikofreude und Erfolgserwartungen sie steigern können. Damit ergibt sich letztendlich für uns doch ein deutlicher Vorteil von Erfolgserwartungen, denn kreatives, flexibles Denken brauchen wir weit häufiger im Alltag, um alle möglichen Probleme zu lösen. Haben wir gerade kein Messer zur Hand, nehmen wir die herumliegende Schere, um Schnittlauch zu schneiden, und brennt die Sonne auf unsere Tomaten, zimmern wir aus Holzresten einen Verschlag. Das alles ist nicht trivial, denn kaum ein Tier kann nur annähernd so flexibel denken. Und wir können es vor allem dann, wenn wir in positiver Stimmung sind oder wenn wir meinen, dass unsere Aktionen Erfolg haben werden.

Diese Phänomene zeigen auch, wie manche Stereotype sich letztendlich bestätigen können. Wenn ich denke, der norddeutsche Teilnehmende in meiner Therapieklasse kann die Perspektive von Klient*innen nicht so gut einnehmen, dann wirkt sich meine Vorstellung auf ihn aus, und er wird eventuell weniger gut ins Gespräch finden. Er wird vielleicht weniger kreativ an Lösungen mitarbeiten und weniger Mut zeigen, einmal etwas Außergewöhnliches zu probieren. Das bedeutet: Ich schaffe ein Vorurteil, das sich hinterher in der realen Welt meines Gegenübers tatsächlich wiederfindet. Das aber ohne mich gar nicht existiert hätte. Eine Konstruktion. Ich muss dieses Stereotyp gar nicht einmal ihm gegenüber aussprechen, es reicht, dass ich bei ihm das wahrnehme, was meine Schublade für den kühlen, emotionslosen »Norddeutschen« so alles zur Verfügung stellt.

Man könnte nun sehr viele Phänomene auf sich selbst erfüllende Prophezeiungen zurückführen, aber natürlich ist dies nur *ein* isolierter Mechanismus, der Verhalten erklären kann. Ein Kollege sprach mich vor Kurzem darauf an, dass ja auch die Aggressivität, die unter Geflüchteten in den Flüchtlingsunterkünften manchmal eskaliert, auf solche stereotypen Prophezeiungen zurückzuführen wäre. Weil viele denken, »die« wären alle aggressiv, könnten sich ja bei »denen« aufgrund dieses Vorurteils in Konfliktsituationen aggressive Impulse lösen. Das ist durchaus möglich. Tatsächlich haben wir in Experimenten zeigen können, dass sich Versuchsteilnehmende, die in einer angespannten Situation mit aggressiven Gedanken konfrontiert wurden, eher aggressiv verhalten – schlichtweg, weil ihnen das dann als Erstes einfällt.

Jedoch glaube ich nicht, dass das der einzige Faktor ist. Wir wissen aus der Forschung, dass räumliche Enge, Hitze, das Fehlen von Privatsphäre, große finanzielle Unsicherheit und Hoffnungslosigkeit Menschen durchdrehen lassen. Ich kenne kaum einen, der sich unter solchen Umständen immer anständig und bedacht verhalten würde; jedenfalls weiß ich von mir, dass ich aggressiv werden würde, sollte es mir einmal so ergehen. Ich wäre zu Dingen fähig, die mir in meiner gut klimatisierten Maisonette niemals einfallen würden. Unterm Strich also bleibt: *Wir* schaffen uns Probleme, wenn wir Menschen so behandeln. Wir schaffen sie auch, indem wir Menschen verzerrt wahrnehmen.

Nun sei die unappetitliche Frage hier doch einmal gestellt, weil sie vermutlich ohnehin im Raum steht: Gibt es hinsichtlich bestimmter Ethnien oder Rassen Unterschiede? Gibt es Geschlechtsunterschiede hinsichtlich bestimmter kognitiver oder emotionaler Fähigkeiten? Diese heutzutage abwegig klingende Forschungsfrage wurde viele Jahrzehnte lang eingehend untersucht. Tatsächlich ist das Hirn von Frauen normalerweise kleiner als das der Männer. Könnte es da nicht sein, dass die Hirnwindung »analytisches Denken« bei Frauen schlichtweg fehlt?

Um es kurz zu machen: Es gibt, das hat die Forschung gezeigt, in der Intelligenz keine Unterschiede bezüglich des Geschlechts oder der »Rasse«. Die Biologie hat zudem festgestellt, dass es menschliche »Rassen« überhaupt nicht gibt. Während bei reinrassigen Hunden zum Beispiel recht spezifische, für eine Rasse anzunehmende einzigartige Übereinstimmungen im Genmaterial zu finden sind, gibt es bei Menschen – allem Augenschein zum Trotz – keine klar unterscheidbaren

Kategorien. In jedem von uns steckt ein riesiges Völkergemisch. Um im Hundejargon zu bleiben: Wir sind alle Mischlinge. Das ist auch kein Wunder, denn unser aller Wiege stand – nach derzeitigem Forschungsstand – in Afrika. Von da aus sind wir in alle Ecken der Welt gewandert, haben unterschiedliche Formen, Farben und Verhaltensweisen angenommen und sind immer weiter in Bewegung geblieben. Sind weitergewandert und haben uns vermischt. Gut für uns und unsere Evolution, denn die ständige Mischung hielt uns gesund und machte uns immun gegen viele Umwelteinflüsse, Bakterien, Viren.

»Deutsch« sein ist damit genauso ein Konstrukt wie »türkisch« sein – oder zumindest relativ. Wer entscheidet denn, ab wann jemand deutsch ist? Seitdem ich diese Einsicht aus einer Dresdener Ausstellung im Jahr 2018 zum Thema Rassen mitgenommen habe, antworte ich auf etwaige Nachfrage, wo ich denn eigentlich herkomme, gern: »Aus Afrika.«

Die Forschung findet dementsprechend auch keine Unterschiede hinsichtlich bestimmter Leistungen, sehr wohl aber Einflüsse der sozialen Umgebung. So liegen die Leistungen von schwarzen Kindern und von Mädchen bis zur Einschulung gleichauf mit denen von weißen Kindern und Jungen. In diesem Alter sind die Hirne schon recht gut ausgebildet, was die kognitive Entwicklung angeht, und es ist nicht möglich, dass sie sich noch einmal auseinanderentwickeln. Man beobachtet dennoch, dass sich nach einem Jahr Schule die ersten stereotypen Leistungsunterschiede einstellen. Dann bereits sind die Mädchen schlechter im Rechnen und die schwarzen Kinder in vielen Fächern schwächer als die weißen. Diese Schere tut sich immer weiter auf, je älter die Kinder werden – bis schließlich im akademischen Olymp kaum noch schwarze oder weibliche Professoren zu finden sind.

Vor allem Motivation durch Lehrer*innen, Eltern und Mitschüler*innen wurde dabei als Ursache für die Unterschiede identifiziert. Sie kann bewusst oder unbewusst erfolgen. Untersuchungen zeigen zum Beispiel, dass Mathematiklehrer*innen die hochgereckten Hände der Mädchen oftmals schlichtweg nicht sehen. Dabei werden die als schwach beurteilten Kinder nicht immer schlecht behandelt. Häufig zeigten Lehrer*innen eine rührende Sanftmut, gar Mitleid und lobten sie. Allerdings förderten sie sie nicht im selben Maß wie die Kinder, meist weiße Jungen, die sie für besser hielten. Letztere bekommen herausfordernde Aufgaben, an denen sie wachsen können, werden leistungsabhängig beurteilt und respektvoll kritisiert; dies aber ist die beste Motivierung.

Die PISA-Studien der letzten Jahre sind eine weitere Bestätigung für die These, dass Unterschiede gesellschaftlich entstanden sind. So schnitten Mädchen in einigen Ländern, wie zum Beispiel in Island, in Mathematik sogar besser ab als die Jungen. Schon eine durchschnittlich gute Matheschülerin in Schanghai erreicht mittlerweile auf der PISA-Skala 610 Punkte – dies ist genauso gut wie der durchschnittliche Junge in Schanghai und besser als die durchschnittlichen Knaben in den meisten anderen Ländern. Noch vor einigen Jahren hatte es auch in Schanghai die üblichen Geschlechtsunterschiede gegeben, sie konnten aber durch spezifische Förderung nivelliert werden. Unterschiede zu nivellieren kann wiederum nachhaltig Vorurteile reduzieren: Wenn wir selbst beobachten können, dass Mädchen, Jungen, Schwarze, Weiße, Deutsche, Ausländer, Christen, Juden allesamt gute Leistungen in unterschiedlichen Bereichen erbringen, werden einzelne Personen wichtiger und Urteile differenzierter. Aus »Mädchen können nicht rechnen« wird »Pia ist spitze in Statistik, in der Geometrie hat sie aber einige Schwächen«.

Es ist schwierig, WRX, dem in der Wolle gefärbten Konstruktivisten (WRX fühlt sich nicht nach Eidechse, Schleim, Gummi oder Ähnlichem an, sondern wie ein Kaninchen nach einer Haarkur!), nahezubringen, warum wir überhaupt eine bestimmte Art von Intelligenz so hoch bewerten. Hier habe ich ihm schlichtweg recht gegeben, dass das schlechte Lösen von Mathematikaufgaben Karrieren verbauen kann, während man für viele unfaire Urteile nicht bestraft wird. Sicher könnten wir das ändern, denn in anderen Ländern ist es zum Beispiel wichtiger, wie gut jemand musizieren oder Kanu fahren kann oder sich in eine Gesellschaft einfügt. Intelligenz ist Ansichtssache und hat wie alle Kopfgeburten dramatische Auswirkungen auf das Leben von Menschen.

In Deutschland ist neben den Vorurteilen zu Geschlechtsunterschieden und der nationalen Herkunft beziehungsweise dem Migrationshintergrund vor allem der Wohlstand der Eltern mitzuberücksichtigen. Nur etwa elf Prozent der jungen Menschen aus finanziell ärmeren Familien treten ein Studium an. Ähnliche Zahlen gab es schon vor Jahren.[8]

Einige Gründe dafür liegen auf der Hand: Weniger Betuchte können sich keinen Nachhilfe- und Zusatzunterricht leisten und haben Angst, ein Studium nicht finanzieren zu können. Früherziehung kommt vor allem bei Alleinerziehenden mit kleinem Geldbeutel kaum infrage. Zudem bilden die ärmeren Kinder in höheren Schulen oftmals eine Minderheit, die von anderen Kindern gemobbt wird, weil sie nicht die angesagten Kleider, Spielsachen und elektronischen Geräte haben und ihnen der Zutritt zu vielen sozialen und Freizeitangeboten verwehrt ist. Der Selbstwert von armen Kindern sinkt mit zunehmendem Alter und Diskriminierungserfahrung, wobei auch die sich selbst erfüllenden Prophezeiungen nachgewiesenermaßen eine Rolle spielen. Zudem haben es arme Familien häufig gar nicht auf dem Schirm, dass ihre Kinder eine höhere Schule besuchen könnten. Eine Klientin berichtete mir:»In meiner Herkunftsfamilie waren alle Arbeiter, und es gab überhaupt gar keinen Gedanken daran, dass ich auf das Gymnasium gehen könnte. Das war einfach in deren Köpfen nicht drin, da konnte ich noch so viele Einsen schreiben.«

Arme Kinder haben oftmals auch keinen Zutritt zu den »besseren Schichten«, und so bleibt ihnen nichts anderes übrig, als sich mit anderen armen Kindern zusammenzutun.

Kinder werden in der Pubertät vor allem durch ihre Peers geprägt, weniger durch die Eltern, das heißt, es ist entscheidend, welche Freunde und Freundinnen sie zu dieser Zeit haben. Der Armutsexperte Christoph Butterwegge sieht in einer funktionierenden Ganztagsbetreuung den Schlüssel zur Bekämpfung steigender Armut besonders bei Alleinerziehenden. Zudem fordert er Gemeinschaftsschulen nach skandinavischem Vorbild, damit Kinder unterschiedlichster Herkunft so lange wie möglich gemeinsam und voneinander lernen können.[9]

Erkennen Betroffene die Mechanismen, die ihre Entfaltung behindern, und nehmen sie die Unterschiede als Herausforderung an, können sie dagegen angehen. Manchmal reicht bereits das Wissen um sich selbst erfüllende Prophezeiungen, um sich ihnen zu widersetzen. Untersuchungen konnten zum Beispiel zeigen, dass Frauen besser verhandelten, wenn man ihnen davon berichtete, dass sie das Stereotyp »Frauen können nicht verhandeln« beeinträchtigen könnte. Das Wissen um stereotype Misserfolgserwartungen macht sie modellierbar. Man kann sie dann trotzig angehen: »Denen zeige ich's. Jetzt erst recht!«

Gruppen und ihre Regeln sind Wegweiser – Wehe den Andersdenkenden!

Bisher war vor allem von Einzelpersonen die Rede und wie sie die Welt durch eine gesellschaftlich geformte Brille sehen. Diese Einzelpersonen sind jedoch Mitglieder bestimmter sozialer Gruppen. Manche davon sucht man sich aus (ich bin Fan der Sängerin Maria Callas) und manche nicht (ich bin ein weißer Deutscher). Jeder gehört mehreren sozialen Gruppen an. Ich bin außer Callas-Fan und weißer Deutscher beispielsweise noch Autor, Wissenschaftler, Therapeut, Beziehungspartner, Homosexueller, Hobbykoch, Umweltaktivist und vieles andere mehr. Dabei hat immer diejenige Gruppenzugehörigkeit einen Effekt auf mein Verhalten, die ich gerade im Gedächtnis aktiviert habe, das heißt die Schublade, die ich gerade aufgezogen habe. So bin ich in der Oper der Musikexperte und bei Bücherlesungen der Autor – und die Erwartungen meiner Mitmenschen sind unterschiedliche, genauso wie ich mich unterschiedlich beeindrucken lasse.

Manchmal verletzt eine Verhaltensweise, die konform zu den Regeln einer Gruppe verläuft, die Regeln einer anderen. Dies führt häufig zu Intergruppenkonflikten. WRX braucht an dieser Stelle wieder einmal eine Erklärung: Warum nehmen wir Gruppenzugehörigkeiten wie Raucherin, Mozartfan und Rocker sein so wichtig? Für ihn sehen *wir* alle gleich aus, so etwa wie eine Kreuzung aus Affe, Made und Schwein. Nackt, aufrecht gehend und mit dem einen Kopf ziemlich verpeilt.

Weil Gruppenbildung zu Konflikten führt und letztlich sogar Kriege als Intergruppenkonflikte zu verstehen sind, gibt es

Bestrebungen, wie WRX sie vorschlägt, soziale Gruppen ganz abzuschaffen. Soziolog*innen werfen uns Psycholog*innen manchmal vor, dass wir allein dadurch Vorurteile am Leben erhalten, indem wir sie immer wieder wiederholen, und da ist etwas Wahres dran. Vielleicht würden Vorurteile und Stereotype verschwinden, wenn wir sie nicht mehr zum Thema machten. Hier wende ich ein, dass eh niemand auf unsere Forschung hört – die wirksamen Assoziationen werden vor allem im Alltag geteilt. Aber vielleicht reicht es ja, meine Nachbarin als »Dolores Müller« zu bezeichnen statt als »Brasilianerin mit einem Kind«. Manche Aktivist*innen fordern uns dazu auf, uns Menschen nicht mehr in kleine Gruppen zu unterteilen und uns als *eine Welt* zu definieren.

Als Jugendlicher habe ich allerdings erlebt, dass auch die Eine-Welt-Bewegung eine Gruppe ist – mit eigenen sozialen Regeln, die nicht zu jedem von uns passen. Als ich in den 80ern in Trier studierte, fand man mich häufig in einer *Eine-Welt-Kneipe*. Wir wollten keine Kriege und keine Aufrüstung. Die Grünen waren gerade erfunden worden, und einige meiner Freund*innen waren schon damals so konsequent, dass sie keine Produkte kauften, die in Plastik verpackt waren. Es verstand sich von selbst, dass wir die Wochenenden damit verbrachten, uns an Zäunen von Atomkraftwerken festzuketten. Zum Zeichen unserer Identität trugen wir »Atomkraft? Nein danke«-Sticker und Jutetaschen mit uns herum, auf denen »Jute statt Plastik!« stand. Wir aßen selbst geschrotetes Müsli und mischten uns Naturkosmetik aus Naturprodukten zusammen, die nicht an Tieren getestet worden waren. Irgendwie wird das, so vermute ich, auch jüngeren Leser*innen insgesamt als »stimmig« erscheinen, entspricht es doch auch der heutigen Vorstellung von einer linken, umweltbewussten, nachhaltigen Haltung.

Naturgemäß sind die Regeln von Gruppen allerdings nicht. Solche Regeln, wir nennen sie auch *soziale Normen* oder

Gruppennormen, sind konstruiert und dabei nicht immer logisch. Damals gehörte zum Beispiel dazu, dass man Camel, Gauloise oder Selbstgedrehte rauchte. Und im Gegensatz zu den heutigen Umweltschützer*innen hatte man kein Problem damit, ein Schadstoffe versprühendes Auto wie eine Ente, einen R4 oder VW-Käfer zu fahren. Von Mercedes-Kühlerhauben sägten wir allerdings nachts die Sterne ab.

Was damals gar nicht ging, war irgendeine ästhetische Beschäftigung mit sich selbst. Man wusch sich selten, hatte irgendwelche Kristalle als Deo-Ersatz, die einem lediglich das Gefühl gaben, nicht zu riechen, und schnitt sich die Haare selbst oder ließ sie ungeordnet an selbst gebastelten Ohrringen vorbeiwachsen. Und das bescherte mir, der ich neben dieser Gruppe, der grünen, noch der Gruppe der Schwulen angehörte, manchmal erhebliche Schwierigkeiten. Damals zeigte ich diesen Teil meiner Identität, indem ich extravagante Schuhe trug und mir meine Kleidung selbst nähte, wobei ich recht erfolgreich Armani, Gaultier oder andere damals wilde Designer kopierte. Sprich, ich trug einen bodenlangen Mantel, darunter zum Beispiel eine Safarihose à la Wüstenfuchs und dazu schwarze Lackschuhe. Das aber war damals ein solcher Affront gegen grüne Gruppen, dass ich in manchen Cafés und Jugendzentren nicht bedient wurde. In Berlin nannte mich eine Barfrau »Bonze« und spuckte über den Tresen, und in einer Kölner Punkkneipe schüttete mir ein Typ eine Dose Bier über das lange lockige Haupthaar. Die unangepassten Leute, zu denen ich damals gehören wollte, mochten meinen eigenen Ausdruck von Rebellion überhaupt nicht und sanktionierten mein Verhalten dementsprechend. *Eine* Welt bedeutete: Du kannst gern dazugehören, aber dann mach, was wir vernünftig finden.

Bemerkenswert ist, dass mir manche Mitglieder meiner grünen Gruppe damals vorwarfen, Plastikschuhe zu tragen – man trug in jedem Fall Leder, weil das ein Naturprodukt war.

Heute ist bei Umweltaktivist*innen eher ein Trend zu erkennen, auf tierhautbasierte Produkte zu verzichten: Wir konstruieren uns Wirklichkeiten, wir konstruieren uns Regeln, sind als Mitglieder unserer Gruppen häufig von unseren eigenen Werten überzeugt, empfinden sie als logisch und verteidigen sie. WRX kämmt sein Fell und meint: Sich die Welt in Gruppen zu konstruieren kann ja Spaß machen. So wie es Spaß machen kann, sich eine Kommode zu bauen. Aber dass man sie als einzig wahren und gar wichtigsten Schrank der Welt ansieht, sei doch beschränkt, wenn man mal von außen draufschaut.

Sozialpsycholog*innen haben aufgrund von Beobachtungen immer wieder darauf hingewiesen, dass Menschen *kleinere* Gruppen zur Identitätsfindung bevorzugen. Gruppe ja – aber wenn sie zu groß wird, dann wird alles (Regeln, Normen, Standards) schwammig und weiß ich nicht so recht, wer ich bin. In großen Gruppen gehen wir auch schnell unter, werden nicht gesehen. Das bedeutet, wir fühlen uns wohler als Bayerin als als Deutsche und sind am liebsten Mitglied von noch kleineren Gruppen, die uns als Individuen kennen und mögen. Unser Chor, unser Verein, unsere Clique, unsere Bürgerhausinitiative im Veedel – sie werden von uns als wertvoll angesehen, wir definieren uns durch sie und richten uns nach ihren sozialen Normen aus.

Wir als Einzelne können nicht immer mitbestimmen, welche Regeln wir für vernünftig halten und welche nicht. In viele soziale Gruppen wachsen wir hinein, sie haben eine Geschichte. Und wenn wir uns Regeln widersetzen, kommt es zu *Intra*gruppenkonflikten, also zu Stress innerhalb einer Gruppe.

Ich habe es damals, als ich mich zu einer wissenschaftlichen Karriere entschloss, unterschätzt, wie gering der persönliche Gestaltungsspielraum eines Professors[10] ist. Die sozialen Normen waren extrem streng festgelegt. So galt es, besonders männlich aufzutreten, möglichst eine Hausfrau zu Hause zu haben oder eine wissenschaftlich unterlegene Mitarbeiterin an der Seite, die zu einem aufblickt. Kollegen waren besonders angesehen, wenn sie unerbittlich gegenüber Studierenden waren – nicht nur einmal habe ich gehört, wie stolz mancher Professor darauf war, dass Studierende sein Büro unter Tränen verließen. Man sprach hochgestochen und überließ die wissenschaftliche Forschung den amerikanischen Kolleg*innen, die man gleichzeitig für oberflächlich hielt. Wenn eine junge Professorin Ambitionen hatte, neue Theorien entwickelte oder ungewöhnliche Ergebnisse in ihren Studien erzielte, wurde sie zurückgepfiffen. Man gebrauchte das Bild eines Maisfelds, in dem die Mähmaschine alle Maiskolben kappt, die über die anderen hinausragen. Konkret gesprochen lud man qualifiziertere Kolleg*innen nicht zu Berufungsgesprächen ein, verlängerte ihre Stellen nicht, warf ihnen unsaubere Forschungsmethoden vor oder suchte nach anderen Gründen, sie abzuwerten. In meinem Fall erzählte mir eine Kollegin von der Universität Köln, dass sie die Berufungskommission verlassen hatte, weil ein Kollege mich wegen meiner Homosexualität nicht berufen wollte. Er hatte ein Foto aus dem Internet ausgedruckt, auf dem ich mit Lippenstift zu sehen war – ein Poster für mein damaliges Chanson-Programm »Niemandsrose«, mit dem ich durch Deutschland tourte. »Wie soll denn das gehen?«, soll er gesagt haben. Und damit war ich als Kandidat vom Tisch.

Man kann darüber jammern, aber oftmals ist es sinnvoller, die Regeln zu akzeptieren und, wenn sie einem nicht gefallen, die Gruppe zu meiden. In jedem Fall sollte man das Regelsystem kennen und es ernst nehmen. Und wenn man vom Prototyp abweicht, sollte man sich überlegen, ob man diskriminierendes Verhalten oder eventuelles Mobbing aushalten kann.

Ich habe momentan eine Handvoll junger spannender Klient*innen, die gern in der Wirtschaft arbeiten wollen, möglichst in Teilzeit und mit viel Urlaub; Geld ist ihnen nicht so wichtig, sie wollen einfach Spaß am Job haben. Auch hier ist es sinnvoll, einen Realitätscheck beispielsweise im Rahmen eines Praktikums durchzuführen, denn ich kenne nur wenige Unternehmen, in denen man mit solchen Vorstellungen, die mir durchaus sympathisch sind, durchkäme. Oder man kann danach forschen, ob die Regeln in anderen Ländern eher zu einem passen. Vielleicht ist es ein falsches Stereotyp, aber bei Jugendlichen ist im Moment Neuseeland im Trend, wo man sich flache Hierarchien und eine gechillte Arbeitsatmosphäre bei hohem Lebensstandard erhofft.[11]

Soziale Normen sind aber nicht nur Hindernisse für die Selbstverwirklichung, im Gegenteil, sie sind im alltäglichen Leben wichtige Orientierungshilfen und Mittel, eine Identität zu entwickeln. Sie ermöglichen ein menschliches Miteinander. Die Zehn Gebote, das Grundgesetz und auch viele alltägliche Benimmregeln sind insofern hilfreich, als sie eine klare Struktur bieten und dafür sorgen, dass Menschen andere nicht in ihrer Freiheit behindern. Man weiß einfach, was man tun und lassen soll und was einem blüht, wenn man die Regeln übertritt.

In einem solchen Regelwerk habe ich eine gewisse Sicherheit über das, was ich tun sollte oder muss, und Sicherheit ist ein menschliches Grundbedürfnis. Wir brauchen zudem das Gefühl der Kontrolle im Leben; wenn alles willkürlich und ungeordnet wäre, würden wir durchdrehen. Außerdem erleichtern Regeln Entscheidungen. Wenn ich zur Beerdigung einer Nachbarin oder eines Kollegen gehe, werde ich Schwarz tragen, weil ich weiß, dass das im deutschen kulturellen Kontext erwartet wird. Und ich weiß auch, was mir blüht, wenn ich mich der jeweiligen Regel widersetze.

Wenn ich das allgemeine Wertegerüst meiner Gruppe kenne, kann ich auch erschließen, wie ich mich in unbekannten Situationen verhalten soll, für die noch keine Regel aufgestellt wurde. Wenn meine Freunde und Freundinnen, mit denen ich aufwendige Kochabende gestalte, Fertiggerichte, Fast-Food-Ketten und Billigprodukte ablehnen, würde ich einen großen Fehler begehen, böte ich beim nächsten Festschmaus einen Wein von einem Discounter an. Es muss mir keiner gesagt haben, dass das ein No-Go ist, ich kann es aus dem allgemeinen Wertesystem heraus erschließen. Solche erschlossenen Regeln können auch ökonomisch unvernünftiges Verhalten erklären: Selbst wenn der Discounter-Wein besser wäre als der meiner Winzerin, entschiede ich mich regelgeleitet für die Alternative, die mir ein Bleiberecht in meiner Gruppe sichert. Auch Entscheidungskonflikte werden fix mithilfe sozialer Normen gelöst: Stehe ich vor dem Kühlregal und zögere zunächst, ob ich die fette Crème fraîche oder die Light-Variante nehmen soll (weil ein Teil in mir gern schlank bleiben möchte), entscheide ich mich schnell für den Klassiker, weil meine soziale Gruppe Geschmack wichtiger findet als Bauchumfang.

Aufgrund der vielen Vorteile einer Gruppenzugehörigkeit und dem Nutzen von Normen verteidigen wir sie auch Leuten gegenüber, die andere Werte vertreten. Oftmals geht das glimpflich ab. Mein Cousin zum Beispiel findet Weintrinker affig. Wenn ich an einem neu eingeschenkten Wein rieche und den ersten Schluck dann im Mund verteile, macht er sich über mich lustig und schluckt geräuschvoll sein Bier. Hin und wieder kommt es zu Auseinandersetzungen, allerdings halten wir uns normalerweise zurück und streiten uns nicht, auch wenn Gruppenunterschiede deutlich spürbar sind und ich mich in solchen Momenten genauso für etwas Besseres halte wie er sich.

Aggressiv werden wir, wenn relevante Werte attackiert werden. In meinem Fall, wenn zum Beispiel ein Fahrgast im Zug einen Ausländer beleidigt. Oder wenn die AfD oder Neonazis »Absaufen, absaufen« skandieren. Dann kann es durchaus passieren, dass ich wortgewaltig zurückschlage, dass ich sie beschimpfe oder gar handgreiflich werde.

Kritisch wird es dann, wenn Gruppen ihre Werte für vollkommen unverhandelbar halten und meinen, andere missionieren zu müssen. Wenn sie denken, ihre Regeln und Verhaltensweisen wären die einzig richtigen und deren Nichtbefolgung hätte fatale Folgen, dann ist eine Auseinandersetzung oder gar Krieg vorprogrammiert. Religionskriege sind ein gutes Beispiel für diese Beobachtung, denn in religiösen Gruppen sind bestimmte Werte, Ansichten und Verhaltensweisen strikt vorgegeben und mit der Idee behaftet, dass ihr Übertreten sowohl Unheil über die Gruppe als auch ewige Verdammnis für das einzelne Mitglied bringt. Menschen einer religiösen Gruppierung halten sich für etwas Besseres im Vergleich zu Menschen anderer Gruppen. Wir kommen in den Himmel, die in die Hölle. Dies führt zu einer positiven und stolzen Bewertung der eigenen Gruppe und ihrer Leistung und zu einer Abwertung der anderen. Manchmal werden Ekel oder Wut gegen die Ungläubigen empfunden oder sogar Hass.

Ich würde behaupten, dass jeder angeblich wirtschaftlich motivierte Krieg immer auch auf Wertekonflikten beruht. Im Ersten und Zweiten Weltkrieg etwa ging es nicht nur um Landnahme. Da prallten vor allem Werte aufeinander. Alle Kriege sind auch Glaubenskriege, alles andere erscheint mir aus psychologischer Sicht schwer vorstellbar. Das ist nicht so trivial, wie es sich anhört, denn Werte sind konstruiert und können dekonstruiert werden. Heißt: Jeder Konflikt kann prinzipiell aufgelöst werden.

WRX geht einen Schritt weiter und fordert, dass Werte jeden Tag beliebig wechseln könnten. Dass man doch jeden Tag aufs Neue verhandeln könnte, ob man Freiheit oder Kontrolle priorisieren wolle, Leistung oder Freizeit etc. Er meint, so ein ständiger Wertewechsel, heute Moslem, morgen Christ, übermorgen Donald Trump, würde dafür sorgen, dass alle mal drankämen. So könnte man auch erspüren, wie relativ die eigenen Werte wären. Dem widerspreche ich als Psychologe *dieser* Welt entschieden. Werte sind für uns wichtige Orientierungshilfen, und eine Klarheit der Priorisierung ermöglicht erst Handlungsbereitschaft. Humanistische Werte, die die Entfaltung jedes einzelnen Menschen ermöglichen – das sind wichtige Pfeiler *meiner* Identität. Sicherlich lasse ich mich manchmal gehen und gönne mir einen unökologischen Coffee to go (Wert = Hedonismus), jedoch trägt mich mein übergeordneter Wert, die Umwelt zu schonen (Wert = Nachhaltigkeit). Übergeordnete Werte, auch wenn sie konstruiert sind, definieren mich, sie sind nicht beliebig, da lasse ich mich nicht vom Gegenteil überzeugen. Wir sind keine Fähnlein im Wind. WRX meint: »Das genau ist euer Problem. Ihr mit eurer blöden Idee von einer ›Persönlichkeit‹«, und rollt alle Augen auf einmal.

Manchmal, so haben wir es in der Geschichte immer wieder gesehen, geht die Einbildung, besser zu sein als die anderen, so weit, dass Menschen andere töten und aus Überzeugung für ihr Wertesystem ihr eigenes Leben opfern. Die Intergruppen-Forschung konnte zeigen, dass in diesen Fällen Nichtgruppenmitgliedern meist das Menschsein abgesprochen wird. Für viele religiöse Fanatiker*innen sind Nichtgläubige nichts als Tiere oder Objekte, und auch Ideologien fernab von Religionen können so in ihr eigenes Wertesystem verliebt sein, dass sie die Andersdenkenden wie Ungeziefer behandeln. Die *Dehumanisierung,* das Absprechen des Menschlichen, ist auch der Grund dafür, warum Menschen anderen überhaupt körperliches Leid zufügen können. Menschen hätten eine natürliche Tötungshemmung Menschen gegenüber, so die Meinung vieler Sozialpsycholog*innen.[12] Gegenüber Tieren sei eine Tötungshemmung weniger intakt. Die Fähigkeit, Wirklichkeiten zu konstruieren, macht also aus dem andersdenkenden Menschen kurzerhand ein Tier, und schon kann das Morden beginnen.

Die Nazis haben die Strategie der Dehumanisierung systematisch angewandt, um ihre Gräueltaten gegenüber der jüdischen Bevölkerung zu rechtfertigen. Sie nannten Juden »Schmarotzer«, »Kakerlaken«, »Ratten«, »Otterngezücht« etc. Der von ihnen gezeichnete Prototyp des »verschlagenen« Juden war neben dem reichen, gebildeten Berliner der arme Ostjude, in Lumpen gehüllt, dreckig und zahnlos, Abschaum, gegen den man sich schützen müsse. Eine erschreckende moderne Version wurde vor allem durch den faschistischen Terroristen aus Halle bekannt, der 2019 eine ganze jüdische Gemeinde in einer Synagoge ermorden wollte. In faschistischen Internetportalen, in denen Mörder Tokens (eine Art digitaler Vermögenswert) für Morde an jüdischen und moslemischen Menschen, Feministinnen, Homosexuellen und anderen Minderheiten bekommen, hatte er sein Vorhaben angekündigt. Die Taten werden in Videogames geübt und die Umsetzung so gestaltet, dass sie den Spielen gleicht, einschließlich Kamera auf der Stirn, die die Schüsse live aus der Perspektive des Schießenden ins Netz stellt. Wer am meisten mordet, wird zum *Saint*, samt Rangliste, Likes und Lob von den Usern. Diese perfide Degradierung von Menschen zu Avataren heißt »*Gamification*«. Der sogenannte Islamische Staat macht sich ähnliche Strategien zunutze; die abscheulichen Enthauptungen und dergleichen mehr wären nicht zu verstehen, wenn die Mörder*innen in den Opfern Menschen sähen.

Menschen, die innerhalb der eigenen Gruppe Regeln verletzen, droht ebenfalls nichts Gutes, sie werden ebenfalls *objektifiziert*. In vielen Religionen werden Ehebrecher (vor allem die weiblichen) ausgestoßen und verlieren mit ihrem Regelbruch das Recht, menschlich behandelt zu werden. Im Extremfall werden sie gefoltert und getötet. Auch in vielen christlichen Gemeinden war ihnen bis vor Kurzem ein Platz auf dem Friedhof verwehrt und waren sie vom Abendmahl ausgeschlossen.

Um ein anderes Beispiel zu nennen, so erscheinen Mitgliedern bestimmter Gruppierungen Homosexuelle als Lebewesen, die es nicht verdient hätten zu leben – unter dem Jubel der Menge darf man sie von Türmen werfen oder jagen und schlagen. Manchmal passieren diese Gewalttaten und sogar Morde innerhalb der Familie. Es ist eigentlich unvorstellbar, dass ein Vater seinen Sohn erschlägt – aus seiner Perspektive heraus erschlägt er jedoch ein Tier oder entledigt sich eines Objekts.

Um einen Eindruck davon zu geben, wozu Menschen fähig sind, wenn ihre Werte verletzt werden, lassen Sie mich hier den Mord an Matthew Shepard zusammenfassen.[13]

Der amerikanische schwule Student Matt Shepard lernte am 6. Oktober 1998 in einer Bar Aaron James McKinney und Russell Arthur Henderson kennen. Im Lauf des Abends bat er sie, ihn mit ihrem Auto heimzubringen. Matt wusste nicht, dass die beiden homophob waren und an diesem Abend auf einen Schwulen Jagd machen und ihn ausrauben wollten. Nachdem die drei die Bar verlassen hatten, überfielen McKinney und Henderson Matt und schlugen ihn etwa 18 Mal mit einer Magnum-Pistole – vornehmlich auf den Kopf. Sie folterten ihn, banden ihn mit seinen Schnürsenkeln in einer einsamen ländlichen Gegend an einen Zaun. Shepard blutete stark am Kopf. McKinney und Henderson fanden Shepards Adresse heraus und brachen bei ihm zu Hause ein. Matthew Shepard wurde 18 Stunden nach der Tat von zwei Radfahrern entdeckt. Bis zu seinem Tod am 12. Oktober 1998 in einem Krankenhaus erwachte er nicht mehr aus seiner Bewusstlosigkeit. Die Obduktion ergab, dass das Blut auf seinem Gesicht teilweise von Tränen weggespült worden war, was darauf hindeutet, dass er nach der Tat zwischenzeitlich bei Bewusstsein gewesen sein muss. Die Freundinnen der Täter sagten später unter Eid aus, dass Matthew vergebens um sein Leben gefleht hatte – die Täter hätten damit geprahlt. Die Täter selbst gaben an, sich selbst geschützt zu haben, weil Matt sie angeblich angemacht hätte. Der Staatsanwalt beurteilte dies als *gay panic defence,* eine typische Strategie, die homophobe Täter standardmäßig zu ihrer Verteidigung anführen. McKinney und Henderson bekamen jeweils zweimal lebenslänglich und entgingen nur knapp der Todesstrafe. Sie zeigen bis heute keine Zeichen der Reue, sondern versuchen stattdessen, ihre Handlungen durch ihr Verständnis der Bibel zu begründen.

Soziale, hier religiöse Werte sind manchmal mörderisch. Grausamkeiten und Leid stehen bei manchen Menschen tatsächlich weit unter der Verteidigung eigener Regeln und Werte. Werte, das macht auch dieser Fall deutlich, sind konstruiert, denn nicht jede Bibelleserin oder jeder Pfarrer würde die Bibel dahin gehend auslegen, dass sie zu Morden einlädt – im Gegenteil, viele Christ*innen würden behaupten, dass die Bibel das Gegenteil predigt.

Das Beispiel macht deutlich, dass mörderische Gewalt auch gegen jemanden gerichtet sein kann, von dem finanziell und körperlich überhaupt keine Bedrohung ausgeht. Der millionenfache Mord an den Jüdinnen und Juden wurde ja häufig damit erklärt, dass Deutsche Angst vor wirtschaftlicher Konkurrenz gehabt hätten.[14] *Hate crimes* wie die an Schwulen zeigen klar, dass solche (befürchteten oder tatsächlichen) Ressourcenkonflikte nicht notwendig sind, um Gewalt zu motivieren.

Auch die jüdische Bevölkerung nimmt keinem etwas weg, einigen reicht ihre Gruppenzugehörigkeit, um sie zu morden. Eine Verletzung der eigenen Werte ist für manche Menschen Grund und Rechtfertigung – so furchtbar und verstörend das klingen mag –, um andere zu beleidigen, sie zu schlagen oder sogar zu vernichten. Da wir selbst unsere Gesellschaft und ihre Werte erschaffen, ist es deshalb von immenser Wichtigkeit, *welche* Werte wir vertreten, wie wir sie entwickeln und verändern und wie vehement wir an sie erinnern, wenn andere sie verletzen. Fälle wie Matt Shepard oder der Terrorangriff in Halle müssen immer wieder zu einer Wertedebatte führen.

Nicht nur WRX stellt sich die Frage, warum wir uns überhaupt in Gruppen organisieren und teils menschenverachtende Normen ersinnen, die letztendlich die Basis für Mord und Totschlag sind. Sind wir, so fragt mich grade WRX, eigentlich »böse«?

»Wir sind Papst!« –
Von sinnlosem Rudeldenken

In der Positiven Psychologie schauen wir bei menschlichen Verhaltensweisen nicht nur auf die Nachteile oder Kosten, sondern versuchen auch ihre Funktionen oder den Nutzen herauszufinden. Welche Vorteile bietet die Bildung einer Gruppe, warum halten wir Menschen uns gern in Gruppen auf?

Offensichtlich ist, dass eine Gruppe sich besser gegen Angreifer verteidigen kann als ein Einzelner. Gruppen erleichtern aber auch die Zielerreichung im Alltag und schaffen Erstaunliches. Es ist einfacher, ein Feld mit mehreren zu bestellen, und große Projekte wie die Pyramiden oder Staudämme könnte eine*r allein gar nicht erschaffen. Die Tatsache, dass wir Menschen uns in Gruppen organisieren, hat wohl neben anderen Fähigkeiten dazu beigetragen, dass wir als Gattung so erfolgreich waren, Kulturen und Kunst entwickeln konnten und Notzeiten überlebten – denn auch die dafür erforderlichen Speicher kann ein einzelner Mensch nicht aus dem Hut zaubern. Und wir helfen einander. Gerade habe ich WRX, der nun zur Familie gehört, geholfen, Nagellack aus seinem Fell zu schneiden (er wollte sich eine Strähne in Aubergine färben, weil man das jetzt wohl so trägt).

Gruppenzugehörigkeiten geben uns ein Gefühl der *Identität*, und das fühlt sich gut an und steigert unseren *Selbstwert*. Leider, so der Sozialpsychologe und Pionier der Gruppenforschung, Henri Tajfel, funktioniert das aber vor allem durch den Vergleich mit anderen Gruppen: Wenn ich mich als guter Mensch fühle, dann vielleicht aufgrund der Tatsache, dass ich herunterschaue auf brüllende Neonazis, die Geflüchtete an der Grenze erschießen lassen wollen. Im Vergleich dazu halte ich mich für intelligent, empathisch und rational, während ich die anderen als umso roher und blöder empfinde. Besonders dann, wenn ein Mitglied meiner Gruppe einen Erfolg zu verzeichnen hat, kann ich mich mitfreuen, kann mich gut fühlen, ohne dass ich etwas investiert haben muss. Die Fachwelt nennt das den BIRG-Effekt (BIRG steht für *basking in reflected glory* und heißt so viel wie »sich im Glanz anderer sonnen«). Letztendlich ist es ein menschliches Grundbedürfnis, sich gut zu fühlen, und wenn man das so einfach haben kann, dann könnte man von einer guten menschlichen Stimmungsregulation sprechen. Als Teil einer Gruppe profitiert unsere Psyche vom Erfolg der Gruppe. Vor allem beim Sport oder bei internationalen Kunstwettbewerben wird dieser Effekt spürbar.

Manchmal treibt dieses Phänomen allerdings merkwürdige Blüten. So hat es viele Deutsche gefreut, als Joseph Ratzinger Papst wurde. Ein befreundeter Journalist, der viel über Ratzinger wusste und ihn immer schon unerträglich fand, berichtete mir irritiert, dass er, als er die Eilmeldung auf seinem Handy erhielt, für einen kurzen Moment so etwas wie Stolz verspürte. Hier zeigt sich, wie automatisch manchmal eine Selbstwerterhöhung eintritt – allein durch die Tatsache, dass wir zu einer Gruppe dazugehören. Die *Bild* drückte das am Tag nach der Wahl mit der genialen Schlagzeile »Wir sind Papst!«[15] aus.

Ein bisschen verrückt ist es schon, wenn wir uns so mir nichts, dir nichts mit einer Gruppe identifizieren und uns entsprechend ihren Regeln verhalten. Das Ganze ist noch irgendwie sinnvoll, wenn wir uns die Gruppe bewusst ausgesucht haben, aber das können wir ja nicht immer. Als Therapieausbilder beobachte ich immer wieder, dass Anfänger parteiisch ihrem Geschlecht gegenüber sind: In Beratungen von heterosexuellen Paaren fühlen die Männer sich den Männern oft näher und die Frauen den Frauen. Dies teilweise, ohne sich dessen bewusst zu sein und ohne es zu wollen. Teil der Ausbildung ist es daher, Allparteilichkeit zu üben, damit die Paartherapie hilfreich ist.[16]

Henri Tajfel ging sogar noch einen Schritt weiter und behauptete, dass allein eine Einteilung in zwei Gruppen – sei sie auch aufgrund eines unwichtigen Merkmals zustande gekommen – ein unterschiedliches Verhalten hervorruft. Jeder Unterschied führe zu Diskriminierung, indem ich meine eigene Gruppe bevorteile und die andere abwerte. Tajfel erfand die Versuchsanordnung der *minimalen Gruppe,* die mich sehr überzeugt hat und die ich Ihnen nicht vorenthalten möchte. Hier ein Experiment im Detail: Versuchspersonen werden zu einer psychologischen Untersuchung eingeladen und sitzen zunächst in einem Raum, in dem sie Dias präsentiert bekommen, auf denen Punktwolken zu sehen sind. Die Zeit ist so knapp bemessen, dass sie unmöglich die Punkte zählen können, und so müssen sie schätzen. Diese Schätzungen, so wurde ihnen gesagt, würden einiges über ihre Persönlichkeit aussagen, zum Beispiel, ob sie generell Über- oder Unterschätzer wären. Anschließend erfolgt die Einteilung in zwei Gruppen: »chronische Überschätzer« und »chronische Unterschätzer«. Die Gruppenzuschreibung leuchtet den Versuchspersonen normalerweise unmittelbar ein, weil sie kein Gefühl dafür haben, wie sie geschätzt haben. Um Eindruck zu machen und den Teilnehmenden das Gefühl zu vermitteln, dass sie ein wertvolles Feedback bekommen, kann man die Ergebnisse des Tests auf einem wissenschaftlich aussehenden Auswertungsbogen ausdrucken und mit Stempel versehen.[17] Tatsächlich werden die Gruppen rein zufällig und völlig willkürlich gebildet. Danach sollen sich die Versuchspersonen einen Eindruck von anderen Über- und Unterschätzern machen und Belohnungen verteilen. Die Personen, die beurteilt werden sollen, werden lediglich durch zwei Dinge gekennzeichnet: einen Code und einen Gruppennamen, der Auskunft darüber gibt, ob es sich um einen Über- oder einen Unterschätzer handelt. Dabei wird den Versuchspersonen völlige Anonymität zugesichert. Es würde also nie jemand erfahren, wie sie die Belohnungen verteilt hätten.

Die Ergebnisse, die in zahlreichen Experimenten in aller Welt bestätigt werden konnten, zeigen: Überschätzer geben Überschätzern höhere Belohnungen, und Unterschätzer bevorzugen Unterschätzer. Die Eigengruppe wird systematisch der Fremdgruppe vorgezogen. Bei schon länger existierenden Gruppen, sagen wir Manager*innen von Stromkonzernen auf der einen und Umweltaktivist*innen auf der anderen Seite, würde ein solcher Effekt vielleicht nicht verwundern, bei den Experimenten hier aber gab es weder eine konfliktreiche Vorgeschichte noch tradierte Stereotype oder abgespeicherte Wissensstrukturen à la »Überschätzer sind faul, träge und dumm« oder Ähnlichem. Darüber hinaus schuf Tajfel eine Situation, in der die Versuchspersonen die anderen weder kannten noch kennenlernten und keinen offensichtlichen Nutzen aus ihrer Handlungsweise zogen, denn die Belohnungen gingen ja an andere. Allein die Zuweisung zu einer willkürlich geschaffenen Gruppe bewirkt also Diskriminierung, ohne dass die Eigen- oder die Fremdgruppe eine hohe persönliche Relevanz haben müsste und ohne dass die Versuchspersonen den Eindruck haben, dass ihnen etwas weggenommen würde.

Tajfel nimmt an, dass Menschen neben einer persönlichen Identität (»Ich bin ich«) auch eine *soziale Identität* als Gruppenmitglied (»Ich bin einer von euch«) haben. Er vermutet, dass es in der menschlichen Natur liegt, Eigengruppen und Fremdgruppen zu bilden, und dass wir aus der Identifikation mit der (tollen) Eigengruppe und deren Vergleich mit der (blöden) Außengruppe unseren Selbstwert beziehen.

Tajfel behauptet sogar, dass der soziale Vergleich uns manchmal wichtiger ist als eine vernünftige Entscheidung. Er nennt das *positive Distinktheit:* Gruppen sei es ein Grundbedürfnis, dass ein Unterschied zwischen ihnen und anderen besteht – dafür würden sie sogar Verluste hinnehmen. Er ließ Versuchspersonen in einigen Experimenten zwischen zwei Punkteverteilungen wählen: Entweder konnten sie elf Gewinnpunkte der eigenen und sieben Gewinnpunkte der anderen Gruppe zuteilen oder an beide Gruppen je siebzehn Punkte vergeben. Wirtschaftlich ist nur die letzte Variante sinnvoll: Siebzehn Punkte sind mehr als elf. Die Teilnehmenden wählten jedoch überzufällig oft die Verteilung elf zu sieben. Dieser Befund könnte ein Puzzleteil einer Erklärung sein, warum sich Nationen in teuren Kriegen verausgaben: Man kann fast allen Besitz verlieren – wenn man nur besser dasteht als der andere.

Nun könnte man einwenden, dass diese Studien ja extrem künstlich wären. Gibt es minimale Gruppen überhaupt im alltäglichen Leben? Als Supervisor entdecke ich sie ab und zu, zum Beispiel wenn Firmen expandieren und plötzlich zwei Stockwerke statt einem belegen oder wenn in Großraumbüros Trennwände eingezogen werden. Im Nu führen solche Markierungen zu Gruppenbildungen und nicht selten auch zu Konflikten. Auf welchem Stockwerk steht der Kopierer? Wer zahlt mehr in die Kaffeekasse, die jenseits oder die diesseits der Trennwand? Und wer bestimmt eigentlich das Format der nächsten Weihnachtsfeier? Sobald zwei Gruppen geschaffen werden, aus welch irrationalem Beweggrund auch immer, steigt die Wahrscheinlichkeit für Konflikte.

Allerdings, so zeigt die Forschung der deutschen Sozialpsychologinnen Amélie Mummendey und Sabine Otten, reicht eine minimale Gruppe häufig nicht aus, um zu wirklich aggressiven Auseinandersetzungen zu führen. Tajfel hatte geglaubt, seine Arbeiten könnten das Entstehen von Gewalt und Aggression erklären, jedoch lassen die Arbeiten der Wissenschaftlerinnen diesbezüglich Zweifel aufkommen. Sie gaben ihren Versuchspersonen nach minimaler Gruppenbildung die Möglichkeit, Eigengruppen- und Außengruppenmitglieder durch unangenehme Luftstöße ins Ohr zu bestrafen. Hier stellte sich jedoch der übliche Effekt der positiven Distinktheit nicht ein, das heißt, die Versuchspersonen bestraften die Außengruppe im selben Maße wie die Eigengruppe. Die Forscherinnen vermuten, dass eine positive Identität allein daraus geschöpft werden kann, dass man sich in seiner Gruppe wohlfühlt und diese besonders gut behandelt – dazu muss man die andere nicht zwangsläufig quälen. Aggression bedürfe erschwerender Faktoren. Erschwerende Faktoren, so zeigt die Literatur, sind solche, die, allgemein gesprochen, die Bedeutung der Gruppe für einen Menschen und damit sein Zugehörigkeitsgefühl erhöhen.

Wettbewerb und *Ressourcenkonflikte* gehören selbstredend dazu, denn sie verstärken die Motivation, sich von der Fremdgruppe positiv abzusetzen. Aggressive Intergruppenkonflikte findet man deshalb eher im Sport als in der Kunst, es sei denn, es geht da ebenfalls um Preise und Ressourcen. Wütende Musikfans trifft man eher in Zeiten an, in denen Music Awards verliehen werden.

Mitglieder kleiner Gruppen haben ein stärkeres Zugehörigkeitsgefühl und beziehen mehr Selbstwert aus ihrer Gruppe als Mitglieder großer Gruppen. Dies sieht man unter anderem bei religiösen Sekten, die überzeugter von sich und ihrer Gruppe sind, missionarischer auftreten und häufig auch aggressiver gegen die großen Religionen wettern. In meiner Generation fanden manche die amerikanische Popmusik so widerwärtig, dass sie pöbelnd die Kneipe verließen, wenn ein Chart-Hit lief. Umgekehrt war es aber selten so, dass Chart-Fans aggressiv wurden, wenn mal irgendwo ein Independent-Song gespielt wurde. Kleinere Gruppen können giftiger werden, weil sie den Vergleich wichtiger finden – schließlich bilden sie sich ja meist aus Protest gegen den Mainstream, also *wollen* deutlich unterschiedlich sein.

Auch *Mitglieder unterlegener Gruppen*, also diejenigen, die im Vergleich zu anderen viele Misserfolge erleben, binden sich stärker an ihre Gruppe und sind besonders daran interessiert, ihren Selbstwert zu heben. Im Eifer des Gefechts oder wenn sie verzweifeln, vergessen sie sich dabei schon mal und werden gewalttätig. Vielleicht ist das eine Erklärung dafür, warum Eintracht Frankfurt, Dynamo Dresden und Schalke 04 die aggressivsten Fans aller Bundesligavereine haben – alle drei sind recht gut, aber haben chronische Misserfolgserlebnisse zu verarbeiten. Nüchtern betrachtet, könnte man auch sagen, dass sich erfolgreiche Gruppen den Luxus erlauben können, moralisch überlegen zu sein, weil bei ihnen eine positive Distinktheit ja schon durch ihre Erfolge sichergestellt ist.

Unternehmenslenker*innen stellt sich häufig die Frage, ob Wettbewerbs- oder Kooperationsziele die Mitarbeitermotivation erhöhen. Eine breite Mehrheit ist davon überzeugt, dass nur Konkurrenz das Geschäft belebt, und schürt Wettbewerb zwischen Mitarbeitenden.

Was sagt die Forschung? Der Sozialpsychologe John Bargh hat gezeigt, dass Menschen sich mehr um andere kümmern, sobald sie an Kooperation denken, während Gedanken an Wettbewerb quasi automatisch aggressive Verhaltensweisen nahelegen. Kooperation führt letztendlich zu besseren Gruppenleistungen, weil Information nicht zurückgehalten, sondern geteilt wird. Genau das ist für die Entwicklung neuer Produkte oder guter Ideen ausschlaggebend.

Auf Diskriminierung bezogen kann man aus der Forschung den Schluss ziehen, dass Gruppenbildung an sich nicht notgedrungen aggressive Verhaltensweisen produziert. Dazu muss zusätzlich die Eigengruppe als besonders wichtig erlebt oder die positive Identität in irgendeiner Form durch eine andere Gruppe bedroht werden.

Gruppenbildung führt nicht nur zu unfairen Belohnungen, sondern auch zu Gedächtnisverzerrungen. Seien wir einmal ehrlich: Würde es Ihnen – ich nehme hier einmal zu Illustrationszwecken an, dass Sie weißhäutig sind und europäisch aussehen – leichtfallen, aus einer Reihe von Asiatinnen diejenige zu erkennen, die Ihnen gestern im Bus gegenübergesessen hat? Tatsächlich haben weiße Versuchspersonen Schwierigkeiten, Asiat*innen oder auch Schwarze und andere Nichtweiße in Gegenüberstellungen wiederzuerkennen. Sie kommen ihnen alle ähnlich vor. Interessanterweise geht es Chines*innen oder Afrikaner*innen umgekehrt genauso: Sie können Weiße nicht gut voneinander unterscheiden. Dieser Effekt wird *Fremdgruppen-Homogenitätseffekt* genannt.

Die Sozialpsycholog*innen Stephanie Platz und Harmon Hosch testeten in einer Feldstudie das Gedächtnis von schwarzen, weißen und mexikanischen Kassierern in Texas. Sie ließen schwarze, weiße und mexikanisch aussehende Mitarbeiter als Kunden getarnt Kleinigkeiten einkaufen. Wenn die Kassierer die Kunden später identifizieren sollten, waren alle drei Gruppen immer dann besser, wenn sie ein Mitglied der eigenen Ethnie erkennen sollten. Die Identifikation von Menschen anderer Ethnien war erschreckend schlecht. Auch diese Studie zeigt unbewusste Prozesse, denn keine Versuchsperson will bei einer solchen Aufgabe eine schlechte Erinnerungsleistung zeigen, die zudem auf eine Diskriminierung hinweist.

Grund für solche Effekte ist ein »anderer Blick«: die Tatsache, dass der Blick für tatsächlich informative Merkmale von Individuen der Fremdgruppe häufig fehlt. Wenn Weiße, die ja recht unterschiedliche Haarfarben haben, bei Schwarzen auf die Haare starren, hilft ihnen das nicht in demselben Maße, Leute zu unterscheiden, wie bei Mitgliedern ihrer eigenen ethnischen Gruppe. Unsere Polizei weiß über diese Effekte Bescheid und würde in einer Gegenüberstellung daher immer dafür sorgen, dass im Line-up nicht etwa ein schwarzer Verdächtiger unter sieben weißen Vergleichspersonen aufgestellt wird. Das wäre ein schwerwiegender Fehler, denn hier kann es zu einer Gedächtnisillusion kommen, dass es der präsentierte Schwarze gewesen sein *muss*.

Der Effekt reicht über die Wahrnehmung hinaus: Wir haben nicht nur den Eindruck, »die anderen sehen doch alle gleich aus«, sondern denken, dass sie sich auch gleich verhalten würden und ähnliche Eigenschaften und Charakterzüge hätten. Niederländer*innen zum Beispiel halten uns Deutsche für berechenbar, leicht beeinflussbar beim Kaufen, obrigkeitshörig (das Erste, was ihnen zu uns einfällt, ist häufig, dass wir als Fußgänger*innen an roten Ampeln stehen bleiben), und beschreiben uns am Stammtisch gern als »Zackzack« – womit sie sich über unsere angebliche kaltherzige Effizienz lustig machen. Wenn man in den Niederlanden arbeitet, muss man als Deutsche*r, so meine Erfahrung, hart gegensteuern, damit man aus der Schublade herauskommt. Immer wenn ich mit Kolleg*innen unterwegs war, habe ich bewusst niemals auf das Grünzeichen der Ampel gewartet und war sogar mutiger beim Überqueren von Straßen als sie. Interessanterweise führte das jedoch nicht dazu, dass sie irgendwann die Deutschen für weniger angepasst hielten, sondern ich wurde schlichtweg zur Ausnahme gemacht. »Jens ist sooo anders!« Dieser Effekt wird *Subtyping* genannt, denn es wird kurzerhand ein kleines eigenes Fach in der Schublade »Deutsch« angelegt, in dem Ausnahmen wie dieser ominöse Jens einen Platz finden. Der Vorteil liegt auf der Hand: Wenn ich Ausnahmen definiere und mitberücksichtige, muss ich nicht wegen eines einzigen Gegenbeispiels meine gesamte Schublade ausmisten. Mit anderen Worten: Ich kann mein Weltbild beibehalten.

Diskriminierung fängt häufig mit einer verzerrten Wahrnehmung an. Nehmen wir »die Flüchtlinge« als Beispiel, die uns hinsichtlich von Interessen allesamt gleich erscheinen: Musik = Jalla-Mucke; Religion = Islam; Essen = scharf; Hobbys = zusammen abhängen; Eigenschaften = kinderlieb, machohaft, religiös; Leistungen = sozial kompetent, aber eher entspannt beim Arbeiten. In unserem letzten Umzugsteam waren drei Afrikaner. Intelligente Studierende des Maschinenbaus, der Ingenieurwissenschaft und der IT, die sich ihr Studium mit Umzügen finanzierten. Irgendwann meinte ein Nachbar zu uns: »Jungs, da müsst Ihr mal einen Blick drauf werfen – eure Helfer machen da unten gepflegt *african time*. Ihr wisst ja, ich bin nicht rassistisch, aber nur mal so als Hinweis ...« Tatsächlich waren die drei in meiner Wahrnehmung das fleißigste Umzugsteam, das ich je hatte. Doch auch die Wahrnehmung des Nachbarn war nicht vollkommen verrückt. Er hatte sie zufällig dabei gesehen, wie sie im Lkw bei aufgedrehter Musik Mittagspause machten, und dies passte in seine Schublade, dass sich Afrikaner eher ausruhen. Er hatte nichts Falsches wahrgenommen, jedoch war seine Schlussfolgerung verzerrt, da ihm die Beobachtung der anderen Stunden des Tages fehlte. Das war ihm aber nicht bewusst, oder es war ihm egal: »Man sagt ja, die sind nicht arbeitswillig; und schaust du einmal weg, lassen sie gleich alle fünfe gerade sein.« Jemand mit einer solchen Voreinstellung würde auch die Bewegungen der Umzugshelfer als langsamer einschätzen, und ihre Pausen würden ihm länger vorkommen.

Durch unsere stereotypen Filter nehmen wir vor allem das wahr, was in die Schublade passt, und übersehen eigentlich Offensichtliches, das nicht dazupasst. Eine verallgemeinernde, selektive Sichtweise auf die Fremdgruppe bestätigt das bestehende Vorurteil schlussendlich und verfestigt so notwendigerweise mein Bild. Alle Mitglieder dieser Gruppe werden über einen Kamm geschoren, sobald ich ihnen begegne. Das Lachen der Jungs vom Schwulenstammtisch kommt hysterisch rüber und die Stimme einer schweizerischen Kandidatin bei »Deutschland sucht den Superstar« als »lahm« und »ohne jede Power«.

Spaßfreie Zone?
Wann Stereotype nicht witzig sind

Das Verallgemeinernde an Stereotypen kann in bestimmten Kontexten jedoch auch genutzt werden: Der österreichische Filmregisseur und Drehbuchautor Michael Haneke nutzt Stereotype, um historische Entwicklungen zu verdeutlichen. In seinem Meisterwerk *Das Weiße Band* schneidet er gekonnt Menschen mit recht stereotypen Verhaltensweisen und schablonenhaften Zuschreibungen aneinander, um die Wurzeln von Diskriminierung aufzuzeigen. Wenn die Kinder als unterdrückte Horde, der Arzt mit grobem Pinselstrich als übergriffiger Fatzke und der Großgrundbesitzer als dominant gezeigt werden, gelingt hier aus der genialen Kombination der Vorfälle eine Erzählebene, in der alle einzelnen Charaktere zu Platzhaltern werden, um zu zeigen, dass allgemein wirkende autoritäre Strukturen Radikalismus und Faschismus begünstigen.

Man kann auch das Gegenteil tun und Stereotype nutzen, um sie radikal zu brechen. Quentin Tarantino hat in *Kill Bill* eine schlanke blonde Frau auftreten lassen, die es ohne Mühen schafft, in ein paar Minuten dreihundert Feinde niederzumetzeln; eine Erwachsenenversion der uns allen bekannten Pippi Langstrumpf, die alles andere war als ein klassisches Mädchen und völlig anders als ihr Gegenpart, die stereotype Annika.

Natürlich spielen auch Zeitbeschränkungen eine Rolle, warum beim Film generell gern Stereotype genutzt werden. In einem Neunzig-Minuten-Film ist eine Charakterstudie jeder einzelnen Figur schlichtweg unmöglich, und so kommt es eben, dass man die Mutter des Kommissars in ein Häkeljäckchen zwängt und Sätze wie »Nun, Rudi, jetzt iss aber mal die Rouladen, ich habe sie mit so viel Liebe gekocht« von sich geben lässt. Mit einem Federstrich hat man mithilfe von Stereotypen die Zuschauer*innen wissen lassen, um welche Art von Person es sich handelt. Ich habe das in meinem Eingangsbeispiel mit Frau Günderode und Co. ebenfalls getan.

Aus Zeitgründen nutzen auch Comedians stereotype Skizzen. Jeder weiß ja sofort, was gemeint ist, wenn die Blondine auftaucht. In zwei, drei Sekunden ist eine Vorstellung da, auf der der Witz dann losfliegen kann. Spätestens seit der US-amerikanischen Serie *South Parc* wird auch mit Regeln gespielt, werden Tabus gebrochen und Normen der politischen Korrektheit verletzt. In *South Parc* werden Homosexuelle grölend vom Pfadfinderdasein ausgeschlossen, es wird sich über Dicke, Muslime und Juden lustig gemacht, und vermutlich wirkt das befreiend – jedenfalls feiert die Serie große Erfolge. Nachgemacht haben das Mario Barth, Cindy aus Marzahn und neuerdings Chris Tall, der Witze über Menschen mit Behinderung, Schwule und Übergewichtige macht. Tall macht sich selbst über sein Übergewicht lustig und wirkt somit überzeugend in seinem Ansinnen: einfach Spaß zu machen und dabei eben möglichst politisch unkorrekt zu sein. Ich kann mir durchaus vorstellen, dass man aus einem kreativen Impuls heraus alle Nischen von Stereotypen ausloten möchte und sich freut, wenn ein Tabubruch so gelingt, dass er haarscharf an einem Verbot vorbeischlittert. Und es ist auch weniger anstrengend, erfordert weniger kreatives Können und ist somit wirtschaftlich sehr effizient, wenn man sich aus vollen Schubladen bedient, statt etwas Neues zu erfinden.

Dabei gibt es jedoch ein Problem: Auch Witze schaufeln uns die Schubladen voll. Unser Gedächtnis kann nämlich Ironie auf einer unbewussten Ebene nicht abspeichern. Es arbeitet zunächst affirmativ, was bedeutet, es speichert jede Information so, als ob es sich dabei um Fakten handelt. Eine Verneinung wird extra abgespeichert und später nicht unbedingt wieder mit dem Hauptkonzept aktiviert. Wird fünfmal wiederholt, dass dicke Menschen keine Chance auf ein Date haben, wird das im Gedächtnis so abgespeichert; der Zusatz »War ja nicht so gemeint« benötigt eine neue Gedächtnisspur, und die wird im Unbewussten oftmals nicht mitaktiviert. Nach einer solchen Show würde man daher als Zuhörer*in unerwünschte Assoziationen noch schneller abrufen, weil wieder einmal an sie erinnert wurde – selbst wenn der Künstler das Gegenteil beabsichtigte. Thomas Ford und Team konnten zeigen, dass Versuchspersonen nach dem Lesen sexistischer Witze Frauenorganisationen eher das Budget kürzen würden als nach Witzen, die ebenso witzig, aber nicht diskriminierend waren.

Ich möchte daher an den ehrenwerten Verhaltenskodex des klassischen Kabaretts erinnern: *Es ist viel leichter, nach unten als nach oben zu treten, und deshalb treten wir nur nach oben.* Liebe Comedians, wenn ihr mal reich genug seid, könnt ihr ja vielleicht die Herausforderung annehmen und die Trittrichtung ändern. Es würde sicherlich helfen, Stereotype aus der Welt zu schaffen. Danke.[18]

WRX ist fassungslos. Er fragt sich, warum unakzeptable, verletzende Dinge gesagt werden dürfen, wenn sie mit Humor vorgetragen werden. Ich erkläre ihm, dass Humor ja eine Art Distanzierung herstellt, in dem Sinne, dass man immer sagen kann: »So habe ich das nicht gemeint, sei kein Spaßverderber.« Deshalb kann man Spaßvögel wie Annegret Kramp-Karrenbauer, die sich über Intersexuelle lustig machen, auch nicht ernsthaft kritisieren: War doch nur Spaß. WRX meint, wir sollten das noch einmal überdenken: Warum ist das denn so, und ist das wirklich gut? Braucht es heutzutage denn noch Hofnarren, die sich trauen zu sagen, was andere den Kopf kosten würde? Ist das nicht unzeitgemäß?

Während uns die anderen alle gleich vorkommen, ist in unserer eigenen Gruppe der Blick für *Unterschiede* zwischen den Mitgliedern geschärft. Jeder einzelne unserer Freund*innen und Bekannten kommt uns wie ein eigenwilliges Individuum vor, mit unterschiedlichsten Geschmäckern und Ausprägungen hinsichtlich Intelligenz, Leistungsmotivation, Aggressionspotenzial und Interessen. Gerade diese Balance – ich gehöre zu euch, bin euch ähnlich und *werde gleichzeitig als ein besonderes Individuum wahrgenommen* – wird durch *kleinere* Gruppen erreicht. Jeder versucht innerhalb der eigenen Gruppe irgendwie individuell und speziell zu wirken – dies aber immer im Rahmen der Wertegemeinschaft. Da darf der Willi aus meiner Clique auf neuseeländischen Wein schwören (die anderen trinken nur französischen) und die Greta einen Porsche fahren (obwohl »uns« das eigentlich zu bonzig ist – aber so ist die Greta eben, verrückt und liebenswert …). Trotz dieser Unterschiede fühlen wir uns diesen besonderen Menschen näher als Menschen anderer Gruppen. In meiner Gruppe werden zwei Bedürfnisse befriedigt, die sich scheinbar widersprechen: Meine Einzigartigkeit wird gesehen, und ich gehöre dazu.

Teil III
Bewusste Vorurteile

I*n meinem Buch* Kleine Einführung in das Schubladenden*ken aus dem Jahr 2007 habe ich mich fast ausschließlich den unbewussten Stereotypen gewidmet und auf die Orientierungsfunktion sowie die selbstwertdienlichen Aspekte der Schubladen aufmerksam machen wollen. Irgendwie war das auch eine Zeit, in der man aufatmete und dachte, bewusster Rassismus oder Sexismus wären weitgehend passé und Faschismus eine Randerscheinung.*

Das war eine simple Fehleinschätzung. Vielleicht war offene Diskriminierung damals tatsächlich weniger ausgeprägt, vielleicht, und das ist wahrscheinlicher, schlummerten Abwertungen gegenüber anderen im Verborgenen oder unter Normen der politischen Korrektheit. Jedenfalls erleben wir einen starken Anstieg von offen ausgrenzenden Stimmen, die Geflüchtete zurück in ihre Heimatländer schicken wollen – egal, was sie dort erwartet – und die Gleichberechtigung der Frau zurückdrehen möchten. Sie nähren sich aus konservativen Weltanschauungen und fußen auf religiösen, manchmal gar faschistischen Gedankengerüsten, die Menschen in wertvolle und weniger wertvolle Personen unterteilen. Teilweise resultieren daraus offener Hass und Aggression. Flüchtlingsheime werden angegriffen, anders Aussehende werden nach braunen Demonstrationen gejagt, Passanten wird die Kippa vom Kopf gerissen, Politikerinnen werden mit übelsten Schimpfwörtern beleidigt, nur weil sie eine Frau sind, und Fußballfans geben beim Auftreten schwarzer Spieler Affenlaute von sich. Im Juni 2019 wurde der Politiker Walter Lübcke von einem Neonazi in den Kopf geschossen, und Pegida-Demonstranten kommentierten, dass ein Mord »alle zwei, drei Jahre, aus irgendwelchen Hassgründen, relativ normal«[1] *sei. Was ist da los?*

Es gilt Hannah Ahrendts Entdeckung, dass es ausreicht, normal zu sein, um ein KZ-Scherge werden zu können. Wir bringen im Prinzip alles mit, um »die anderen« zu hassen, zu treten, zu schlagen, sie auszugrenzen und zu töten. Allerdings benötigt es dazu bestimmte psychologische Prozesse wie beispielsweise die Dehumanisierung der anderen oder erschwerende Faktoren wie Ressourcenkonflikte oder eine stark dominanzorientierte Gesellschaftsstruktur. Es ist aber doch mehr als erstaunlich, dass in einem der reichsten Länder dieser Erde Menschen mit der Begründung auf die Straße gehen, die Geflüchteten würden ihren Wohlstand gefährden. Und wir sind zweifellos reich, was sich zum Beispiel daran zeigt, dass wir nicht täglich nach Wasserlöchern suchen müssen und mit einem gebrochenen Arm nicht uns selbst überlassen werden, wenn wir die Behandlung nicht bezahlen können. Menschen sind jedoch nicht von Natur aus dankbar, wenn es ihnen gut geht, sondern vergleichen sich ständig mit anderen. Dieser soziale Vergleich kann dazu führen, dass sich jemand, der niemals Hunger gelitten hat und sich zwei Urlaube im Jahr leisten kann, durchaus arm fühlt. Er muss lediglich beobachten, dass andere mehr haben als er selbst. Und wenn in den Medien oder am Stammtisch eine Rhetorik vorherrscht, in der von »denen da oben« und »uns da unten« die Rede ist, oder wenn wir gar hören, dass »die Flüchtlinge« vom Staat mehr kriegen als der brav arbeitende »kleine Sparer«, dann ruft solches Gerede unweigerlich soziale Vergleichsprozesse auf den Plan und führt ohne Umwege zu schlechter Laune und dem Gefühl, nicht genug zu bekommen.

Ich wohne in der Nähe einer Unterkunft für Geflüchtete, und in dem sehr heißen Sommer 2019 ließen sich einige von ihnen auf einer Wiese vor einem eleganten Bürogebäude nieder. Sie saßen friedlich im Schatten der Bäume, manche starrten in die Luft, einige lasen, andere waren mit ihrem Handy beschäftigt.

»Die haben alle Handys«, sprach mich eine feine Dame aus dem Villenviertel Marienburg an, die mit mir an der Ampel wartete. Ich meinte: »Wie sollen sie denn sonst mit zu Hause Kontakt halten?« Da lachte sie: »Sie meinen, die telefonieren bis nach Afrika? Da sieht man doch mal, was die Merkel da alles gemacht hat. Das ist doch unerhört! Was kriege ich denn vom Staat!« Ich wandte ein: »Telefonieren ist heutzutage oft umsonst. Es gibt WhatsApp, E-Mails ...« Die Dame wurde immer lauter und undamenhafter: »Ich habe dreißig Jahre lang gearbeitet, im mittleren Management, und bin jeden Morgen um fünf Uhr aufgestanden. Und jetzt, wo mich mein Mann sitzen lassen hat, wissen Sie, wie viel Rente ich kriegen werde? Wissen Sie das? Was bleibt denn noch von meiner Rente, wenn diese faulen Säcke unseren hart erarbeiteten Wohlstand auffressen? Und nebenher machen sie sich über unsere Frauen her! Es ist un-er-hört!«

Ich war froh, dass die Ampel Grün zeigte, denn ich hatte überhaupt keine Lust mehr auf dieses Gespräch. Es war nicht davon auszugehen, dass diese Dame im Alter vor die Hunde geht. Sie, die in einem Prada-Kostüm neben mir stand, das man nicht für unter 900 Euro bekommt, hat sich offenbar einen größeren Unterschied zwischen sich und den Geflüchteten vorgestellt und aus ihrer Berufstätigkeit einen gewissen Anspruch abgeleitet. Sie fühlte sich subjektiv von der Bundesregierung (Merkel) schlecht behandelt, nicht so recht gewürdigt im Vergleich zu den »faulen Säcken«.

Dem entgegen kann man andere Konstrukte stellen: Was sollen Geflüchtete in Wellblechcontainern machen, wenn sie keine Arbeit haben, weil sie keiner nachgehen dürfen, und nötige Kurse (Deutsch, Geschichte, Politik etc.), von denen immer die Rede ist, nicht angeboten werden oder im Sommer nicht stattfinden? Alien WRX findet ohnehin, dass ein Handy als etwas Lebensnotwendiges angesehen werden müsste, weil der Mensch in Sachen Telepathie riesige Defizite habe. Und in der Denk-

weise der sogenannten Rechten, so assoziiert er wild, wäre es doch nur von Vorteil, dass Geflüchtete dank ihrer Handys im Prinzip ortbar wären (Er schaut einfach zu viel Tatort, finde ich …). Schon fragt sich WRX, der in Sekundenschnelle neue schlüssige Perspektiven auf dieselbe Sache werfen kann, wer es denn zu verantworten hat, dass die Herkunftsländer der Flüchtlinge verarmten. Er hätte beobachtet, dass die Reichen viele Länder ausgesaugt haben. Erich Fromm hat übrigens schon in den 50er-Jahren immer wieder Warnungen vor Flüchtlingswellen ausgesprochen, wenn wir weiterhin die Kriegsmaschinerien in Afrika mit Waffen belieferten. So ist es gekommen. Ich weiß, dass ich einen Teil von Ihnen damit langweile, weil das »uns Weltbürger*innen« ja immer schon klar war.

An dieser Stelle wollte ich WRX illustrieren, dass selbst ein reicher Mensch seine Ressourcen durch andere bedroht sehen kann. Das reale Beispiel der Marienburger Dame macht deutlich, wie schnell und beiläufig Menschen Rationalisierungen konstruieren, die objektiv verrückt erscheinen, wie dass der Staat teure Telefonate bezahle oder »unsere Renten« durch »die Flüchtlinge« gefährdet wären. Subjektiv bieten diese Gedankensysteme die Basis, um Abwertungen und ungerechte Behandlung zu rechtfertigen. Die Dame, und vor allem deshalb beginne ich diesen Teil des Buches mit diesem Beispiel, äußerte dem wissenschaftlichen Verständnis nach offen ihren Rassismus. Was verstehen wir in der Psychologie darunter?

Schwarz-Weiß-Denken:
»Klassischer« und »moderner« Rassismus

Wenn, wie beim politischen Aschermittwoch 2018, André Poggenburg, Mitglied der AfD, vom Podium schreit: »Diese Kameltreiber sollen sich dahin scheren, wo sie hingehören, nämlich weit hinter den Bosporus, in ihre Lehmhütten.« Dann ist das genauso als Rassismus zu bezeichnen wie Donald Trumps Beleidigung, einige afrikanische Länder dieser Welt seien »Dreckslöcher« *(shit-hole countries)*. Beim Rassismus geht es nicht allein darum, dass wir stereotype Assoziationen aus dem Gedächtnis abrufen, die eine bestimmte Ethnie betreffen, sondern dass wir *der Meinung sind, dass die Stereotype auch zutreffen*. Der klassische Rassismus ist also eine Gesinnung, eine Einstellung oder eine Ideologie, in der die Menschheit in eine Anzahl biologischer »Rassen« eingeteilt wird und diese hierarchisch eingestuft werden. Wir sind die Guten, Gebildeten, Menschlichen, die anderen hausen in Drecklöchern, sind dumm, faul, aggressiv etc. Menschliche Rassen sind aber reine Konstruktionen des Geistes. Wir sind alle Kombinationen aus mannigfachen Genpools, und keiner von uns ist so sortenrein wie Nachbars Mops vom Züchter aus Wipperfürth. Keiner ist mehr wert als der andere.

In der Psychologie versucht man Einstellungen zu messen, indem man Fragen stellt, deren Antworten dann anzeigen sollen, inwiefern ein Mensch zum Beispiel rassistisch ist. Man mag bezweifeln, dass alles Menschliche messbar ist, und im Therapiealltag erscheint mir diese Behauptung sogar als lächerlich und obsolet, jedoch erlaubt einem die Messung von Einstellungen, herauszufinden, ob diese mit anderen Verhaltensweisen wie Diskriminierung und Aggression oder mit ungünstigen Erziehungsprognosen zusammenhängen. So kann man berechnen, inwieweit Rassismus und ökologische Orientierung korrelieren, und findet, dass wer rassistisch ist häufig, ohne mit der Wimper zu zucken, einen Regenwald abholzen würde, wenn er den Profit einfahren könnte. Und dass rassistische Menschen häufig auch sexistisch und homophob sind – trotzdem sind Rassismus und Sexismus nicht dasselbe.

John McConahays Rassismus-Fragebogen ist ein Beispiel für einen Versuch, offenen Rassismus zu messen. Er enthält unter anderem folgende Aussagen: »Schwarze sind generell nicht so intelligent wie Weiße«, »Ehen zwischen Schwarzen und Weißen sind eine schlechte Idee« und »Wenn eine schwarze Familie mit einem ähnlichen Einkommen und Bildungsstand wie dem meinen in meine Nachbarschaft zöge, hätte ich etwas dagegen«. Ähnlich wie bei Fragebogen, die Sie aus Illustrierten kennen, wird Ihnen für Antworten eine Skala von 1 (»Ich stimme auf jeden Fall zu«) bis 5 (»Ich stimme auf keinen Fall zu«) präsentiert. Sie werden zusätzlich aufgefordert, die Aussagen möglichst ehrlich zu bewerten. Da nun alle Antworten in Zahlenform vorliegen, wird es möglich, einen Wert herauszurechnen, sodass unterschieden werden kann, wie hoch Ihr Rassismus im Vergleich zu dem anderer ist.

Das Problem an dieser Art von Fragebogen liegt auf der Hand – auch das kennen Sie aus den Tests in Illustrierten, oder haben Sie da schon mal schlecht abgeschnitten? Ich habe in dieser Art Forschung Menschen mit drei verschiedenen Verhaltensmustern beobachtet:

- Jene, die wirklich nichts gegen bestimmte Gruppen haben,
- jene, die etwas gegen bestimmte Gruppen haben, dies zugeben und ihre Meinung offen kundtun, und
- jene, die zwar starke Vorurteile haben, sie aber nicht zugeben wollen.

Das Verhalten Letzterer kann man als normkonform verstehen, denn die soziale Norm, nicht zu diskriminieren, hat sich in Deutschland und in vielen Ländern etabliert. Manchmal ist es einem selbst auch gar nicht bewusst, dass man Vorbehalte bestimmten Menschengruppen gegenüber hat. Ich weiß es mitunter selbst nicht, obwohl ich mich jahrelang damit beschäftigt habe. Gestern zum Beispiel wollte ich mich zunächst auf eine Bank am Bahngleis setzen, entschied mich dann aber spontan, stehen zu bleiben. Da erst fiel mir auf, dass eine schwarze Frau auf der Bank saß. Was hat mich bewogen, stehen zu bleiben? Erschien mir die Bank plötzlich zu kalt oder zu unbequem? Oder habe ich die Frau unbewusst wahrgenommen und vielleicht doch Ressentiments? Und würde ich mir das eingestehen wollen? Für die Wissenschaft ist diese letzte Gruppe ein Problem: Sie will ja wissen, was die Versuchspersonen wirklich denken, und erfasst dabei doch nur die soziale Erwünschtheit, also den Teil des Selbst, der sich *wünscht,* nicht rassistisch zu sein, und es dennoch *ist.* Es gibt allerdings Verfahren, die Ehrlichkeit der Proband*innen zu erhöhen: Wenn man ihnen etwa Elektroden auf den Arm klebt und behauptet, sie seien an einen Lügendetektor angeschlossen, findet man plötzlich viel mehr Menschen mit hohen Rassismuswerten. Das zeigt, dass viele Versuchspersonen üblicherweise ihre Urteile in Richtung sozialer Erwünschtheit verzerren.

Moderne Fragebogen arbeiten indirekter, indem das Thema der Untersuchung stärker vernebelt wird. Man wählt dazu Fragen aus, die psychologisch mit Rassismus zusammenhängen, aber nicht so aussehen, als ob sie etwas damit zu tun hätten. Die *Moderne Rassismusskala* nach McConahay umfasst zum Beispiel Aussagen wie »Schwarze sind zu fordernd, wenn es um ihre Rechte geht«, »In den letzten Jahren hatten Schwarze zu viele wirtschaftliche Vorteile« oder »Es ist einfach, den Ärger der Schwarzen in Amerika zu verstehen«. Hohe Werte in den ersten beiden Fragen und niedrige in der letzten zeigen hohen modernen Rassismus an. Verwendet man diese »moderne« Skala, zeichnen sich deutliche Unterschiede ab, das heißt, man findet üblicherweise Menschen mit sehr hohen und welche mit sehr niedrigen Werten. Sie enthält eher indirekte Facetten von Rassismus wie die *Verleugnung noch bestehender Diskriminierung,* die *Abneigung, Forderungen und Anliegen von Minderheiten als legitim zu betrachten,* und die *Missgunst gegenüber Leistungen, die diese Minderheiten erhalten.* Von einigen Flüchtlingshelfer*innen habe ich gehört, dass sie angefeindet wurden, weil sie ihre Hilfe doch lieber bedürftigen Deutschen zukommen lassen sollten – mit solchen Parolen halten manche seltener hinterm Berg als mit althergebrachten Klischees, die eher tabuisiert sind.

Vielleicht sind die neueren Fragebogen auch deshalb treffsicherer, weil sie weniger aggressives Verhalten erfassen. Rassismus zeigt sich hier in einer Hierarchie, die beinhaltet, dass das, was man sich selbst herausnimmt (zum Beispiel Widerstand gegen den Staat), anderen nicht gestatten will. Diejenigen, die gelitten sind, sollen mit ihrem Zustand zufrieden sein, still und dankbar – statt sich etwa zu organisieren, Rechte einzufordern oder verärgert zu sein, weil sie nicht das bekommen, was »wir« haben. Erinnern Sie sich daran, dass sich Diskriminierung seltener in einem negativen oder gar aggressiven Verhalten zeigt als eher in der Tatsache, dass man sich selbst Vorteile verschaffen will? Die Mummendey'sche Kritik an der Forschung zu minimalen Gruppen machte dies deutlich: Menschen wollen einen Unterschied zwischen sich und der Fremdgruppe schaffen (die soziale Distinktheit), und das tun sie häufig, indem sie auf ihr eigenes Wohl schauen und denken, sie hätten etwas Besseres verdient als die Fremdgruppe. Nichtsdestotrotz geht es beim modernen Rassismus unter anderem darum, Menschen das Grundrecht des Protests zu verwehren.

Der nette Grabscher: »Moderner« und »ambivalenter« Sexismus

Die Logik dieses Fragebogens nutzten die Psychologin Janet Swim und ihr amerikanisches Team, um eine *moderne Sexismusskala* zu entwerfen, die dementsprechend Aussagen beinhaltet wie »Diskriminierung von Frauen ist in den USA kein Problem mehr« *(Verleugnung existierender Diskriminierung)*, »In den letzten Jahren haben die Medien und der Staat Frauen mehr Beachtung als nötig geschenkt« *(Missgunst gegenüber der benachteiligten Gruppe)* und »Die Wut von feministischen Gruppierungen auf sexistische Strukturen in den USA ist leicht zu verstehen« *(Anliegen werden als nicht legitim betrachtet)*. Hohe Werte auf den ersten beiden Skalen und niedrige auf der letzten zeigen hohen modernen Sexismus an. Dieser Fragebogen funktionierte lange Zeit ziemlich gut und sagte Diskriminierung gegenüber Frauen recht genau vorher. Jedenfalls war er besser als die Fragebogen des klassischen, offenen Sexismus, die Aussagen enthielten wie »Frauen sind generell nicht so schlau wie Männer« oder »Wenn beide Eltern arbeiten und ein Kind krank ist, soll die Schule die Mutter anrufen und nicht den Vater.« Während auf der klassischen Skala fast alle Teilnehmenden sozial erwünscht antworteten, ergaben sich auf der modernen größere Unterschiede zwischen den Antwortenden.

Eigene Forschung in den frühen 90ern in Deutschland legte nahe, dass sich Versuchspersonen bei der modernen Skala weniger bewusst waren, dass ihr Sexismus getestet wurde; deshalb gaben sie bereitwillig Auskunft und antworteten nicht allein sozial erwünscht. Allerdings konnten wir beobachten, dass sich die Unterschiede zusehends nivellierten, bis im Jahr 2000 nur noch Leute zu finden waren, die, den Werten nach, nicht sexistisch waren. Das könnte natürlich eine recht erfreuliche Entwicklung aufzeigen – vielleicht waren ja Vorurteile mit der Jahrtausendwende von der Bildfläche verschwunden! Wahrscheinlicher aber ist, dass die Testpersonen immer misstrauischer gegenüber sozialpsychologischen Fragestellungen wurden und zwischenzeitlich erkannt hatten, wie man so einen Fragebogen beantwortet, um als nicht sexistisch zu erscheinen. Beobachtet man den Alltag samt #MeToo-Debatte und Stellenvergabe bei Spitzenpositionen, um nur einige Beispiele zu nennen, würde ich den gesellschaftlichen Fortschritt hinsichtlich der Frauenfrage nicht überbewerten. Im Gegenteil: Wir sind weit entfernt von Gleichberechtigung.

Andere Forscher*innen empfanden das Konzept des Sexismus als viel komplexer und entwickelten Fragebogen, die andere Merkmale frauenfeindlichen Verhaltens maßen. Es ist ja nicht so, dass alle sexistischen Menschen Frauen hassen. Oftmals gehen Verehrung und Verachtung Hand in Hand.

Peter Glick und Susan Fiske beleuchteten diesen Aspekt in ihrem Fragebogen zum *ambivalenten Sexismus*. Er basiert auf der Beobachtung, dass manche Menschen gegenüber bestimmten sozialen Gruppen oft sowohl positive als auch negative Gefühle haben – sie stehen ihnen also *ambivalent* gegenüber. Manche betrachten Kinder als »süß« und gleichzeitig als »unfertige Wesen, die gehorchen müssen«, manche finden Schwule »kreativ«, ihr Sexualverhalten aber »unmoralisch«, manche finden den Döner-Koch um die Ecke »gesellig«, aber halten seine politische Gesinnung für »mittelalterlich«. Oftmals geht damit die Forderung einher, sich der Normgruppe so weit wie möglich anzupassen, die zugeschriebenen Makel und Defizite anzuerkennen und eine untergeordnete gesellschaftliche Position zu akzeptieren.

Ambivalente Sexist*innen denken beispielsweise, dass Frauen wunderbare Wesen sind, sogar, dass dem männlichen Geschlecht ohne Frauen Entscheidendes fehlen würde. Sie seien jedoch recht schwach, weshalb man sie beschützen müsse, wenn Gefahr drohe. Allerdings seien sie immer dann, wenn es um Sex geht, die Willensstarken, die das Tier im Manne im Zaum halten können. Diese moralisch überlegenen, aber zerbrechlichen Wesen müssen bewacht und verwöhnt werden.

Eine solche Ritterlichkeit drückt keine einfache Abneigung gegenüber Frauen aus. Im Gegenteil werden manche Frauen der Haltung »Frauen und Kinder zuerst!« ihr Leben verdanken. Eher undramatisch ergeben sich manche Vorteile im Alltag. So muss man dem »schwachen« Geschlecht Gepäckstücke in die Koffernetze der Bahn hieven (und ich als sogenannter junger Mann »mit Rücken« sitze auf meinem Koffer und weiß mir nicht zu helfen), man muss ihnen die Tür aufhalten und geht, so Knigge, vor der Dame die Treppe hinunter, weil sie ja fallen könnte. Wenn sie hinaufgeht, geht man selbstverständlich hinter ihr, aus demselben Grund.

Ambivalente Sexist*innen erweisen diese Freundlichkeiten allerdings nur denjenigen Frauen, die dem Stereotyp der edlen, aber schwachen Dame entsprechen. Die bevorzugte Position hat einen Preis, denn bestimmte Dinge sind dem feinen Wesen verwehrt. Es gehört sich nicht für eine Frau, sich in einer Kneipe zu betrinken, im Fußballstadion laut zu grölen oder Männern in Diskussionen Paroli zu bieten. Tatsächlich verweist die Bevorzugung sie gleichzeitig auf einen gesellschaftlich eingeschränkten und damit untergeordneten Platz. Auf dem bleibt sie besser. Verlässt sie diese Position nämlich, indem sie Nobelpreisträgerin, Kanzlerin oder Aufsichtsrätin wird, oder kleidet sie sich burschikos und kommuniziert ihre Bedürfnisse, weckt das bei ambivalenten Sexist*innen eher feindliche Gefühle. (WRX meldet sich gerade wieder und fragt mich, ob Frauen wirklich so trottelig sind, dass sie dauernd Treppen hinunterfallen und aufgefangen werden müssen. Manchmal schäme ich mich, ein Mensch zu sein.)

So kommt es, dass Männer, die Frauen verehren und lieben, Frau Merkel mit Schimpfwörtern aus der untersten Schublade bedenken. Das hat sie, so der ambivalente Sexist, nicht anders verdient, sollte sie doch, wenn es nach ihm ginge, besser für ihren Mann Kartoffelsuppe in der Uckermark kochen. Im Fragebogen zum ambivalenten Sexismus soll man Aussagen wie »Manche Frauen haben eine Reinheit, die nur wenige Männer besitzen« oder »Jeder Mann sollte eine Frau haben, die ihn bewundert« und »Frauen, im Gegensatz zu Männern, haben eine höhere moralische Sensibilität« auf einer Skala von 0 (»Ich stimme überhaupt nicht zu«) bis 5 (»Ich stimme absolut zu«) beurteilen. Männer, die im Ergebnis hohe Werte haben, so die Forschung, diskriminieren Frauen in vielen Bereichen des Lebens.

Ganz konkret konnte eine Forschergruppe um Dominic Abrams zeigen, dass Menschen mit einer ritterlichen, ambivalenten Einstellung gegenüber Frauen Vergewaltigungsopfern eine deutliche Mitschuld zuschreiben. Ihrer Meinung nach weiß eine »richtige« Frau genau, wie sie den Trieb im Manne kontrolliert. Die klassischen Vergewaltigungsmythen enthalten dementsprechende Konstruktionen: Sie habe sich zu aufreizend angezogen (obwohl sie als Expertin es doch hätte wissen müssen!), sie hätte deutlicher Nein sagen müssen, sie hätte sich ja nicht von ihm heimfahren lassen müssen etc. In der Konsequenz weisen ambivalente Sexist*innen in Studien, in denen sie das Szenario einer eindeutigen Vergewaltigung zwischen zwei Bekannten bewerten sollten, der Frau eine höhere Mitschuld zu.

Glick und Fiske argumentieren stimmig, dass sich diese ambivalenten Einstellungen auch auf andere Minderheiten übertragen lassen, auf die die Normmenschen gern herunterschauen und für die sie recht spezifische Regelwerke korrekten Verhaltens entwerfen.

Behinderte etwa sind okay – solange sie nicht aufbegehren und beispielsweise eine Quote in Betrieben einfordern. Sex ist natürlich auch hier ein Thema. Eine Freundin, Sozialarbeiterin in einer Wohneinrichtung für Menschen mit Unterstützungsbedarf, wollte einem von ihr betreuten Körperbehinderten einen Bordellbesuch ermöglichen. Man kann sich kaum einen größeren Sturm der Entrüstung bei der Bereichsleitung der Einrichtung vorstellen: Der dankbare Erdulder guter Taten, der sich bis dato so lieb durch den Park hatte schieben lassen, wollte plötzlich ein Stück von dem unmoralischen Leben, das jedem Normmenschen zugestanden wird! Um es klar zu sagen: Ich finde Bordelle für niemanden gut, aber das ist eine andere Sache. Es gilt: Wenn Nichtbehinderte sie besuchen dürfen und Behinderte nicht, wird ein Unterschied gemacht – und das ist Diskriminierung. Hier könnte man sogar argumentieren, dass es einem behinderten Menschen sowieso häufig schwerer fällt, seine Sexualität auszuleben, er also ohnehin schon im Nachteil ist. Argumente aber fielen hier nicht ins Gewicht. Die Bereichsleitung tat alles, um den Bordellbesuch zu verhindern, drohte der Freundin sogar mit Kündigung. Ich halte es für sehr wahrscheinlich, dass ihr Verhalten entscheidend durch das in unserer Gesellschaft oft transportierte ambivalente Bild vom behinderten Menschen bestimmt wurde: Wir mögen sie lieb, dankbar und asexuell.

Eine ähnliche Tendenz finden wir gegenüber alten Menschen, die, man muss sich schämen, in unserer Gesellschaft ebenfalls einen niedrigen sozialen Status zugesprochen bekommen. Sind sie nicht drollig, die Omis und Opis, mit ihren Häkeljäckchen, ihren tüdeligen Marotten und Geschichtchen? Doch wenn sie nicht ins Schema passen, werden sie lästig. Prüfen Sie doch einmal Ihre körperliche Reaktion, wenn Sie an Sex zwischen zwei 80-Jährigen denken! Auch hier haben wir spezifische Erwartungen an eine soziale Gruppe, die WRX äußerst merkwürdig vorkommen: »Wenn sie es so richtig draufhaben, dann dürfen sie nicht mehr?« Und arbeiten mit über 65? Wenn, dann bitte nur in Altersteilzeit. Alt und aufmüpfig? Nur wenn sie dement sind, dürfen sie widerspenstig sein – und das ist gleichzeitig der Grund, sie wegzusperren.

Homophobie oder: Wer hat Angst vorm schwulen Mann?

Schwule werden häufig dann akzeptiert, wenn es sich um die lieben Jungs von nebenan handelt, die der Nachbarin die Kohlen hochtragen, Blumen gießen, Urlaub nur in der Nebensaison beantragen und sich möglichst nicht zu tuntig gerieren. Wenn der liebe Junge dann aber mal Lust auf Sex mit mehreren anderen Jungs gleichzeitig hat, wird er schnell und barsch in seine Schranken verwiesen. Irgendwann hat der Normmensch entschieden, dass sich Homosexuelle ihr Ansehen erarbeiten müssen und dabei möglichst so aussehen und benehmen sollen wie heterosexuelle Männer. Deshalb wird es auch verstanden, wenn sie heiraten. Lieber heiraten (wie wir alle) als hemmungslos rumvögeln. Gerade weil ihnen mit der Ehe eine gewisse Normalität zugestanden wurde, akzeptiert der Normmensch nicht, dass einige Schwule ihre Sexualität anders kanalisieren. Ähnliches trifft auch auf die Beurteilung von Lesben zu, wobei hier häufig schon die Tatsache ausreicht, dass sie eine andere Lebensweise praktizieren, um Homophobe zu irritieren.

Man kann sich denken, dass Sexist*innen Homosexuelle nicht mögen, weil bei homophoben und sexistischen Menschen ein machistisches Geschlechtsverständnis eine Rolle spielt. Tatsächlich zeigen Sexismus-Fragebogen und Homophobie-Skalen hohe Übereinstimmungen – das heißt, ist das eine ausgeprägt, ist es das andere in der Regel auch. Allerdings spielen in Homophobie-Fragebogen – neben den Einstellungen zur Homosexualität an sich (»Homosexualität ist akzeptabel«) – auch die Gefühle, die Homosexuelle bei den

Befragten auslösen (»Schwule machen mich nervös«), aggressives Verhalten (»Ich würde einen Homosexuellen schlagen, wenn er mir näherkommt«) oder die irrationale Angst eine Rolle, »dass Homosexuelle sich mir sexuell nähern«.

Gerade Letzteres finden Schwule und Lesben häufig befremdlich. Um es mit meinem Freund Tim auszudrücken: »Wer von diesen Klappspaten denkt denn im Ernst, dass wir auf sie stehen? Besser ist es, die stehen in der Garage in der Ecke. Oder shamponieren schön ihre Autos.« Womit Tim auch das Stereotyp von Schwulen gegenüber Heterosexuellen transportiert, nämlich, dass sie nicht gut aussähen: besser wegstellen. In einigen Skalen taucht auch noch der Glaube an »Heilung« auf: »Ärzte sollten Mittel gegen Homosexualität entwickeln.«

Forschung konnte einige Laientheorien belegen. So legten Adams und Kollegen schwulenfeindlichen und toleranten Männern kleine Messgeräte um den Penis, die den Blutzufluss maßen, sprich die Erregung, und zeigten ihnen Schwulenpornos. Die Ergebnisse zeigten, dass die homofeindlichen Männer stärker sexuell erregt waren als die toleranten. Man könnte also sagen, dass männlicher Homohass, jedenfalls bei einigen, aus unbewusster Scham oder Selbsthass entspringt.

Generell scheinen Homophobe eher politisch konservativ zu sein, sie sind meistens religiös, weniger gebildet, älter und vorwiegend Männer. Auch ekeln sie sich allgemein vor vielen Dingen im Leben: bestimmten Tieren, Essen, Toiletten, Verhaltensweisen etc. Zudem empfinden sie es als selbstwertsteigernd, dass sie in der Mehrheit sind; die Tatsache, dass sich Homosexuelle in der Minderheit befinden, sehen sie als Zeichen ihrer eigenen Überlegenheit.

WRX macht sich gerade wieder bemerkbar. Es verwirrt ihn, dass wir bei Steinen vor allem seltene wie Diamanten schön finden, bei Menschen hingegen die herkömmlichen. Ihm schmecken Rheinkiesel am allerbesten. Er findet es auch komisch, dass Normmenschen von Homosexuellen fordern, sich an ihr Sexualverhalten anzupassen. WRX hegt den starken Verdacht, dass bei schwulem und lesbischem Sex eine andere Kombination menschlicher Sexualorgane gegeben ist und damit logischerweise der Sex anders aussehen muss. Vielleicht übersieht er, dass es bei der Forderung nach Anpassung vor allem um Macht geht?

Wir da oben, die da unten – Soziale Dominanzorientierung

Möglicherweise ist die *Soziale Dominanzorientierung*, kurz SDO, die Jim Sidanius und Felicia Pratto gefunden haben, eine psychologische Basis für viele der angesprochenen Diskriminierungen. Der SDO gemäß sind Hierarchien für den Fortbestand unserer Gesellschaft wichtig und dürfen bestehende Abhängigkeitsstrukturen nicht hinterfragt oder verändert werden. Menschen, die sich oben in der Hierarchie befinden, sei es, dass sie in die Position hineingeboren wurden, sei es, dass sie sie sich erarbeitet haben, wollen ihre Pfründe verteidigen. Manche nutzen dazu rohe Gewalt. Gewalt ist jedoch recht aufwendig und kostspielig, weshalb zumeist andere Strategien bevorzugt werden, zum Beispiel Bevormundung, Arroganz oder Ausgrenzung. Alltägliche Phänomene sind Klubs oder Sportarten wie Golf, die recht teure Mitgliedsbeiträge erfordern – so hält man »die Plebs« draußen. Manche sozial dominanzorientierten Menschen kümmern sich, und dies ähnelt dem Verhalten von ambivalenten Sexist*innen, durchaus fürsorglich um ihnen Unterlegene. Sie spenden, geben großzügig Trinkgeld und verteilen Weihnachtsgeschenke an die Putzfrau und den Gärtner – und machen den Schwächeren damit gleichzeitig deren unterlegene Position bewusst. Bei allem schwingt die Forderung nach Wohlverhalten mit; sobald die Beschenkten aufmüpfig werden, versiegen Geldflüsse und Freundlichkeiten.

Demnach ist es auch kein Widerspruch, wenn Lehrer*innen Schüler*innen aus bildungsfernen Elternhäusern zunächst unterstützen, die Geförderten aber schnell auf ihren Platz in der Gesellschaft verweisen, wenn diese irgendwann fordernd, kritisch oder gar frech werden – als gäbe es einen von der Natur bestimmten Ort, an den sie gehörten. Stattdessen sind Demut angesagt, Bescheidenheit und immerwährender Dank! Und natürlich sollte der Mais, den man gedüngt hat, bloß nicht seinen Kolben über die anderen hinausrecken!

Ich habe in dem einen oder anderen meiner Bücher beschrieben, wie man mich lange Zeit an Schulen und Universitäten übergebührlich förderte. Das ging bis in die mittlere Ebene der Universität hinein. Solange ich dankbar und lieb gegenüber meinen Mentoren war und ihnen in der wissenschaftlichen Reputation nicht den Rang ablief, mochten sie mich. Sogar das Exotische, das Schwule an mir und die Tatsache, dass meine Eltern keinen Mercedes vor der Tür stehen hatten, war für sie irgendwie »erfrischend«. Als ich dann aber einen Wissenschaftspreis nach dem anderen abräumte (und andere zwangsläufig leer ausgingen) und behauptete, dass »wir in der Psychologie« mutiger sein müssten, kreativer und fleißiger, wurde es so manchem zu viel. Einem Emporkömmling steht es nicht zu, sich zu mokieren. Als Folge davon durfte ich Mobbing, Aggression und Rufmord am eigenen Leib erfahren. Es hat mich nicht umgebracht,[2] sondern mir letztendlich für meine Persönlichkeitsentwicklung und meinen Wunschberuf als Therapeut sogar genutzt. Ich hatte schon früh gespürt, dass ich in einer Schlangengrube saß, und mir auf die Wertschätzungen von Kolleg*innen nichts eingebildet – dazu wusste ich zu viel über dergleichen Mechanismen. Bereits im Jahr 2005 begann ich mit Therapieausbildungen, und 2017 eröffnete ich mit meinem Mann ein eigenes Institut samt psychologischer Praxis.

Um eine ähnliche Beobachtung aus der Paarberatung zu teilen: Mir kommt es so vor, als würden viele Männer ihre Frau zunächst ohne Probleme »Karriere machen lassen«. Kommt dann ein Kind, wird »sie« aber recht häufig (immer noch!) in die stereotype Rolle gedrängt und wacht über den Säugling, während »er« weiter Vollzeit arbeitet und die Karriereleiter erklimmt. Die geplanten sechs Monate Elternzeit von Papa schrumpfen im Handumdrehen auf sechs Wochen (weil es »nicht anders geht«, weil »unerwartet neue Projekte« reinkamen, weil gerade »der nächste Qualifizierungsschritt« für ihn ansteht etc.). Dies passiert selbst dann, wenn »sie« es eigentlich gar nicht will, und sogar, wenn »sie« mehr verdient. Letzteres ist für viele Männer immer noch wenig erträglich. Vom wirtschaftlichen Standpunkt aus sollte »er« es begrüßen, aber wie so häufig tickt die Psyche nach anderen Regeln, hier nach denen der sozialen Dominanz.

Sozialpsychologische Beziehungsforschung zeigt übereinstimmend, dass bei starker SDO Beziehungen darunter leiden, wenn die Ehefrau auf derselben oder gar einer höheren Karrierestufe steht. Der Verlust der traditionell übergeordneten Stellung kann bei Männern mit starker SDO sogar zu Alkoholmissbrauch, zu Aggression bis hin zu roher körperlicher Gewalt führen – auch in Akademikerfamilien. Um es noch einmal zu betonen: Das heißt nicht, dass diese Männer ihre Partnerin nicht lieben, manche tun das sogar sehr, aber sie ertragen es einfach nicht, wenn die Frau die für sie – vermeintlich – vorgesehene Position verlässt und gesellschaftlich über ihnen steht.

Ihre hohe Soziale Dominanzorientierung ist manchen Menschen sicherlich nicht bewusst – viele würden es als gerecht bewerten, wenn eine gute Leistung gewürdigt wird, egal, von wem sie stammt. Allerdings hält sie das nicht davon ab, andere an der Selbstverwirklichung zu hindern, vor allem dann, wenn die eigene Position bedroht scheint. Bei der Idee, unser Land gegen Geflüchtete abzuschotten, geht es sicherlich nicht nur um die Angst, zu viel abgeben zu müssen. Kritiker*innen der Zuwanderungspolitik befürchten zum Beispiel, dass unser schönes Deutschland islamisiert werden könnte.

Dahinter steckt vermutlich die Besorgnis, dass Migrant*innen irgendwann erfolgreicher sein könnten als wir. Tatsächlich – ich habe es an der Universität Bochum erlebt – sprechen Migrantenkinder oftmals besser Deutsch als die Deutschen (vor allem schreiben sie es oft besser), sind stärker leistungsmotiviert, nebenbei noch gut in familiäre Netze eingebettet, was ihnen psychische Stärke gibt – und arbeiten sich langsam, aber sicher in die Firmenspitzen oder die politische Führungsebene hoch.

Diskriminierung aufgrund von Sozialer Dominanzorientierung kann jede Gruppe treffen, die einer anderen in irgendeiner Form unterlegen ist. SDO ähnelt damit einer klassischen Persönlichkeitsstruktur, die ich schon fast für obsolet erachtete, die aber derzeit auf den Straßen wieder von sich reden macht beziehungsweise herumgrölt: die *autoritäre Persönlichkeit*.

Nach oben buckeln, nach unten treten – Autoritäre Persönlichkeit und Rechtsautoritarismus

Die erste Beschreibung der autoritären Persönlichkeit ist Erich Fromm zu verdanken. Er beobachtete in einer Studie unter Arbeitern im Deutschland der 1930er-Jahre den *autoritären Charakter*. Viele denken, dass dieses Konzept auf Theodor Adorno zurückgehe, da er mit einem Team den berühmten Fragebogen »Faschismus-Skala«, kurz F-Skala, entwickelte, der diese Persönlichkeitsstruktur messbar machte. Nach eingehendem Studium von Fromms Werk[3] würde ich jedoch behaupten, dass Adorno sich aus vollen Kammern bediente. Wie dem auch sei: Der autoritäre Charakter beinhaltet gleichzeitig sadistische und masochistische Wesenszüge; er akzeptiert blind und unkritisch Autoritäten und bleibt ihnen ohne viel nachzudenken treu; zugleich lässt er seinen Frust lustvoll an Schwächeren aus. Um es auf die Alltagssprache herunterzubrechen: *Er buckelt nach oben und tritt nach unten.* In der Psyche eines solchen Menschen findet ein ständiger Wechsel zwischen Selbsterhöhung und Selbsterniedrigung statt, sodass er sich in masochistischen Phasen durchaus nett und liebenswürdig zeigen kann[4].

Der autoritäre Charakter, so Fromm, zeichnet sich durch einen *geistigen Konformismus* aus, der keine Andersdenkenden und keine Abweichungen von bestehenden Normen verträgt. Fremde Menschen und Sitten, Innovationen oder gar intellektuelle Provokationen werden abgelehnt, ebenso alles Kreative, Sensible und Künstlerische. Darüber hinaus hat der autoritäre Charakter einen deutlichen aggressiven Kern, der weit über die von Tajfel angesprochene Distinktheit zwischen Gruppen hinausgeht. Andere Menschen beurteilt er routinemäßig entweder als schwach oder als stark beziehungsweise ohnmächtig oder mächtig; andere Persönlichkeitseigenschaften erscheinen ihm irrelevant. Für Fromm liegt der Grund für eine autoritäre Persönlichkeit in der viel zitierten *Furcht vor der Freiheit:* Die lockerer gewordenen Familien- und Arbeitsbande und die Selbstverantwortung überforderten manche Menschen, sodass sie sich aus einem Sicherheitsbedürfnis heraus an Normen und Autoritäten orientieren.

Das ganze Konzept wirkt durchaus krankhaft, vor allem wenn man die Freud'schen Begriffe wie masochistisch und sadistisch bemüht. Lehrer, die nach Feierabend ihren Ärger mit der Rektorin an der Kellnerin auslassen, Ehepartner, die sich nicht trauen, ihrem Chef Kontra zu geben, und ihren Frust zu Hause ablassen, der Nachbar, der ein kleines Kind anbrüllt, weil es mit dem Rad auf einem vier Meter breiten Gehweg fährt, zeigen Aspekte der autoritären Persönlichkeit. Sicherlich sind das keine extremen Fälle, denn wie fast immer in der Psychologie handelt es sich um eine Dimension mit vielen Grauschattierungen. Wer allerdings auf der F-Skala Aussagen wie »Es ist immer das Beste, Dinge in der üblichen Art und Weise zu machen«, »Wir brauchen starke Führungspersonen, damit wir in der Gesellschaft sicher leben können«, »Gegen Außenseiter und Nichtstuer sollte in der Gesellschaft mit aller Härte vorgegangen werden« oder »Gesellschaftliche Regeln sollten ohne Mitleid durchgesetzt werden« mit »5« bewertet (= »Ich stimme voll und ganz zu«) statt mit einer »1« (»Ich stimme ganz und gar nicht zu«), ist dem Fragebogen nach ein autoritärer Charakter und zeigt eine Tendenz, Unterlegene und Minderheiten schlecht zu behandeln.

Anhand der F-Skala kann ich auch eine Frage beantworten, die mir in letzter Zeit häufiger gestellt wurde, nämlich, ob ich Donald Trump für eine autoritäre Persönlichkeit halte. Ich erkenne zwar deutlich sadistische Tendenzen, jedenfalls strahlen seine Tweets eine große Lust aus, sich über Minderheiten zu erheben und sie zu verunglimpfen, aber ich sehe keine masochistischen Züge, keine Unterwerfung unter Autoritäten. Trump tritt selbst Entscheidungen von obersten Richter*innen mit Füßen und missachtet Manieren und gesellschaftliche Regeln. Kurz: Er tritt nach unten, aber er buckelt nicht nach oben.

Ähnliches beobachte ich bei vielen (extrem) rechten Parteimitgliedern. Ich habe nicht den Eindruck, dass sie eine Autorität, etwa den oder die Parteivorsitzenden, anerkennen, geschweige denn anhimmeln würden. Vielleicht sind ihnen die Entscheidungsträger*innen einfach nur viel zu blass und haben zu wenig Charisma; vielleicht liegt es auch an der Kurzlebigkeit politischen Ruhms in unseren Zeiten, dass sie nicht mehr auf Knien vor einer Alice Weidel oder einem Alexander Gauland rutschen mögen.

Prototypisch für diese Phänomene sind meiner Meinung nach die sogenannten Reichsbürger*innen, die die deutsche Verfassung nicht anerkennen, aber sich auch keinem anderen Wertesystem fügen wollen. Vielleicht reicht vielen Rechtsextremen der tote Adolf Hitler, denn für sie gibt es ja sowieso keinen, der es besser machen könnte, vielleicht leben sie masochistische Anteile aus, indem sie sich Ritualen unterwerfen. Der masochistische Anteil bei extremen Rechten erscheint mir heutzutage jedenfalls kleiner zu sein als der böse, sadistische Teil, der Teil, der Menschen einfach nur, weil sie anders aussehen, durch die Straßen jagt oder der »Absaufen, absaufen!« skandiert.

Personen, die in hohem Maß autoritäre Persönlichkeiten sind, haben häufiger offene Vorurteile und Ressentiments gegenüber Minderheiten und sind frauenfeindlich. Warum aber sind einige Menschen so und andere nicht?

Ich bevorzuge eine Erklärung von Roy Baumeister, die den

Selbstwert einer Person ins Zentrum setzt. Demnach haben einige von uns einen *hohen Selbstwert*, andere einen *niedrigen*. Bei wieder anderen *schwankt der Selbstwert*, und Baumeister hält diejenigen Menschen für besonders gefährlich, die sich in manchen Situationen anderen immens überlegen und in anderen extrem unterlegen fühlen.

So haben manche Jugendlichen unglaubliche Angst vor einem gewalttätigen Elternteil oder vor einem Lehrer und fühlen sich ihm gegenüber klein und unwert. Wenn sie jedoch mit ihrer Clique herumziehen und Schwächere schikanieren, kommen sie sich ganz großartig vor. Der kleine Unterschied zur Ursprungsversion des autoritären Charakters besteht darin, dass diese Jugendlichen ihre Peiniger nicht idealisieren, und sie haben auch später nicht immer ein Vorbild, zu dem sie aufschauen können. Der schwankende Selbstwert aber bleibt und ist psychisches Dynamit. Wenn ein Passant sie beleidigt, wenn ihre Chefin sie anschreit oder ein Kunde sie abkanzelt, fühlen sich solche Menschen mickrig – um sich dann wieder gut zu fühlen, wenn sie sich die Springerstiefel anziehen und schutzlose Menschen, darunter Kinder, drangsalieren oder auf irgendwelchen Blogs Hass säen.

Manches Verhalten erhält so eine Erklärung, wenn auch keine Entschuldigung. Ich hatte vor Kurzem beruflich mit einem Jugendlichen zu tun, der in Kinderwagen von Geflüchteten gespuckt hatte. Bei einer der Sitzungen musste ich ihn für zehn Minuten allein lassen, und als ich zurückkam, sah ich, dass sich der Junge das einzige Stofftier, das es in diesem Raum gibt, ein besonders weiches Kuschelschaf, auf den Schoß gesetzt hatte und es liebevoll streichelte. Vor mir saß plötzlich kein Monster mehr, sondern ein Kind, das in seinem Leben offenbar psychisch nicht gut genährt worden war. Jemand, der sich so klein fühlte, dass er auf der Suche nach jemandem, dem er sich überlegen fühlen konnte, niemand Schwächeres fand als ein hilfloses Baby in seinem Wagen.

Wenn man die Probleme dieser Menschen erkennt, kann man mit ihnen am Selbstwert arbeiten, um damit Aggression zu mindern.

Lange stritten sich Wissenschaftler*innen darüber, welche innerpsychischen Prozesse eine Rolle spielen könnten. Freuds Psychoanalyse, die mehr oder minder alles unerwünschte Verhalten auf verdrängte Sexualität zurückführt, ist jedenfalls nicht mehr die von vielen favorisierte Erklärung. Erich Fromm, ein erster Abtrünniger der Freud'schen Lehre, behauptete, dass eine Erziehung gefährlich sei, die jedwede Emotionen des Kindes unterdrücke und sanktioniere, und plädierte dafür, Kinder auch aggressive Anteile ausleben zu lassen.

In den 80er-Jahren beobachtete Robert Altemeyer, dass stark obrigkeitsliebende Personen eher Vorurteile haben, und sah den Hauptfaktor dafür in einer politisch konservativen Haltung, die nicht unbedingt faschistisch im Sinne einer völkischen Überlegenheit sein müsse. Dennoch erkannte er auch bei modernen Konservativen Anteile der drei Faktoren, die schon in der klassischen F-Skala vorkamen, nämlich *Konventionalismus* (starre Bindung an die konventionellen Werte des Mittelstands), *autoritäre Unterwürfigkeit* (unkritische Unterwerfung unter idealisierte Autoritäten) und *autoritäre Aggression* (Aggression gegenüber unkonventionellen Menschen), und nannte die daraus resultierende Persönlichkeitsstruktur *Rechtsautoritarismus* (Right-wing authoritarianism, kurz RWA). Er verwendete manche der klassischen Fragen, passte sie an die moderne Zeit an und konnte zeigen, dass Rechtsautoritarismus mit Minderheitendiskriminierung und Gewaltverherrlichung zusammenhängt, vor allem wenn die Gewalt von Autoritätspersonen ausgeführt wird.

Im Unterschied zu den Psychoanalytikern Freud und Fromm argumentierte Altemeyer, dass Rechtsautoritarismus weniger durch strenge Erziehung und unterdrückte Aggression zustande komme, seinen Ursprung auch nicht in der frühen Kindheit habe, sondern meist in der Pubertät unter dem Einfluss von gleichaltrigen Freunden oder Peers auftrete. Dies entspricht gängigen Befunden, dass für viele unerwünschte Verhaltensweisen nicht allein die Eltern verantwortlich sind, sondern häufig und viel mehr die Freunde, die man als Teenager hat. Dessen ungeachtet, bildet eine liberale und gründliche akademische Ausbildung einen psychischen Schutz gegen Rechtsautoritarismus.

Rechtsautoritarismus und ein schwankender Selbstwert könnten nach Altemeyer im Lauf des Lebens zu- oder abnehmen und würden durch Stresssituationen wie Arbeitslosigkeit, Tod eines Angehörigen oder auch die Geburt eines Kindes, die viele Menschen überfordert, verstärkt. Studien zeigen nämlich, dass faschistisches oder rechtsautoritäres Verhalten eine durchaus erfolgreiche Strategie ist, mit Stress umzugehen. Seltsamerweise sind Rechtsautoritäre seltener depressiv, wohl, weil sie der Tritt nach unten von den eigenen Defiziten ablenkt und ihnen Sicherheit gibt. Wer in einem Meer von Unsicherheiten schwimmt, für den sind brachiale Methoden der Abwertung anderer wie ein Rettungsring.

Generell erscheint Menschen mit hohem Rechtsautoritarismus die Welt als bedrohlich, was wohl einer der psychologischen Gründe dafür ist, warum sie sich mehr Gewaltausübung durch Autoritäten gegenüber Außenseitern der Gesellschaft wünschen. In den letzten Jahren, in denen sich Terrorakte häuften, zeigten Studien, dass Rechtsautoritäre mehr Angst davor hatten und zum Schutz der Bevölkerung eher Maßnahmen befürworteten, die die Freiheit jedes Einzelnen berühren, wie Videoaufzeichnungen und Computerüberwachungen.

Neuere Studien ergaben zudem, dass rechter Autoritarismus auch mehr Vorurteile gegenüber Aidskranken, Drogenabhängigen und Obdachlosen begünstigt. An Ressentiments gegenüber diesen hilfebedürftigen Bevölkerungsgruppen zeigt sich wieder einmal die – von außen betrachtet manchmal unfassbare – Grausamkeit einer Einstellung, die sich aus persönlichen Defiziten, schwankendem Selbstwert und großer Unsicherheit nährt. Derartige Erklärungen öffnen gleichzeitig Türen zu möglichen Interventionen, auf die ich später zurückkomme. Beruhigend ist allemal, dass es sich um *erlerntes* Verhalten handelt – das bedeutet, es kann auch wieder *verlernt* werden.

Mithilfe von Fragebogendaten kann man wissenschaftlich klären, inwieweit bestimmte Theorien zu Vorurteilen zutreffen. Da die Forschung aber meist im Westen stattfindet, gibt es nur wenige Arbeiten, die sich mit Vorurteilen beispielsweise von arabischen Menschen gegenüber dem Westen befassen. Maykel Verkuyten hat sich mit Moslems türkischer Herkunft befasst, die in den Niederlanden und in Deutschland leben, und fand, dass Moslems mit stark ausgeprägter Religiosität politisch toleranter waren – Frömmigkeit führte auch in anderen Studien mit arabischen Proband*innen aus unterschiedlichsten Ländern nicht zu einer Abwertung des Westens. Auch hatten Teilnehmende mit einer starken arabischen Identität nicht mehr antiwestliche Einstellungen als solche, die sich weniger stark als Araber*in fühlten. Dagegen hatte bei vielen arabischen Proband*innen muslimischen Glaubens speziell die Sichtweise auf westliche Politik, vor allem Palästina gegenüber, einen bedeutenden Einfluss: In dem Maß, wie der Einsatz gegen Palästinenser*innen als ungerecht und brutal bewertet wurde, sank die Meinung dem Westen gegenüber.

Die Grenzen der Messung von Vorurteilen

Ich habe Ihnen nun zahlreiche Fragebogen vorgestellt. Selbstverständlich gibt es sie zu allen möglichen Vorurteilen wie Antisemitismus, Antiislamismus oder Altersdiskriminierung. Ich präsentiere hier nur einen kleinen Ausschnitt; im Prinzip aber folgen sie alle derselben Logik. Die Messung anhand von Fragebogen ist vor allem eines: praktisch. Fragebogen kann man fast überall einsetzen. In eigenen Labors haben wir schon über tausend Tests in einer Woche erhoben, die wir auf internationalen Internetseiten platziert hatten. Andererseits liegen die Nachteile auf der Hand, denn bei fast allen ist die Gefahr sehr hoch, dass man lediglich die soziale Erwünschtheit misst und wenig darüber erfährt, wie sich die Befragten im wirklichen Leben verhalten. Allerdings hat die Forschung auch darauf inzwischen eine Antwort – *implizite Maße* kommen ohne klassische Fragen aus und sollen angeblich sogar unbewusste Vorurteile messen. Was ist davon zu halten?

Um auf der einen Seite die Nachteile der offenen Fragebogen zu reduzieren und auf der anderen Seite Maße für unbewusst in uns schlummernde Vorurteile zu entwickeln, nutzten einige Forscher*innen Reaktionszeiten am Computer, um spontane Assoziationen von Versuchsteilnehmer*innen zu messen. Sie wollten zeigen, dass manche Menschen, die durch Rassismus-Fragebogen als tolerant identifiziert worden sind, bei diesen impliziten Tests als rassistische Menschen enttarnt werden würden.

Der prominenteste Test dieser Art ist der *implizite Assoziationstest*, kurz *IAT*, von Tony Greenwald und Mahzarin Banaji.

Beim IAT werden bestimmte Gruppenmerkmale zusammen mit einem negativen oder positiven Wort am Computer präsentiert. Roland Neumann und Team von der Universität Würzburg verwendeten den IAT zum Beispiel, um herauszufinden, ob Norddeutsche implizite Vorurteile gegenüber Süddeutschen haben und umgekehrt. Auf einen eindeutig norddeutschen Namen wie Imke oder einen typisch süddeutschen wie Alois folgte entweder ein positives Wort wie »attraktiv« oder ein negatives, etwa »langweilig«. Die Versuchspersonen sollten durch Tastendruck entscheiden, ob ein Begriff positiv oder negativ beziehungsweise ein Name norddeutsch oder süddeutsch war. Mithilfe einer Reaktionszeit-Software registrierte der Computer die Millisekunden, die Proband*innen für ihre Entscheidungen brauchten. Die Logik des Tests besteht darin, dass man nur zwei Tasten zur Verfügung hat: In einer Phase des Tests ist die eine Taste für norddeutsche Namen und zugleich für positive Wörter reserviert und die andere Taste für süddeutsche Namen und negative Wörter, während es in einer zweiten Phase umgekehrt ist. Jemand, der negative Vorurteile gegenüber Norddeutschen hat, sollte demnach schneller reagieren, wenn die norddeutschen Namen mit den negativen Begriffen auf einer Taste liegen, und längere Reaktionszeiten haben, wenn sich die norddeutschen Namen die Taste mit positiven Begriffen teilen.[5]

Ganze Scharen von Psycholog*innen, vor allem die Deutschen in ihrem Wahn, Effekte nachzuahmen, statt eigene zu finden, produzierten einen IAT nach dem anderen. Ein Vorteil des Tests ist, dass man ihn recht flexibel zur Erhebung *aller möglichen* Vorurteile verwenden kann. Man braucht nur die Software und kann die Wörter entsprechend ersetzen. So wurden unter anderem Vorurteile gegenüber Frauen, Schwarzen, Geflüchteten, Veganern, Homosexuellen, religiösen Gruppen, Unfallopfern, HIV-Patienten, Rauchern, Kinderschändern, Alten, Ossis und Wessis, ja selbst gegenüber

Hausfrauen, Coca-Cola, Kondomen, Sonnencremes oder BMWs getestet. Eine Zeit lang glich das einem Goldrausch in der Wissenschaft.

Ich empfehle Ihnen, selbst einmal einen IAT durchzuführen; auf zahlreichen Internetseiten finden sich Gratisangebote zur Messung von Vorurteilen, und Sie helfen damit obendrein der Forschung.[6] Allerdings sollten Sie nicht gleich ins Leid fallen, wenn der Test einen »hohen impliziten Bias«, also ein hohes Vorurteilsniveau anzeigt, denn inzwischen ist die Anfangseuphorie gewichen, dass es sich um einen wasserdichten »Vorurteilsmesser« handelt. Nur wenige Kolleg*innen machten sich anfangs tiefere Gedanken darüber, was dieser Test tatsächlich anzeigt. Das Urteil derjenigen aber, die tiefer in die Materie eindrangen, ist eher ernüchternd. In Deutschland zeigten Klaus Fiedler und Matthias Bluemke, dass Versuchsteilnehmende ihre Antworten verfälschen können, wenn sie wissen, worum es geht. Sie verlangsamen einfach die stereotypen Kombinationen, sind also besonders langsam zum Beispiel bei »Grieche« und »schlecht« oder bei »Deutscher« und »gut« – hinterher sieht es dann so aus, als wären sie recht tolerant. Da man davon ausgehen muss, dass immer mehr Leute wissen, wie man den IAT austricksen kann, ist er von Fall zu Fall nicht mehr valide. Daher kann man ihn nicht, wie einmal angedacht, bei der Bewertung von Straftäter*innen, Schüler*innen oder in der Personaldiagnostik verwenden.

Viele Forscher*innen stimmen aber überein, dass der IAT ordentlich misst, wenn man *große Gruppen* untersucht, weil dann ein oder zwei Ausreißer das eigentliche Ergebnis nicht so stark verzerren können. Das gilt etwa für Untersuchungen darüber, ob in bestimmten sozialen Gruppen Vorurteile eher präsent sind als in anderen, oder wenn man größere Zusammenhänge erfassen will, etwa, ob Rassist*innen generell konservative Parteien bevorzugen oder deutsche Automarken kaufen.

Beim IAT sind außerdem folgende Punkte zu beachten: Erstens misst der Test nicht etwa ein stabiles Persönlichkeitsmuster. So zeigen die Ergebnisse in einem Rassismus-IAT weniger Vorurteile, wenn die Versuchsperson vorher an einen außerordentlichen Schwarzen gedacht hat, beispielsweise an Martin Luther King. Wenn man dieselben Versuchsteilnehmer*innen über einen längeren Zeitraum immer wieder in eher neutralen Situationen testet, ist der IAT allerdings relativ stabil und zeigt ein jeweils ähnliches Vorurteilsniveau an. Falls man den Test zur Selbstreflexion einsetzt, würde ich empfehlen, sich häufiger zu testen, um Abweichungen und Einflüsse der Situation möglichst gering zu halten; so, wie man sich mehrmals auf eine wackelige Waage stellen würde, um schließlich einen groben Mittelwert zu erhalten. Generell können psychologische Messinstrumente nicht so genau sein wie Uhren oder Waagen, egal, was Ihnen die Kolleg*innen sagen. Es geht hier auch um Größenwahn, finanzielle Interessen und Eitelkeiten. Unsere Wissenschaft ist klasse, aber eben nicht perfekt.

Zweitens misst der Test meiner Meinung nach nicht vor allem Vorurteile, also nicht unsere (bewusste oder unbewusste) Meinung, sondern eher stereotype Assoziationen, die ja manchmal in unserem Gedächtnisspeicher landen, ohne dass wir es wollen oder uns dessen auch nur bewusst sind. So kann ich Ihnen jetzt Assoziationen ins Hirn pflanzen, die Sie irgendwo abspeichern werden, zum Beispiel die, dass Menschen aus Ostwestfalen sich nach der Benutzung von Rolltreppen die Hände desinfizieren, dass sie Maulwürfe töten, indem sie mithilfe von Schläuchen Autoabgase in die Bauten der Tiere leiten, und dass sie unter kulinarischen Erlebnissen Schnitzel mit Pommes und einer Soße aus Dosenpilzen verstehen. Jetzt, da Sie das gelesen haben, hat Ihr Gedächtnis eine Schublade angelegt, in der einige skurrile Assoziationen bezüglich von Ostwestfalen liegen. In einem IAT würden Sie diese Assoziationen aktivieren und mit einiger Wahrscheinlichkeit bei der Kombination »Ostwestfalen + negatives Wort« schneller reagieren als bei »Ostwestfalen + positives Wort«. Haben Sie jetzt ein Vorurteil? Nein, denn vermutlich hinterfragen Sie meine abwertenden Bemerkungen. Trotzdem sitzen die Assoziationen in der Schublade und beeinflussen das Testergebnis. Der Test ist demnach eher ein probates Mittel, um eine Ahnung davon zu bekommen, was sich so über die Jahre in den Schubladen angesammelt hat.

Drittens stellt sich die Frage, inwieweit der Test tatsächlich, wie ursprünglich angestrebt, unbewusst schlummernde Aggression und Diskriminierung vorhersagen kann. Nehmen wir an, Sie sind Bayer*in und Ihr Ergebnis in einem Bayern/Ostwestfalen-IAT verweist auf ein Vorurteil gegenüber Ostwestfal*innen. Wären Sie dann geneigt, Ihrem Bielefelder Kollegen Radiergummi ins Kaffeepulver zu bröseln? Ich würde die Wahrscheinlichkeit, dass Sie Böses gegen Ostwestfal*innen im Schilde führen, recht niedrig einschätzen, denn man könnte ebenso einfach nur das Gute an dem Unterschied betrachten: Sie lieben Bayern! Sie lieben sich! Die eigene Gruppe zu bevorzugen ist zwar im Grunde schon Diskriminierung, aber auch völlig normal. Vor allem aber führt es nicht notwendigerweise zu einer Aggression gegenüber Fremdgruppen. Ich kann mich und meinesgleichen auch toll finden, ohne dass ich auf andere eindresche. Damit taugt der Test wohl neben der Identifizierung von stereotypen Assoziationen vor allem zur Identifikation von Gruppenunterschieden, aber nicht unbedingt zur Messung von schlummernder Aggression gegenüber anderen.

Wenn man dies alles berücksichtigt, kann man den IAT zu Forschungszwecken und zur Selbsterkundung einsetzen. Wie, verrate ich später.

Man mag an dieser Stelle einmal die Frage stellen, ob offene Vorurteile nicht eigentlich teils auch sinnvolle Abgrenzungen zu anderen Wertesystemen bedeuten können. Wenn ich abschätzig auf Chemiekonzerne schaue, die giftige Chemikalien produzieren, die auf unseren Feldern landen, wenn ich mich über Politiker*innen lustig mache, die menschenverachtende oder dumme Äußerungen von sich geben (ich erinnere an Beatrix von Storch, die leugnet, dass der Klimawandel von Menschen gemacht wurde – »Wir sollten die Sonne verklagen!«), wer sollte mir dann verübeln, dass ich den Leuten gegenüber recht globale Meinungen pflege, die ich nicht mehr weiter überprüfen möchte? Warum sollte ich Frau von Storch oder irgendein AfD-Mitglied zu einem Kaffee zu mir einladen, um meine möglicherweise verzerrten Eindrücke zu überprüfen? Und warum sollte ich als Gutachter der Freiwilligen Selbstkontrolle Fernsehen keine Bedenken haben, wenn die Sender nachmittags, wenn auch Kinder vor der Glotze sitzen, Shows mit superdünnen Models etablieren wollen oder Menschen zeigen möchten, die »total happy« mit ihren Schönheitsoperationen sind?

Noch bevor WRX seine schon vormals verlautbarte Antwort herausplärrt: Weil ich nicht alle Zeit der Welt habe.[7] Weil ich unangenehme Situationen und Konflikte in meinem stressigen Alltag nicht gebrauchen kann. UND weil ich mich als Individuum für bestimmte Werte entschieden habe, die mich ausmachen und die, meiner Meinung nach, das zwischenmenschliche Leben erst ermöglichen. Der Grund für meine Grenzziehung allerdings ist nicht etwa Profit (die nehmen uns alles weg), keine Angst und kein Machtgedanke (die werden uns irgendwann alle dominieren), sondern einzig und allein ein humanistischer Wertekanon, nämlich, dass jede*r in diesem Land sagen, anziehen und glauben darf, was er will, dass er oder sie lieben kann, wie er oder sie will, und dass alle Einstellungen eine freiheitliche demokratische Basis haben sollten. Das heißt, auf der Basis meiner Werte will ich Leben retten und es nicht vernichten. Wenn ein Mitglied einer Partei oder Gruppierung sagt, dass es ihm egal sei, ob Flüchtlingskinder an einer Grenze erschossen werden (wieder einmal ein Zitat von Frau von Storch[8]), dann will ich mit diesen Leuten nichts (mehr) zu tun haben – und dies selbst dann, wenn sie mir beteuern, dass dieses eine Mitglied ein Einzelfall oder ein schwarzes Schaf ist.

Wie Sie mit solchen besonderen Situationen umgehen, ist Ihre Sache. Ich bin der Meinung, dass solche Abgrenzungen hilfreich sind, um eine eigene Identität zu entwickeln. Psychologisch gesprochen illustriert auch dies Diskriminierung, und es wird vielleicht deutlich, welchen »Nutzen« sie für die Bestimmung der eigenen Werte und der Selbstregulation im Alltag mit seinen zeitlichen Begrenzungen hat.

Ein Leser machte mich darauf aufmerksam, dass es in bestimmten Kontexten, zum Beispiel auf Dating-Seiten, doch praktisch und unverfänglich wäre, seine Präferenzen deutlich zu äußern. Warum sollte er nicht posten: »Bitte keine Dicken, Raucherinnen, Asiatinnen oder Frauen über 35«? Schließlich könnte er so peinliche Zusammentreffen mit Menschen vermeiden, die er ja doch nur abweisen würde. Irgendwie klingt das logisch, und man könnte sagen: Recht hat er, schließlich ist die Auswahl von Sexualpartner*innen oder auch nur die Bewertung von Attraktivität immer diskriminierend. Was mir gefällt, findet jemand anderes hässlich. Manche mag man, und bei manchen würden Körper und Geist streiken. Dennoch tut auch auf Dating-Portalen Diskriminierung weh. Kann man Präferenzen nicht auch netter kommunizieren? Fehlt auch dafür die Zeit?

Unsicherheit –
Mit Sicherheit nicht gut
für das Gute in uns

Ein ganz anderer Ansatz ist es, nach allgemeinen Faktoren für die Entstehung von Diskriminierung zu schauen. Es ist ja recht naheliegend, dass Rassismus, Sexismus, Homophobie, Rechtsautoritarismus etc. eine gemeinsame Basis haben. In meiner Forschung habe ich *Unsicherheit* als eine elementare Quelle für diskriminierendes Verhalten benannt, die häufig in Situationen empfunden wird, in denen Menschen Fremden begegnen.

Unsicherheit kann sowohl in der Persönlichkeit des Menschen liegen (manche sind durch Erziehung oder genetische Prädisposition schlichtweg unsicherer als andere) als auch durch die Situation ausgelöst werden. Letzteres bedeutet, dass man Unsicherheit auch produzieren kann, um aus Menschen rechtsautoritäre Persönlichkeiten werden zu lassen. Genau dieser Strategie bedienen sich rechtskonservative Parteien wie AfD, Front National oder FPÖ, die alle möglichen Ängste vor Geflüchteten schüren.

Unsicherheit wird jedoch aus verschiedenen Quellen genährt, sie muss gar nicht spezifisch auf bestimmte Menschen bezogen sein, um als Basis für Diskriminierung wirken zu können. Wenn man Menschen zum Beispiel einredet, dass ihr Wohlstand gefährdet ist, weil »die Politiker« sowieso machen, was sie wollen, wenn man zudem Zweifel an der Unparteilichkeit der Presse schürt, wenn man in jeder Politiker*innenbiografie vor allem nach Flecken sucht und es in Parteien viel Fluktuation des Personals gibt, wird das allgemeine Gefühl der Unsicherheit immer größer. Egal, wo sie herkommt, bereitet die Unsicherheit den Boden für Ausgrenzung und Aggression. Dann reicht ein Funkenflug – wie beispielsweise der Verdachtsmoment, dass ein Verbrechen von einem Syrer begangen wurde –, damit es in den Straßen Deutschlands brennt.

Gleichwohl ist Unsicherheit kein deutsches Problem, jedenfalls habe ich vergleichbare Effekte in den Niederlanden und in den USA erlebt, und wir beobachten verunsicherte Wähler und Wählerinnen auch in Frankreich, Großbritannien, Skandinavien und Osteuropa. Um es noch einmal besonders zu betonen: Unsicherheit gibt es auch in Situationen, in denen man eigentlich nichts zu befürchten hat, in reichen Ländern, in denen niemand Hungers sterben wird und in denen es gute Sozialsysteme, Obdachlosen- und Pflegeheime gibt, oder bei Menschen, die eigentlich viele Talente haben. Man muss den Menschen nur Angst *machen*, dass sie ihren derzeitigen Status verlieren könnten, oder ihnen einreden, dass sie eigentlich mehr verdient hätten oder dass sie nichts können würden. Unsicherheit oder Sicherheit sind keine objektiven Zustände, sondern, psychologisch gesprochen, subjektive Gefühle. Selbst ein Milliardär kann unsicher sein, weil er vielleicht Angst hat, dass er seinen Status, sein Ansehen, die Kontrolle über sein Leben und sein Geld irgendwann verlieren könnte.

Ich weiß auch aus meiner Forschung, dass Unsicherheit die Wahrnehmung verengt und dazu führt, dass Neues, Fremdes oder Kreatives abgelehnt wird. Das Neue, das Unerprobte könnte ja eine weitere Gefahr bedeuten, und wer geht dieses Risiko schon ein, wenn er sowieso gerade Angst hat oder eine Unsicherheit erlebt? Es braucht übrigens nicht viel, wie Marleen Gillebaart in ihrer von mir betreuten Doktorarbeit gezeigt hat. Sie präsentierte Versuchsteilnehmenden chinesische Schriftzeichen, manche oft, andere nur ein Mal, und stellte so sicher, dass einige davon neu und andere mit der Zeit vertraut erscheinen mussten. Üblicherweise findet sich in solchen Studien eine *Neophobie*, Angst vor Neuem, in diesem Fall Zurückhaltung gegenüber Schriftzeichen, die nur einmal auftauchten. Wir zeigten die Zeichen außerdem mal vor blauem, mal vor rotem Hintergrund, weil wir wissen, dass Blau mit Sicherheit assoziiert wird, während Rot Gefahr bedeutet. Es stellte sich heraus, dass Proband*innen selten gezeigte Schriftzeichen viel weniger mochten als häufig gezeigte – es konnte also der übliche Effekt in unseren Labors wiederholt werden –, und außerdem, dass die Neophobie stärker wurde, wenn die Zeichen vor einem roten Hintergrund präsentiert wurden. Ein subtiles Signal von Gefahr reicht also aus, dass wir konservativ reagieren. In der Gruppe, die die Zeichen ausschließlich vor blauem Hintergrund sah, wurden neue Zeichen genauso gut oder schlecht bewertet wie die öfter gezeigten. Offensichtlich nahm das Blau die Unsicherheit und verstärkte ein neugieriges, exploratives Verhalten.

Übertragen auf den Kontakt mit Menschen könnte das bedeuten, dass wir sowieso eine gewisse Zurückhaltung Fremden gegenüber haben, diese Tendenz aber verstärkt wird, wenn wir Fremde treffen und zusätzlich gerade durch etwas verunsichert sind – durch etwas, das mit den Fremden gar nichts zu tun haben muss. Die Studien zeigen auch, dass subtile Signale von Sicherheit die Angst vor dem Neuen nehmen können. Wir sind nicht per se ängstlich, wir sind sogar neugierig, wenn wir uns sicher fühlen.

Es wäre also politisch sinnvoll, Bürger*innen Sicherheit zu geben oder sie an die vorhandene Sicherheit zu erinnern, um Vorurteile und Diskriminierung in der Gesellschaft zu verhindern. Durch konkrete handfeste Maßnahmen, wie sichere Renten, gute Absicherung im Fall von Arbeitslosigkeit, Krankheit und nach einem Unfall, durch Gerechtigkeit in Schulen und im öffentlichen Leben, transparente und faire

Entscheidungsprozesse sowie die persönliche Integrität von Politiker*innen, kann Angst genommen und Sicherheit hergestellt werden. Und das, was da und gut ist, sollte auch immer wieder kommuniziert werden.

Die höchste Verunsicherung erfährt der Mensch durch existenzielle Angst, also die Angst vor der eigenen Vergänglichkeit. Allein der Gedanke an den Tod macht uns konservativ und kleinkariert, wie zahlreiche Studien der Forschergruppe um Tom Pyszczynski, Jeff Greenberg und Sheldon Solomon belegen, in denen Versuchspersonen an die eigene Sterblichkeit erinnert wurden. Der Gedanke, vollkommen vom Erdball zu verschwinden, löst eine Angst aus, die durch einen psychischen Schutzwall abgewehrt werden muss – die Forscher bezeichnen dies als *Terrormanagement*. Die Bausteine dafür sind unter anderem Kultur, Religion, Kunst, vor allem aber die bestehende gesellschaftliche Ordnung. Sobald man an den eigenen Tod erinnert wird, würden zum eigenen Schutz Gedanken an die herrschenden sozialen Normen aktiviert, die gegen das Gefühl des Kontrollverlusts wirksam sein können.

Die Gesellschaft, in der ein Individuum lebt und in der es einen wichtigen und ehrenwerten Beitrag leisten kann, stellt eine überdauernde, feste Einheit dar, die über das Hier und Jetzt und die eigene Vergänglichkeit hinausreicht. Auch wenn ich sterbe, wird dieses Deutschland bestehen bleiben, und wenn ich an diesem Deutschland durch meine Arbeit oder Verdienste mitgearbeitet habe, lebt ein Stück von mir weiter. Um ein wichtiges Mitglied der Gesellschaft zu werden, muss man ihre Normen und Standards leben und ihre Ziele vertreten. Menschen, die Normen verletzen, werden jedoch bestraft, denn sie bedrohen den Schutzwall; dies umso mehr, wenn der Schutzwall gerade besonders gebraucht wird, weil das Leben bedroht scheint. Dementsprechend zeigen zahlreiche Studien aus den unterschiedlichsten Ländern, dass Versuchspersonen Außenseiter*innen diskriminieren und deren Normübertretungen stärker ahnden, wenn sie vorher an den Tod gedacht hatten. Die Kontrollgruppe soll bei derartigen Studien häufig an einen Zahnarztbesuch denken, damit ein Vergleich zwischen existenzieller und gewöhnlicher Angst gezogen werden kann. Vor allem existenzielle Angst treibt normkonformes Verhalten: So forderten amerikanische Studierende höhere Strafen für das Verbrennen der amerikanischen Flagge oder unerlaubte Prostitution, wenn sie vorher mit Gedanken an den Tod konfrontiert worden waren.

Howard Lavine konnte zudem zeigen, dass Konservative bedrohliche Wörter wie »Krieg«, »Schlange« und »Krebs« eher erkennen als Leute des linken politischen Spektrums, obwohl diese Wörter ja nicht mit einer politischen Einstellung assoziiert sind. Vor Schlangen und Krankheiten haben viele von uns mitunter Angst, doch scheinen Konservative generell sensibler für Reize zu sein, die mit Gefahren zu tun haben. Dies könnte ein Grund dafür sein, warum es in aller Welt vor allem die konservativen Parteien sind, die für eine Aufstockung des Militärhaushalts plädieren. Sie haben buchstäblich Schiss, dass es zu kriegerischen Auseinandersetzungen kommen könnte und ihre Länder nicht ausreichend gerüstet wären.

Für mich zeigen diese Befunde aber auch etwas, das über die Terrormanagement-Theorie hinausgeht: Konservative haben nicht nur Angst vor dem Sterben, sondern ebenso vor dem Leben, das ja immer unsicher ist. Der große Walter Mischel, mit dem ich in New York an der Columbia University arbeiten durfte, sagte immer: »Das Leben *ist* unsicher. Das ist genauso banal wie wahr. Also mach dir nicht in die Hosen und erkunde die Welt!« Leben bleibt niemals stehen, es ist immer dynamisch, ist immer in Veränderung. Dies ist nicht unbedingt eine Gefahr, sondern auch eine Chance. Und manchmal müssen wir uns neuen Gegebenheiten und Entwicklungen anpassen und ist das, was wir »schon immer so gemacht« haben, einfach obsolet. War es in den 50er-Jahren noch legitim, sich lustvoll an die Fleischtöpfe zu begeben und Ressourcen wie Strom, Benzin und Wasser zu verschwenden, so haben wir dazugelernt. Heute ist dasselbe Verhalten vor dem Hintergrund der Klimaerwärmung eben asozial. Und weil wir in einer globalisierten Welt leben, müssen wir uns auch daran gewöhnen, mit Leuten zusammenzuleben, die andere Geschichten zu erzählen haben als unsere Eltern und Großeltern. Das gilt ja nicht nur für uns, sondern für alle.

Gerade berichtete mir eine Journalistin von ihrem Japanurlaub und der Diskriminierung, die sie dort erlebt hatte. Ihre beste Freundin ist Japanerin und konnte ihr erklären, warum zum Beispiel viele Kellner den Gesichtsschutz aufsetzen, sobald ein Europäer das Restaurant betritt: »Japaner denken, ihr seid unsauber, ihr stinkt und verbreitet Krankheiten. Und ihr wollt immer nur das Billigste und fresst jeden Scheiß.« Wenn es uns selbst betrifft, merken wir, wie irrational und wenig zeitgemäß Diskriminierung ist, die aus Angst geboren wird. In einer modernen Welt wirken Vorurteile wie Ausstellungsstücke einer längst vergangenen Zeit. Das sind sie aber nicht, denn sie wirken immer noch.

Insgesamt scheint mir ein Ansatz, der auf die sehr allgemeinen Situationen der Unsicherheit und der Angst fokussiert, nicht nur für die Forschung bereichernd, sondern auch für die praktische Aufgabe, Diskriminierung in unserem Alltag zu reduzieren.

In diesem Bereich sollte noch viel mehr Forschung betrieben werden, denn unsere Zukunft wird vermutlich nicht sicherer werden. Niemand weiß, welche Wirkung die Klimaveränderung in den nächsten Jahren bringen wird, wie sich davon abhängig unsere wirtschaftliche und politische Situation verändert und wie groß die Flüchtlingsströme derer werden, die in ihren Ländern schlichtweg keine Überlebenschance mehr haben. Die Bewältigung von Unsicherheit könnte eine der Hauptaufgaben der Menschheit werden.

Im letzten Teil möchte ich mich aber vor allem der Frage widmen, welche weiteren Möglichkeiten es gibt, alltägliche Diskriminierung, Vorurteile und Stereotype anzugehen. Einige Lösungsmöglichkeiten ergeben sich bereits aus der Beschreibung der Phänomene – wie so oft liegt die Lösung bereits im Problem. Und doch kann man sich fragen: Wie werden wir die Schubladen im Kopf los? Geht das überhaupt?

Teil IV
Wie wir das Atom spalten

Es ist leichter, ein Atom zu spalten als ein Vorurteil.
Albert Einstein

Vorurteile und Stereotype sind nicht aus der Welt zu schaffen.
Menschen denken in Schubladen – und das hat Vor- und Nachteile.
Wir sind Rudeltiere – mit allen Vor- und Nachteilen.
Besonders die vielen unbewussten Effekte werden wir nicht vollends eliminieren können, selbst wenn wir ein Leben lang daran arbeiten.
Aber auch bewusste Phänomene wie Rassismus, Sexismus und Homophobie erscheinen uns schwerlich vollends aus der Welt zu schaffen, denn es wird vermutlich immer Menschen geben, die sich durch Abgrenzung von anderen definieren, und solche, die nach unten treten. Trotzdem bestehen zahlreiche Möglichkeiten, Diskriminierung in einer Gesellschaft zu reduzieren, und Situationen, in denen wir sie verhindern oder wenigstens in die Entscheidung von Menschen zurückgeben können. Ob er andere wirklich ausgrenzen will oder nicht, muss jeder Mensch für sich selbst beantworten. Er sollte seine Entscheidung aber bewusst treffen und nicht im Vorübergehen, aus Unachtsamkeit – oder gar im Widerspruch zu seinen Werten handeln.
Die Forschung hat die verschiedenen Mittel zum Abbau von Diskriminierung unter die Lupe genommen. Darunter sind sowohl Gesetze, Normen der politischen Korrektheit, Quotierungen, Aufklärung über unbewusste Phänomene und Fremden-

hass als auch Kontakte, Reisen oder Persönlichkeitseigenschaften wie Intelligenz, Bildung oder Mitgefühl.

Noch bevor ich loslegen kann, rollt WRX hundert Augen und brummt: »Herr Einstein, Herr Einstein. Ständig ist von sich selbst erfüllenden Prophezeiungen die Rede. Könnte hier doch auch der Fall sein. Alle sagen, das ist so schwer, das ist so schwierig, das ist kaum machbar. Und schon glauben es alle und ist es dann tatsächlich so schwer, so schwierig und nicht machbar. Und wenn es das Gegenteil wäre? Wenn es das Leichteste von der Welt wäre, sich anständig zu verhalten?«

Was Diskriminierung alles anrichten kann – Die Opfer

Bevor ich wieder von den Tätern rede, und wie sie ihr Verhalten in den Griff kriegen können, lassen Sie mich zunächst ein paar Sätze über die Opfer sagen. Diskriminierung tut weh. Der Psychologe Kip Williams hat immer wieder gezeigt, wie sehr uns Ausgrenzung zu schaffen macht. Er lädt Versuchspersonen zu Experimenten ein und lässt sie im Wartezimmer zusammen mit zwei anderen auf den Beginn der Studie warten. Tatsächlich handelt es sich bei den beiden anderen um Schauspieler*innen. Diese beginnen irgendwann, einen Ball hin- und herzuwerfen, wobei sie zunächst die Versuchsperson einbeziehen. Nach kurzer Zeit aber werfen sie sich den Ball nur noch gegenseitig zu. Williams fand durch die Messung von Selbstwert, Stimmung und anderen Prozessen heraus, dass selbst eine solch minimale Exklusion wehtut. In einer bemerkenswerten Studie verwendete er Hirnmessungen und konnte zeigen, dass sozialer Ausschluss dieselben Schmerzzentren anspricht, die beim Zahnarzt aktiviert werden, wenn die Narkose nicht funktioniert. Es tut also sogar körperlich weh, wenn man nicht dazugehören darf.

Ich habe auf sich selbst erfüllende Prophezeiungen hingewiesen, die teils unbewusst wirken können. Glauben meine Mitmenschen, ich könne etwas nicht, besteht die Gefahr, dass ich dies in mein Selbstkonzept übernehme. Manche Misserfolgserwartungen werden uns angedichtet, nur weil wir einer bestimmten sozialen Gruppe angehören (»Mädchen können nicht rechnen«). Irgendwann reicht eine kurze Erinnerung an meine angebliche Unfähigkeit oder die bloße Nennung meiner Gruppenzugehörigkeit, und schon versage ich. Diese Teufelskreise mindern die Motivation, Ziele überhaupt anzugehen, und damit fehlen Erfolgserlebnisse. Viele Diskriminierte leiden unter einem chronisch niedrigen Selbstwert, sie entwickeln nicht selten eine pessimistische, manchmal zynische Weltsicht, weil sie wenig Schönes erfahren, und haben ein erhöhtes Risiko, depressiv zu werden. Dies geht wiederum mit einer gedämpften Lust einher, herausfordernde Aufgaben zu verfolgen, und kann Suchterkrankungen sowie selbstverletzendes und aggressives Verhalten zur Folge haben. Auch die Burn-out-Raten sind bei Mitgliedern stigmatisierter Gruppen erhöht. Neben diesen psychischen Auswirkungen entwickeln Opfer von Diskriminierung eher Krankheiten wie Krebs oder Herzleiden, psychosomatische Erkrankungen, haben ein schwächeres Immunsystem und häufig Allergien, um nur einige Folgen zu nennen.

Auf einem anderen Niveau können Mobbing und direkte Gewalt zu traumatischen Erfahrungen führen, was bedeutet, dass die Psyche der Opfer für längere Zeit stark geschädigt und ihr Organismus ständig damit beschäftigt ist, das Furchtbare zu verdrängen. Es ist leicht nachzuvollziehen, wie viel psychische und körperliche Energie das letztendlich kostet. Multiple Traumatisierungen können einsetzen, wenn Menschen mehrfach schrecklichen Erlebnissen ausgesetzt werden, wie etwa der Geflüchtete, dessen Verwandte vor seinen Augen gestorben sind, der auf der Flucht fast ertrunken wäre und der dann, in Deutschland angekommen, zu hören bekommt, dass er zurück in sein Land müsse – in dem Wissen, dass man ihn dort töten oder foltern wird. Und von kollektiven Traumatisierungen ist die Rede, wenn Mitglieder stigmatisierter Gruppen erleben oder hören, was anderen Gruppenmitgliedern Schreckliches widerfahren ist. Lesben und Schwule, die niemals selbst Diskriminierung erfahren haben, können traumatisiert werden, wenn sie erfahren oder miterleben, wie Homosexuellen Gewalt angetan wird. Bei manchen sind die psychischen Folgen so stark, als hätten sie es selbst erlebt.

Diskriminierung führt nicht selten zu Selbstmorden. Für manche Gruppen liegen empirisch erhobene Daten vor. Sie sprechen Bände: Die Suizidrate bei homosexuellen Jugendlichen ist immer noch vier- bis siebenmal so hoch wie bei heterosexuellen, und die Ursache ist nicht ein eigenes Leiden am Anderssein, sondern die Reaktionen der Außenwelt und die Angst davor. Bei Geflüchteten findet man eine doppelt so hohe Suizidneigung wie bei Normmenschen. Höhere Raten kann man für fast alle diskriminierten Gruppen ausmachen. Die amerikanische Intellektuelle Ruth Gilmore konstatierte trocken: »Rassimus bedeutet für bestimmte Teile der Bevölkerung das Risiko eines verfrühten Todes.« Womit sie nicht nur direkte Gewalt oder gar Morde meinte, sondern auf die Folgen von Diskriminierung im Allgemeinen hinweisen wollte.

Hingegen werden manche Diskriminierungsopfer durch das, was sie erlebt haben, härter, leistungsmotivierter, willensstärker und sind letztendlich im Berufsleben extrem erfolgreich. Eine meiner Therapieausbilderinnen sagte oft zu Anfang ihrer Seminare: »Ich bin behindert, das habe ich mit zwei Jahren bemerkt, und gerade deshalb bin ich Therapeutin geworden.« Sie ist eine der besten Deutschlands. Meine eigenen Diskriminierungserfahrungen haben mich, so paradox das klingen mag, zu einem guten Zuhörer gemacht, ich habe dadurch eine Feldkompetenz und Empathie gewonnen, die viele Klient*innen und Leser*innen an mir schätzen, und wer weiß, ob ich der wäre, der ich heute bin, wenn ich nicht Mobbing, Hass und Exklusion erfahren hätte. Und der berühmte Psychologe Viktor Frankl, der Auschwitz überlebte, berichtete davon, welch große Willensstärke er im Konzentrationslager entwickelt hatte.

Nicht jeder wird also nachhaltig geschädigt. Dieses Phänomen der menschlichen Selbstregulation gibt der Forschung Rätsel auf: Wie ist es möglich, dass Menschen nach Folter, Vergewaltigung oder schlimmsten Gefängniserfahrungen ihren Alltag bestreiten können? Eine Beobachtung ist, dass, wenn Furchtbares als Lernerfahrung betrachtet wird, aus dem Leid Stärke erwächst. Dies gelingt allerdings vor allem dann, wenn Opfer psychologisch begleitet werden, was leider selbst in unserer wohlhabenden Gesellschaft nicht flächendeckend geschieht. Ich schreibe das vor allem deshalb, weil es durchaus das Vorurteil gibt, Minderheiten seien besonders empfindlich und daher wenig belastbar. Die Forschung zeigt, dass ebenso das Gegenteil der Fall sein kann. Auch hier gilt: Don't judge a book by its cover.

Und dann gibt es noch viele wirtschaftliche Gründe für eine bunte, vielfältige und tolerante Gesellschaft. Aus der Kreativitätsforschung ist hinreichend bekannt, dass gemischte Teams, in denen Mitglieder verschiedener sozialer Gruppen sich austauschen, innovativere Lösungen finden. Außerdem können durch eine bunte Mischung von Mitarbeitenden neue Käufergruppen erschlossen werden. Wenn sich Ford gegenüber seinen Mitarbeiter*innen besonders schwulen- und lesbenfreundlich gibt und deswegen viele Homosexuelle einen Ford kaufen, hat das auch einen unmittelbaren ökonomischen Vorteil. Zudem zieht Ford dadurch weitere schwule, lesbische und querdenkende Expert*innen an, die sich bei anderen Firmen weniger Chancen ausrechnen könnten.

An der Jacobs University Bremen, an der ich 2001 als einer der Gründungsprofessoren das sozialpsychologische Programm hauptverantwortlich mitgestaltete, erkannten wir Diversität als Standortvorteil. Im Ausland hatte man damals noch Vorbehalte gegenüber »Nazi-Deutschland«, und unser Recruiter erzählte immer wieder, wie sehr ihm unser »Glamour Day« dabei half, gegen das schlechte Image anzuargumentieren. Diesen Tag hatte ich zusammen mit Studierenden eigentlich erfunden, um Diversität zu zelebrieren. Manche trugen dann ihre Nationaltracht (es gab damals Studierende aus achtzig verschiedenen Nationen), andere liefen verrückt verkleidet herum und feierten. Ehrlich gesagt hatten wir damals keine Sekunde lang daran gedacht, dass man dieses Event für Werbezwecke einsetzen könnte. Manchmal zahlt sich Vielfalt halt aus.

Ich scheue mich mittlerweile nicht mehr davor, wirtschaftliche Vorteile von Diversität anzuführen. Für diese Aussage gibt es mannigfache empirische Beweise. Tatsächlich geht es aber um das Erschaffen einer humanen Gesellschaft, die Entwicklungsmöglichkeiten für jeden Einzelnen von uns sicherstellen sollte und in der ein jeder Mensch die Möglichkeit hat, das aus sich und seinen Talenten zu machen, was er möchte.

Regeln und Gesetze geben Struktur

Gesellschaftliche Normen und Gesetze sind wichtig, um offene Diskriminierung im Zaum zu halten. Viele unserer Normen erscheinen jedoch manchmal wie unbeherzte Lippenbekenntnisse und Goodwill-Maßnahmen. Um im **ABC**-Modell zu bleiben: Es wird viel beteuert und ermahnt (**C**ognition), aber nicht unbedingt ins Verhalten überführt (**B**ehavior) – vielleicht liegt das auch daran, dass das Gefühl (**A**ffect: Mitleid, Scham, Schuld etc.) nicht stark genug ist?

Psychologie geschieht nicht im luftleeren Raum, und gute Ideen und die Forschungsergebnisse können nur dann umgesetzt werden, wenn der Rahmen dafür gegeben ist. Inhalt (die Idee, die Ziele, die Ansprüche) braucht eine Struktur. Ich kann noch so sehr erforschen, wie es Frauen gelingen kann, Karriere zu machen, die Bundesregierung kann noch so viele Studien zur Gesundheit von Migrant*innen in Auftrag geben, ich kann mit Mitgliedern von Minderheiten Coachings durchführen, um gemeinsam mit ihnen ihren Selbstwert wiederzufinden und ihre Motivation wiederzuentdecken, und ich kann mir Trainings in Gesundheitsvorsorge für alte Menschen vorstellen, aber wenn dies alles durch eine schlechte Politik vereitelt wird, das heißt nicht ernst genommen oder nicht umgesetzt wird, sind dem Zauber Grenzen gesetzt.

Meinem Alien muss ich erklären, warum es manche Regierungen zulassen, dass Frauen, Homosexuelle und Migranten für dieselbe Arbeit viel weniger verdienen. Genauso wenig versteht er, warum es Prediger gibt, die auf der einen Seite betonen, dass wir vor Gott alle gleich sind, und auf der anderen Frauen vom Priesteramt ausschließen; warum ein Kirchenoberhaupt behauptet, Trans- und Intersexualität widerspräche »dem Glauben und der lauteren Vernunft«[1]; oder warum in manchen Religionen auf Behinderte und Arme hinabgeschaut wird, weil ihr Schicksal vermeintlich Gottes Bewertung dieser Menschen ausdrücke. Ich muss WRX auch erklären, warum sich zwei meiner besten Freunde vor dem siebzigsten Lebensjahr umbringen wollen, weil ihre Rente zu klein ist und sie keine Lust haben, in einem dieser grauenhaften deutschen Altenheime von gehetzten Pflegerinnen mit Kartoffelbrei mit Apfelmus gefüttert zu werden. Ich kann WRX auch nicht genau sagen, warum die Schere zwischen Arm und Reich immer größer wird und warum Studierende, die von ihren Eltern nicht die nötige Unterstützung bekommen können, anstrengende Ferienjobs annehmen müssen und ihre Klausuren verhauen.

Manchmal habe ich den Eindruck, als ob Antidiskriminierungskampagnen in diesem Land nichts weiter sind als Alibiveranstaltungen, um das zu zerreden, was zu machen wäre, oder den Opfern einen symbolischen, aber keinen wirklichen Platz zu geben. Und manche Politiker*innen und religiöse Führer nutzen sie zu narzisstischen Willensbezeugungen ohne Konsequenz. Auch meine Vorträge in der Politik, in Gebetshäusern und in der Wirtschaft haben, so scheint es mir, häufig nur eine Feigenblattfunktion. Man hat sich einmal für einen Tag mit dem Thema auseinandergesetzt, und schon geht's weiter mit der Ungerechtigkeit. Das ist so, wie wenn ein Bauer sein Gewissen beruhigen will, indem er auf fünfzig Quadratmetern eine bunte Bienenwiese pflegt und seine restlichen zwanzig Hektar mit Glyphosat besprüht. Daher frage ich nach Vorträgen meist: »Was wäre jetzt der nächste Schritt, ganz konkret in Ihrem Bereich?«

Dazu gehört zumindest, dass Sanktionen, die wir gegen Diskriminierung aufgestellt haben und für gesetzt halten, konsequent zur Anwendung kommen. Es hat viele entsetzt, dass Annegret Kramp-Karrenbauer öffentlich Transsexuelle und homosexuelle Paare diskriminiert hat und dass der AfD-Politiker Björn Höcke die Rhetorik des Dritten Reiches nutzt, indem er von einer »tausendjährigen Vergangenheit« spricht und Angst schürt, dass wir unsere Heimat verlören, wenn wir zu viele Geflüchtete aufnähmen: »Der Syrer, der zu uns kommt, der hat noch sein Syrien. Der Afghane, der zu uns kommt, der hat noch sein Afghanistan. Und der Senegalese, der zu uns kommt, der hat noch seinen Senegal. Wenn wir unser Deutschland verloren haben, haben wir keine Heimat mehr.« Es gibt Normen, die solche Reden verbieten. Allerdings kommen Politiker*innen heutzutage mit allerlei Regelverletzungen und sogar faschistischen Zitaten ungeschoren davon.[2]

Wir haben das ähnlich in den USA beobachtet: Ausgerechnet derjenige Kandidat wurde in das amerikanische Präsidentenamt gewählt, der sich damit brüstet, dass man Frauen in den Schritt greifen könne, wenn man reich und mächtig ist, der sich über behinderte Menschen lustig macht und fortlaufend rassistische Äußerungen twittert. Im Fall Trumps kann man nicht mehr davon ausgehen, dass sie ihm unbewusst herausgerutscht sind, dazu waren der Fehltritte zu viele. Wie in Deutschland gibt es auch in den USA Gesetze gegen Diskriminierung; Anwendung finden sie recht selten. Dies ist aber ein Türöffner für Schlimmeres: Wenn »die da oben« offen rassistisch sein können, warum sollten wir uns das nur am Stammtisch trauen? Das Phänomen, dass Menschen auf der Straße fremdenfeindliche Parolen herausschreien, hat ihren Ursprung auch in der Tatsache, dass Rollenmodelle wie Politiker*innen dies nun öffentlich tun.

Wenn Strukturen und Maßnahmen zur Eliminierung von Diskriminierung fehlen, kommt die *Psychologie der Vorurteile* an ihre Grenzen, nur eine *Psychologie der Rebellion* oder *der Bürgerbewegungen* könnte hier helfen. Darin bin ich kein Experte. Natürlich haben wir aber alle unser Leben – auch unser Gemeinwohl – in der Hand. Vielleicht ist ein größerer gesellschaftlicher Wille zur Veränderung nötig, als er momentan vorherrscht. Allerdings sehe ich in der jungen Generation eine stärkere Motivation, diese Welt zu ändern. Als ich mein Buch *Was das Haben mit dem Sein macht* abschloss, war ich recht pessimistisch, was gesellschaftliche Veränderungen betraf. Zwei Jahre später gehen Schüler*innen weltweit freitags auf die Straße, um für einen besseren Klimaschutz zu demonstrieren. Gleichzeitig schaffen es Studierende und Jugendliche, den Braunkohleabbau im Hambacher Forst zu stoppen. Wir Älteren werden uns irgendwann schämen, weil wir mit vielen Themen nicht in die Gänge gekommen sind und vieles Normverletzende und Diskriminierende haben durchgehen lassen.

Nichtsdestotrotz können wir einzelnen Menschen in unserem Alltag an uns arbeiten und kleine Schritte tun, um das Leben um uns herum und unser eigenes zu verbessern.

Neben der Struktur, in der wir uns verwirklichen können oder die uns behindert, können wir die *Inhalte* unserer Assoziationen verändern. Wenn in unserer Gesellschaft »Flüchtling« nicht mehr mit »Schmarotzer« oder »minderwertig« und »alter Mensch« nicht mehr mit »unnütz« und »lahm« assoziiert wird, können diese Assoziationen auch nicht mehr wirken – weder bewusst noch unbewusst. Die Sozialpsychologin Kerry Kawakami untersuchte das niederländische Stereotyp »Marokkaner sind faul« und bat ihre Versuchspersonen, immer dann, wenn ihnen die althergebrachte Assoziation in den Sinn kam, »Marokkaner sind fleißig« aufzuschreiben. Hatten die Proband*innen dies über 400-mal getan, konnte in impliziten Tests festgestellt werden, dass sie deutlich weniger diskriminierten. Das zeigt, dass ein Umlernen, ein Ändern von Stereotypen möglich, mitunter aber recht aufwendig ist.

Vom Südseekönig und vom Gendern

Es ist sicherlich gut, unerwünschte Assoziationen gar nicht zu etablieren. In der letzten Zeit wurde diskutiert, ob man in Kinderbüchern Ausdrücke oder gar Inhalte verändern sollte, die Kinder und Erwachsene stigmatisierter Gruppen beleidigen könnten. Vor dem Hintergrund der hier präsentierten Forschung kann man das nur klar befürworten. Wenn Schwarze nicht mehr als »Neger« bezeichnet werden, lernt ein Kind dieses Wort erst gar nicht und kann es ihm daher auch nicht unbewusst herausrutschen. Manche wenden ein, dass damit Literatur beschädigt würde. Sie sei, so die Argumentation, in einem bestimmten historischen Kontext entstanden, in dem bestimmte Wörter oder Begriffe noch nicht als problematisch erschienen. Vor allem »gute« Literatur wie die von Otfried Preußler *(Die kleine Hexe)*, Michael Ende *(Jim Knopf)* oder Astrid Lindgren *(Pippi Langstrumpf)* solle nicht »verunglimpft« werden.

Preußler konnte noch zu Lebzeiten gefragt werden, ob man das N-Wort aus der *Kleinen Hexe* streichen könne, und er stimmte zu. Der »Negerkönig« in *Pippi Langstrumpf* wurde zu einem »Südseekönig«. Michael Ende war zu der Zeit der Diskussion schon tot, und so entschied sich der Verlag, das N-Wort zu belassen.

Die Debatte zur Änderung von Kinderbüchern ist lang und ermüdend, und gerade wir Deutschen, die sich doch mit der Lutherbibel, in der das Wort Gottes sicherlich ohne Schaden in eine moderne Zeit übersetzt worden war, international einen guten Namen gemacht haben, sind diesbezüglich merkwürdig konservativ. Ich kann durchaus nachvollziehen, dass man Kinderbücher, die man fast auswendig kennt, nicht gern verändert haben möchte. Auf der anderen Seite ist es Autoren wie Michael Ende zuzutrauen, dass sie aufgrund der heutigen Diskussion ihre Wortwahl selbst überdacht hätten. Lassen wir seinen Scheinriesen Tur Tur (aus *Jim Knopf*) doch einmal zu Wort kommen:

»Eine Menge Menschen haben doch irgendwelche besonderen Eigenschaften. Herr Knopf, zum Beispiel, hat eine schwarze Haut. So ist er von Natur aus und dabei ist weiter nichts Seltsames, nicht wahr? Warum soll man nicht schwarz sein? Aber so denken leider die meisten Leute nicht. Wenn sie selbst zum Beispiel weiß sind, dann sind sie überzeugt, nur ihre Farbe wäre richtig, und haben etwas dagegen, wenn jemand schwarz ist. So unvernünftig sind die Menschen bedauerlicherweise oft.«

Hieraus spricht der Geist Michael Endes, den ich als Jugendlicher mehrere Male live bei Lesungen und Diskussionen erleben durfte. Für mich stellt sich das so dar: Entweder man lässt den *Geist* Michael Endes entscheiden, was er mit dem N-Wort macht, oder die gedruckte *Sprache*. Ich wäre dafür, den Geist atmen zu lassen. Ende hätte das sicher geändert. Dass mit einer solchen Änderung Literatur Schaden nähme, ist unhaltbar.

Manche Kritiker*innen der Debatte führen ins Feld, dass sich hier auf einem Nebenschauplatz abgearbeitet werde, wo man doch wichtigere Themen in Bezug auf Rassismus zu besprechen hätte. Die Diskussion mag anstrengend sein, die Veränderung selbst wäre hingegen überhaupt kein Akt. Und wir könnten als lernfähige Lebewesen dafür sorgen, dass unsere Nachfahren gar nicht erst das Problem dieses lästigen Nebenschauplatzes haben. Wer das N-Wort nicht kennt, kann Schwarze nicht damit beleidigen. Und kein Leser, keine Leserin wird erkranken, wenn aus dem »kleinen Neger Jim Knopf«

der »kleine Jim Knopf« würde. Viele Schwarze würden dies aber als Zeichen sehen, dass sie gehört werden und dass anerkannt wird, wie beleidigend das N-Wort ist.

Vielleicht braucht es einfach nur ein wenig Zeit, um sich an den Gedanken zu gewöhnen, dass man von etwas Abschied nehmen muss? Ich weiß noch, wie schade ich es als Zwanzigjähriger fand, dass mein geliebtes Buch *Der Struwwelpeter* aus den Haushalten verbannt wurde, weil darin grausame Erziehungspraktiken geschildert wurden. Mit dreißig Jahren Abstand sehe ich jedoch ein, dass es besser ist, wenn Kinder nicht mehr lernen, dass man den Daumen abgeschnitten bekommt, wenn man zu lange an ihm lutscht. Die Zeiten haben sich geändert.

Egal, wie ich persönlich dazu stehe, vor dem Hintergrund der Forschung ist die Debatte leicht zu beenden: Wenn wir Assoziationen und Abwertungen in Bezug auf stigmatisierte Gruppen nicht mehr haben wollen, sollten sie aus dem Alltag und aus den Büchern verschwinden.

Ein Teil der Sprache ist das generische Maskulinum. Die Debatte ist ähnlich: Wenn wir »gendern« also »Innen« oder »*innen« an Nomen anheften, dann zerstöre das die Sprache. Außerdem mache das Texte unleserlich. Auch die Variante, einfach immer beides zu nennen (»Liebe Leserinnen und Leser«), wird oftmals als schwergängig und umständlich empfunden. Letzteres habe ich auch mal gedacht und daher einige meiner Bücher nicht gegendert.

Auf die Frage »Gendern, ja oder nein?« gibt es von wissenschaftlicher Seite eine klare Antwort. Die Forschung zeigt, dass Frauen eher »mitgedacht« werden, wenn gegendert wird. Und Texte, in denen gegendert wird, lesen sich nach einiger Zeit nicht mehr langsamer, denn man gewöhnt sich daran. Hier geht es aber – wieder einmal – um eine sogenannte Geschmacksfrage; so sehen es jedenfalls viele Gegner*innen, die

Gleichberechtigung im Prinzip befürworten, aber die Sprache nicht »entstellen« wollen.

Nun gibt es sicherlich Texte unterschiedlichen literarischen Niveaus. Bei Gedichten und in Liedtexten kämen sicherlich viele nicht auf die Idee zu gendern. Hier scheinen mir Form und freie Gestaltung ein nahezu absolutes Prinzip darzustellen. Ein Gedicht mit dem Titel *Tiger* stattdessen *Tiger*innen* zu nennen würde entweder als politische Aktion oder als Scherz verstanden werden.[3] Meiner Meinung nach könnte die Diskussion die Textsorte miteinbeziehen – in offiziellen (zum Beispiel Stellenausschreibungen), juristischen, wissenschaftlichen und pädagogischen Texten geht es nicht um Schönheit, sondern um eine faire Behandlung aller Mitglieder einer Gesellschaft, und die sollte man auch sprachlich sehen können.

Ich finde allerdings, dass die Varianten sprachlicher Gleichberechtigung längst nicht ausgereizt sind. In amerikanischen Büchern findet man häufig eine andere Regel: Man wechselt bei Beispielen und Anekdoten einfach die Geschlechter oder sozialen Gruppenmerkmale ab. So sollte es mal eine Chefin und mal einen Chef geben, und eine Person könnte einmal Aysche heißen und ein anderes Mal Cliff. Ein ständiger Wechsel, der teils stereotyp, teils bewusst astereotyp ist, ändert ebenfalls die festsitzenden Netzwerke in unserem Kopf. Diese Art hält die Lesenden auch kognitiv flexibel, denn manchmal erstaunt es, wenn plötzlich eine Soldatin Jayla in einer Anekdote auftaucht. Ich erinnere mich, wie ich in den 90er-Jahren amerikanische Lehrbücher auf Lesbarkeit für deutsche Studierende begutachten sollte und wie es mich faszinierte, dass hier einmal der Hausmann einen Kuchen vergeigte, während seine indische Frau an der Wall Street arbeitete.

Liebe Leser*innen, an dieser Stelle soll ich Ihnen von WRX übermitteln, dass er im Weiteren eine »Sie« ist.

Mehr Rollstühle in der Nebenrolle

Um die stereotypen kognitiven Netze nachhaltig zu verändern, kann man natürlich auch Rollenmodelle schaffen, die gegen stereotype Vorstellungen angehen. Von Büchern abgesehen (hier ist *Pippi Langstrumpf* zu nennen), lernen Kinder aus Beobachtungen. Wenn wir es schaffen, dass irgendwann genauso viele Lehrerinnen MINT-Fächer unterrichten, prägen sich auch keine unerwünschten Assoziationen ein wie »Frauen können keine Mathematik«. Ebenso würde es helfen, wenn nicht nur Normmenschen Führungspositionen in Politik und Wirtschaft einnehmen würden. Die Kinder von heute würden so direkt und ohne Umschweife andere Assoziationen lernen als wir früher. Auch die öffentlich-rechtlichen Fernsehsender (natürlich ebenso die privaten, aber die haben keinen direkten Bildungsauftrag) könnten mehr Minderheiten prominent platzieren.

Als Gutachter der Freiwilligen Selbstkontrolle Fernsehen, der viel zu viele stereotype Darstellungen im Fernsehen zu sehen bekommt, habe ich zusammen mit meinem Praxiskollegen Manfred Nußbaum den »Rollstuhl in der Nebenrolle« gefordert. Wir wünschten uns, mehr behinderte Menschen in unspektakulären Szenen zu Gesicht zu bekommen, wo sie ganz natürlich in den Handlungsablauf integriert würden – und dies möglichst in der den Deutschen heiligen *Tatort*-Serie. Uns war aufgefallen, dass bei der medialen Präsentation von Menschen mit Behinderung entweder deren Leid oder deren außergewöhnliche Leistungen dargestellt werden (etwas, was Menschen mit Betreuungsbedarf gern als »Superkrüppel« bezeichnen und worin sich nicht alle wiederfinden).

Dabei könnte man übersehen, dass viele behinderte Menschen, wie alle anderen auch, im Alltag gut zurechtkommen und ganz »normale« Probleme zu bewältigen haben.

Wir erhielten einige Zuschriften, vor allem von Drehbuchautor*innen, die uns beschrieben, warum das schwierig wäre. 2018 wurden wir dann aber in der *Tatort*-Folge »Der Mann, der lügt« überraschend mit einem Rechtsanwalt im Rollstuhl belohnt, der in keiner Tür weinend hängen blieb, der genauso freundlich und unfreundlich war wie Du und Ich und der einfach nur seinen Job machte. In der BBC gibt es seit 2015 mit Lucy Martin eine »Wetterfee« mit einem amputierten Unterarm. Dies sind ein paar Beispiele, wie man Medien nutzen kann, um problematische Assoziationen zu vermindern.

Die Forschung zeigt, dass Jugendliche, die Serien wie *Six Feet Under* oder *Will & Grace* oder Shows wie die von Ellen DeGeneres schauen, in denen Homosexuelle, Schwarze und andere stigmatisierte Gruppen positiv dargestellt werden oder als »Menschen von nebenan«, weniger diskriminieren und weniger Vorurteile haben als jene, die solchen Rollenmodellen weniger ausgesetzt sind.

Darüber hinaus versuchen moderne Filme wie *Zoomania* Stereotype lustvoll zu brechen.[4] In dem Animationsfilm löst die kleine Häsin Judy Hopps in einer Welt, in der sonst nur riesige Bullen Polizisten sind, einen Kriminalfall und stellen sich überraschend nicht irgendwelche verdächtigen Raubtiere als Täter heraus, sondern eine Herde durch und durch verdorbene Schafe. Solche Filme dürften auch Kinder darauf aufmerksam machen, dass stereotypes Denken in die Irre führen kann.

Den Scheinwerfer auf die Stärken richten

Stigmatisierte Gruppen haben auch selbst immer wieder negative Assoziationen in positive umgewandelt. Besonders wirkungsvoll war die *Black Power*-Bewegung in den 60er-Jahren in Amerika, als die Schwarzen stolz ihre kulturellen Leistungen herausstellten und sich damit die Tür zum Leben der weißen Mehrheit öffneten. Diese Bewegung war aus dem Bewusstsein entstanden, dass man sich nicht als Opfer präsentieren sollte, sondern vielmehr als Leistungsträger*innen in den unterschiedlichen Bereichen. Statt sich in Kleidung, Verhalten und Look an die Weißen anzupassen, betonte man die eigene spannende Geschichte und deren Ausdrucksmittel. Vor allem der Sport, die coole Mode, der Gesang, der Slang und die Geselligkeit der Afroamerikaner*innen wurden herausgehoben und gewürdigt. In einigen Bereichen wie dem Rap und dem Jazz waren Schwarze ja eh die Prototypen – manchmal sogar so ausschließlich, dass Weiße anfangs wenig gelitten wurden. Irgendwann schwappte die Coolness über, und der Gang, der Slang, die Mode der Gettos wurden plötzlich ein Trend. Mancherorts besannen sich schwarze Intellektuelle wieder auf ihre afrikanischen Wurzeln, ließen sich die Haare wachsen oder trugen Kleidung mit traditionellen afrikanischen Mustern oder Schnitten. Toni Morrison wurde mit ihrer wortgewaltigen Schilderung der afroamerikanischen Geschichte verdientermaßen Nobelpreisträgerin.

Im Prinzip ist das ein konstruktivistischer Prozess (à la WRX), den wir vom Bild des halb vollen oder halb leeren Glases kennen – es liegt immer an der Betrachterin, ob sie Stärken oder Schwächen sieht, und wo angeblich nur Schwächen sind, ist man eingeladen, auf die Suche nach den Stärken zu gehen. Hier schwenkte eine stigmatisierte Gruppe das Licht einem Scheinwerfer gleich von den angeblichen Schwächen auf die Stärken.

In ihren Mitteln beeinflussten sich die verschiedenen Bürgerrechtsbewegungen im letzten Jahrhundert immer wieder gegenseitig. Auch Feministinnen proklamierten in den 60ern verstärkt, wie sozial, emotional, verbal kompetent, politisch engagiert, spirituell erfahren und wenig materialistisch sie im Gegensatz zur Herrenklasse waren. Schwule trugen stolz ihre Eigenwilligkeit und Kreativität in den Vordergrund (wir sehen besser aus, haben mehr Geschmack, träumen, sind kreativ und haben viele Freunde), ebenso wie Lesben (wir sind intelligent, unabhängig, sportlich, erfolgreich, sozial, haben unseren eigenen Kopf). Alle gängigen Gedächtnismodelle würden solch kreativen Bewegungen Erfolg prognostizieren, und auch wenn wir heute, am Beginn der 2020er-Jahre, noch längst nicht behaupten können, dass wir nun alle gleichbehandelt würden, so waren die bürgerrechtlichen Gruppierungen doch entscheidende Architekt*innen einer modernen, weltoffenen Gesellschaft. Zwar stehen bei Weitem nicht alle Paläste, die da entworfen wurden, aber das kann ja noch werden.

Psychologisch betrachtet ist allen diesen Umbewertungsprozessen gemein, dass sie das Soziale, Moralische, Emotionale betonen: Während die Normmenschen hinter dem Geld her sind, unsensibel und kalt sind, sind wir Frauen, Orientale, Schwule, Schwarze und Lesben gesellig, haben das Herz auf dem rechten Fleck, können uns auf unsere Freund*innen verlassen, sind ehrlich und humorvoll, und letztendlich ist es uns nicht wichtig, reich zu werden. Ich persönlich könnte einen solchen Wertekanon gern unterschreiben, jedoch möchte ich auch auf einen offensichtlichen Fallstrick hinweisen. Die

Selbstdefinition, dass Geld und Besitz nicht so wichtig seien, man die Energie lieber in das Schöne im Leben stecke, birgt die Gefahr, dass man sich weiterhin mit schlechter Bezahlung zufriedengeben muss. Ich selbst merke das seit Erscheinen meines Buches *Was das Haben mit dem Sein macht*, wenn mich Organisationen zu Vorträgen anwerben. Es ist schwierig, eine anständige Gage zu fordern, wenn man gegen Kapitalismus und Materialismus wettert. Ich persönlich empfinde es nicht unbedingt als Widerspruch (denn Qualität sollte immer einen Preis haben, und ein Vortrag über Minimalismus sollte dasselbe kosten wie einer über Start-ups oder englische Gärten), doch wird es als solcher gesehen, und das wird mitunter ausgenutzt.

Im Übrigen ist es ja nicht so, dass alle Mitglieder von Minderheitsgruppen auf Geld spucken. Natürlich wollen manche von ihnen Karriere machen und pfeifen auf das Soziale-Emotionen-Image. Nehmen wir eine meiner Klientinnen, die Managerin Frau Tack: »Herr Förster, ich kann es echt nicht mehr ertragen, wenn ich meine Kolleginnen höre. Da haben wir wieder einen Fall, bei dem eine Kollegin aufgestiegen ist und jetzt gerade mal zweihundert Euro im Monat mehr verdient. Eine Riesenschweinerei, wenn man bedenkt, dass der blöde Thiel im Nebenzimmer das Doppelte im Jahr kriegt – für dieselbe Arbeit. Und wenn ich dann sage, lasst uns doch zusammen einen Brief schreiben oder sogar streiken, stehe ich als die Hyper-Materialistin da, die Dollarzeichen im Auge hat und sich benimmt wie die blöden Männer. Während ›wir Frauen‹ ja die tollen Menschen sind, die beim Mädelsstammtisch über die Kerle herziehen, um dann am nächsten Tag wieder mit hundertfünfzig Prozent Einsatz deren Fehler auszubügeln und sich ausbeuten zu lassen. Ich könnte kotzen. Die sehen es sogar als unfein, wenn andere Frauen um mehr Geld verhandeln, nach dem Motto: ›Ich habe das ja nicht nötig, *du* etwa?‹ Dabei verstehen die nicht, dass man Wertschätzung in der Wirtschaft durch Geld und durch nichts anderes zeigt. Geld, Bonus, Dienstwagen! Die haben einfach das Spiel nicht verstanden! Und ich komme mir dabei manchmal vor wie eine Nestbeschmutzerin, dabei will ich einfach nur Gerechtigkeit. Also Geld!«

Von solchen Fällen höre ich in meinen Coachings nicht selten. Wenn Frauen Geld machen wollen, wirkt das unweiblich, unsexy – da ist es hilfreich, sich vorzustellen, wie man das einer Alien erklären soll. Die würde vermutlich sagen: »Ihr macht euch eure Widersprüche selbst. Es gibt ja nicht nur entweder Schwarz oder Weiß. Ihr habt doch auch schwarz-weiß karierte Mäntel ... die sehen doch auch klasse aus!« Und damit ist WRX ihrem Konstruktivismus treu geblieben: Widersprüche werden oftmals konstruiert, auch da, wo sie nicht bestehen müssten.

Es spricht ja eigentlich nichts dagegen, eine gute Arbeit zu machen, dafür zu sorgen, dass das gut bezahlt wird, und dabei eine tolle Chefin zu sein und sich durch das Geld nicht korrumpieren zu lassen. Frauen, die sich nicht trauen, um Geld zu verhandeln, gebe ich gern einen Schubs, indem ich sie darauf aufmerksam mache, dass ihre Zurückhaltung nicht nur schlecht für ihren eigenen Geldbeutel, sondern auch für die gesamte Gruppe der Frauen ist. Verkauft man sich unter Wert, legt man damit auch einen Standard für die anderen fest. Manchmal scheuen sich Frauen und Mitglieder benachteiligter Gruppen, für sich einzutreten, weil sie froh sind, dass sie es als Frau (oder Migrant oder Lesbe) überhaupt so weit geschafft haben, und dafür sehr dankbar sind. Eine Dankbarkeit, die dann mit allem einverstanden ist, was um sie herum passiert. Dies ist im Grunde nichts weiter als eine Abwertung der eigenen Person, denn wenn ich mir bewusst wäre, dass ich meine Erfolge mit meiner Motivation, meinen Talenten und meiner Energie herbeiführe, hätte ich wohl weniger Schwierigkeiten, für mich einzustehen.

So erlebe ich es manchmal, dass Klient*innen, bei denen nach Coachings der Selbstwert gestiegen ist, von selbst mehr Forderungen an ihre Umwelt stellen. Arbeit am Selbstwert ist in der systemischen Beratung eine gängige Methode, und es zeigt sich, dass ein besseres Bild von sich selbst viele positive Veränderungen mit sich bringt und bei einer Reihe von Problemen unterstützend wirken kann. Eine Künstlerin, die wegen Prüfungsangst bei mir war, sagte mir in der letzten Sitzung: »Und wissen Sie was? Ein toller Nebeneffekt meines neuen starken Ichs ist, dass ich gestern auf meiner Website die Preise für meine Bilder erhöht habe.«

Auf der anderen Seite ist es, so denke ich, von Vorteil, althergebrachte materialistische Strukturen zu überdenken, denn oft bringt der Konkurrenzkampf um bessere Posten und mehr Geld viel Ärger, Konflikte, Störungen (Burn-outs, Angststörungen etc.) und schlaflose Nächte mit sich.[5] Insofern können die Normmenschen nach Öffnung der Führungsetagen für Mitglieder stigmatisierter Gruppen von diesen Dinge lernen, die vormals zu kurz gekommen waren. Gerade junge Männer und Frauen haben keine Lust mehr auf die alten Kommunikations- und Führungsstile und wünschen sich flache Hierarchien, sanfte Führung und einen kollegialen Umgang. Wir alle können gemeinsam überlegen, wie wir die scheinbaren Widersprüche miteinander verbinden können.

Denk mal nicht an Eisbären! – Der Bumerang-Effekt

Im Allgemeinen wirken soziale Normen. Vor allem wenn die Sanktionen bei Diskriminierung hart sind, also wenn Strafgelder, Entlassungen oder starke Abwertungen durch Gruppenmitglieder drohen, nimmt offene Aggression gegenüber stigmatisierten Menschen ab. Allerdings können Verbote auch dazu führen, dass wir stereotype Assoziationen stärker im Gedächtnis aktivieren, als uns lieb wäre. Wurden wir von unserem Chef aufgefordert, Blondinenwitze in der Kantine tunlichst zu unterlassen, fallen uns häufig nur noch Blondinenwitze ein, wenn wir einen guten Joke machen wollen.

Frau Molitors Ausrutscher aus dem Eingangsbeispiel könnte auf ein (selbst auferlegtes) Verbot zurückzuführen sein. Sie hatte meine Bücher gelesen, wusste also, dass ich schwul bin und dass zudem Vorurteile eines meiner Schwerpunktthemen sind, und so hat sie sicherlich versucht, alles zu vermeiden, was mich hätte diskriminieren können. Schon liegt der »Schwulenhund« auf den Lippen, und der Kontrollversuch ist gründlich misslungen.

In der Psychologie nennt man das *Rebound-Effekt*, ich bezeichne es gern als *Bumerang-Effekt*, zur Veranschaulichung. Gerade wenn wir versuchen, an etwas nicht zu denken, tun wir es umso stärker. Wir kennen das vermutlich am ehesten von Diäten. Wenn man partout nicht an die Käse-Karamell-Torte denken will, denkt man die ganze Zeit nichts anderes als »Torte, cremig, lecker, Karamell tropft auf der Seite herunter …«.

Der Sozialpsychologe Daniel Wegner und sein Forschungsteam haben dieses Phänomen aus einer gedächtnispsychologischen Perspektive untersucht. In einem klassischen Experiment wurden Versuchspersonen zunächst gebeten, nicht an Eisbären zu denken, und dann, fünf Minuten einfach draufloszureden. Wann immer sie dabei doch an einen Eisbären dachten, sollten sie mit einem Glöckchen bimmeln, das neben ihnen stand. Und was geschah? Dauernd bimmelte das Glöckchen, und nicht nur einmal rutschte »Eisbär« aus einem Mund. Zudem nannten die Versuchspersonen mit Gedankenverbot häufiger als die Kontrollgruppe Eisbären in der zweiten Phase, in der alle an alles denken durften. Kurz: Verbotene Gedanken kehren wie ein Bumerang zurück. Und das gilt, wie weitere Experimente zeigten, auch für sozial interessantere Inhalte als Eisbären, wie eine unglückliche Liebe, Schmerz, schlechte Stimmung, ekelhafte Filmsequenzen, an die man nicht mehr denken möchte, Essen und Alkohol.[6] Sobald man etwas in einer Situation unterdrückt, kommt es in einer anderen umso stärker wieder hoch.

Dieser Bumerang-Effekt lässt sich, wie so vieles, auf unser assoziatives Gedächtnissystem zurückführen und auf eine ganz einfache Logik: Ermahnen wir uns etwa, nicht an den Ex, nennen wir ihn Rüdiger, zu denken, müssen wir dafür die Gedächtnisspur »Rüdiger« ja zunächst einmal aktivieren. Und schon ist der Typ samt allen Bildern (damals, der Sonnenuntergang, das süße Geschenk von ihm, seine Boxershorts ...) wieder präsent.

Gedankenverbote wirken nicht nur auf Gedanken, sondern auch auf Verhalten. In einer von Nira Liberman und mir an der Uni Würzburg durchgeführten Studie sollten Versuchspersonen eine Geschichte über einen Türken schreiben. Wir baten dabei einige von ihnen, Vorurteile zu vermeiden, während die anderen alles schreiben und denken durften. Anschließend gaben wir allen die Möglichkeit, den Schokoriegel, den sie als Belohnung für das Experiment erhielten, an Kinder in einer Flüchtlingsunterkunft zu verschenken. Fast alle Proband*innen, die ihren Gedanken freien Lauf hatten lassen dürfen, spendeten ihren Schokoriegel. Bei denjenigen aber, die ihre Vorurteile unterdrückt hatten, sank die Spendenbereitschaft erheblich. Auf den Alltag übertragen, ist gerade das Unbewusste an diesem Effekt verstörend. Da versucht einer, wenig rassistisch zu sein, unterdrückt seine Gedanken, und als Resultat der Bemühungen verhält er sich umso unfairer gegenüber Minderheiten. Verbote führen also manchmal auch zum krassen Gegenteil dessen, was sie eigentlich bewirken sollten.

Gibt es einen Ausweg aus diesem Teufelskreis? Daniel Wegner selbst war pessimistisch, denn er hielt das Gedächtnis für einen recht unflexiblen Speicher. Die einzige Methode, unerwünschte Effekte zu vermeiden, war für ihn, an irgendetwas anderes zu denken, um so ein anderes Netzwerk zu aktivieren, das die verbotenen Gedanken blockiert. Dann entdeckten Laura Monteith und ihr Team, dass bei Personen, die ein großes Interesse daran haben, vorurteilsfrei zu denken, Bumerang-Effekte schwächer ausfallen, und schlossen daraus, dass diese vor allem durch von außen auferlegte Verbote ausgelöst wurden. Das weckte die Hoffnung, dass diesen unerwünschten Effekten beizukommen ist.

Nira Liberman und ich konnten schließlich nachweisen, dass das menschliche Gedächtnis nicht nur Spuren mechanisch aktivieren, sondern Gedanken auch aktiv hemmen kann. Mit anderen Worten, die Kommode mit den Schubladen ist nichts als eine Metapher – eigentlich handelt es sich um eine wahre Wunderkiste mit einer intelligenten Software, die Schubladen automatisch öffnen und schließen kann. Noch verstehen wir nicht so recht, was sie so alles kann und welche Konsequenzen das für Gedächtnistheorien hat, gesichert aber ist, dass die Schubladen sich zum Beispiel unwillentlich schließen, wenn wir ein Ziel erreicht haben. Wir behaupten, dass ein Verbot zunächst einmal das Ziel aktiviert, das Verbotene zu tun.

Das kennen wir schon aus der Bibel. Lots Frau, der die Engel verboten hatten, sich nach der sündigen Stadt Sodom umzuschauen, kann nicht an sich halten: Sie schaut zurück und erstarrt zur Salzsäule. Auch Eva konnte sich nicht beherrschen und probierte, obwohl sie doch im Überfluss lebte, ausgerechnet einen Apfel von dem einzigen Baum, der ihr verboten war. Die biblischen Geschichten beschreiben ein Phänomen, das uns allen bekannt ist: Wenn uns etwas verboten wird, »juckt« es uns geradezu, es auszuprobieren.

Psychologisch gesprochen haben wir es aber nicht mit einem Gefühl, sondern mit einem *Ziel* zu tun, das aktiviert wird. Ziele können unbewusst getriggert werden und drängen – ebenso wie bewusst gedachte Ziele – darauf, erreicht zu werden. Solange ein Ziel nicht erreicht ist, haben wir es »auf dem Schirm«; erst wenn es erreicht wurde, rückt es in den Hintergrund. Suchen wir morgens unseren Schlüssel, dann ist »Schlüssel« mit all seinen Assoziationen – zum Beispiel Stellen, an denen er sein könnte (Kommode, Schlüsselbrett, Hundekorb etc.) – im Gedächtnis aktiviert. Haben wir ihn endlich gefunden, wird alles, was aktiviert war, gehemmt. Wir denken nicht mehr daran, vergessen oftmals sogar, dass wir ihn gesucht haben.

In unseren Experimenten gaben wir einigen Versuchspersonen die Gelegenheit, ihre zuvor unterdrückten stereotypen Gedanken zu äußern, um zu zeigen, dass nach der Zielerfüllung diese Gedanken nicht mehr aktiv sind. Unter dem Vorwand, dass wir Material für weitere Experimente bräuchten, baten wir sie, einmal für eine kurze Zeit rassistisch oder sexistisch zu denken. Damit sollten sie Impulse oder Ziele, die durch das Verbot aktiviert worden sein könnten, ausleben und erfüllen. Wie von uns vorhergesagt, hatten die Teilnehmenden nach dieser Aufgabe *weniger* Stereotype im Kopf als die Kontrollgruppe. Dies ist ein guter Hinweis darauf, dass unsere Theorie zutrifft. Bumerang-Effekten ist demnach tatsächlich beizukommen. So mechanisch wie anfangs gedacht laufen sie nämlich nicht ab.

Nun wäre es aber recht unpraktisch, wenn man diese paradoxen Effekte nur verhindern könnte, indem man zunächst etwas Verbotenes auslebt, und sei es auch in einem sozial akzeptablen Raum. Wenn man eine Theorie belegen will, denkt man zunächst einmal nicht praktisch, jedoch konnten wir in einem zweiten Schritt zeigen, wie praktisch es ist, eine Theorie zu haben.[7] Unserer Theorie zufolge werden nur dann Ziele aktiviert, wenn wir aus der Schwierigkeit, zu unterdrücken, schließen, dass wir das Unterdrückte eigentlich gern tun wollen (»Je schwerer es mir fällt, nicht an Zigaretten zu denken, umso eher will ich wohl eine rauchen«). Der Gedanke »Ich will das wohl« aktiviert das Ziel, das Verbotene zu tun, und schon will das Ziel erreicht werden. Wenn jemand aber denkt, dass die Schwierigkeit, zu unterdrücken, eigentlich nichts mit der eigenen Motivation zu tun hat, wird das Ziel nicht aktiviert. In weiteren Experimenten fanden wir Belege für diese Annahme. Wenn wir die Versuchspersonen in einem Experiment über das Türken-Stereotyp darüber aufklärten, dass das Unterdrücken von Vorurteilen schwerfällt, waren sie danach eher bereit, ihren Schokoriegel zu spenden. Offenbar hatten sie die Schwierigkeit, zu unterdrücken, nicht auf sich bezogen, und das hatte wiederum die Zielaktivierung für diskriminierende Gedanken verhindert.

Der von uns gefundene Mechanismus könnte auch den Erfolg von Selbsthilfegruppen für Süchtige erklären, denn hier erfahren Teilnehmer*innen unmittelbar, dass nicht nur sie selbst Schwierigkeiten haben, zum Beispiel, auf Alkohol zu verzichten, sondern dass es allen anderen in der Gruppe genauso geht. Dies ist nützlich, um eine Schussfolgerung wie »Es fällt mir so schwer, nicht an Alkohol zu denken, also bin ich wohl ein hoffnungsloser Fall, weil absolut süchtig!« abzuschwächen.

Schon die Einsicht, dass Gedankenunterdrückung vor allem ein simples Gedächtnisphänomen ist und weniger dafür spricht, dass man selbst etwas will, reduziert Bumerang-Effekte. So manches Mal habe ich mich an den Universitäten gefragt, was ich da eigentlich erforsche. Vieles in der psychologischen Forschung hat kaum Alltagsrelevanz. Hier aber ist das Gegenteil der Fall, denn wir können nach jahrelanger Forschungsaktivität nun genau sagen, wie Bumerang-Effekte verhindert werden können: indem wir die Schwierigkeit beim Unterdrücken nicht auf uns beziehen (»Es ist schwierig, nicht daran zu denken, aber das hat nichts mit mir zu tun«) oder indem wir ablenkende Gedanken zu Hilfe nehmen (»Denk an Salat und nicht an Zigaretten!«). Im einen oder anderen Fall kann man auch das Verbotene bewusst einmal tun, möglichst natürlich in einem akzeptablen Kontext und mit dem Ziel, es danach aus dem Kopf zu haben.

WRX gibt noch zu bedenken, dass man politische Korrektheit ja auch als Einladung verstehen könnte statt als Verbot. Als Einladung, freundlicher miteinander umzugehen. So sagte sie gestern, als unser Postbote einen Blondinenwitz von sich gab: »Okay, und wenn der nächste Joke ohne Beleidigungen auskommt, dann nehme ich dich mal mit zu mir nach Hause und brate dir einen Lava-Burger.«

Die Erklärung für einen Unterschied macht den Unterschied

Manche Unterschiede zwischen sozialen Gruppen sind statistisch belegt und damit sozusagen objektiv vorhanden. Es gibt viel weniger weibliche als männliche Mathematikprofessoren, es sind weniger Menschen mit Behinderung Lkw-Fahrer, und der Prozentsatz von Schwulen bei Ingenieuren ist geringer als der bei Krankenpflegern.[8] Afroamerikaner und Latinos – Frauen wie Männer – besuchen in den USA seltener ein College, und in Deutschland gibt es Parallelen bei Migrantenkindern. Dicke Menschen findet man seltener in sichtbaren Positionen wie Hotelrezeptionen, TV-Moderationen oder an Verkaufsständen bei Messen, und ärmere Kinder erhalten oftmals schlechtere Noten, auch in Deutschland, wo Bildung und Schule weitgehend staatlich finanziert werden und sie sich somit prinzipiell jeder leisten kann. Wenn man sich diese Unterschiede anschaut, könnte man denken, dass an Stereotypen etwas Wahres dran ist.

Diskriminierung, so finden zahlreiche Studien, folgt aber häufig aus der *Erklärung* für Unterschiede – beziehungsweise: Je nachdem, *wie* jemand die Unterschiede zwischen sozialen Gruppen erklärt, verhält er sich diskriminierend oder nicht. So kommt es darauf an, ob jemand Homosexualität als Entscheidung versteht oder als eine Spielart der Evolution. Einige religiöse Gruppen etwa in den USA denken, dass Homosexualität von Gott nicht gewollt sei und er niemanden schaffen würde, der mit dieser großen Sünde gestraft sei. Vielmehr seien Schwule und Lesben vom Teufel verführt worden. Das bedeutet aber, dass man sie heilen, umziehen, dem Teufel wieder entreißen könne; im schlimmsten Fall müsse ein Exorzist ans Werk. Besonders einige Gruppierungen der evangelikalen Bewegung sind für solche Einstellungen bekannt, jedoch setzte sich 2019 höchst prominent auch der Kölner Priesterausbilder Romano Christen mit ähnlichen Aussagen in Szene: Homosexualität bestünde nicht als eigenständige grundsätzliche Veranlagung, sondern wäre eine krankhafte psychische Störung, die auf frühkindlichen Traumata der Eltern-Kind-Beziehung beruhe. Diese Erklärung ist deshalb so gefährlich, weil Traumata und deren unerwünschte Folgen dank Psychotherapie im Prinzip behandelt werden können; interpretiert man also Homosexualität als Folge von Traumatisierungen, könnte man sie demnach »wegtherapieren«.[9]

Es finden sich aber auch immer wieder moderne Psycholog*innen, die behaupten, dass man Homosexualität behandeln könne. Nun könnte man denken, dass Wissenschaftler*innen sich nicht durch Ideologien verleiten ließen. Sie müssten doch wertneutral, ergebnisneutral und objektiv an Forschungsfragen herangehen. Dies jedoch ist wiederum ein Stereotyp – Neutralität ist ein hehrer Anspruch, dem viele Kollegen und Kolleginnen nicht gewachsen sind, und ich weiß aus eigener Erfahrung, dass viele Kolleg*innen wissenschaftliche Standards ignorieren oder, sorry, nicht intelligent genug sind, um die Komplexität der menschlichen Psyche zu ergründen oder auch nur logisch zu denken. Dazu kommt, dass das Forscherleben in Deutschland – wiederum entgegen dem Stereotyp – recht schlecht bezahlt ist, weshalb ein Teil der Psycholog*innen überhaupt nicht forscht und die Zeit bis zur Pension gemütlich abwartet, während sich der andere Teil von der Wirtschaft und Interessengruppen »unterstützen« lässt. Ich war schon als Hauptreferent zu deutschen »Kongressen« eingeladen, wo ich zu meinem großen Erschrecken durch hundert Meter lange Spaliere von Ständen der Pharmaindustrie schreiten musste, um zum Rednerpult zu gelangen. Daher sollte man nicht jedem Herrn Professor oder jeder Frau Professorin und jeder Studie Glauben schenken. Mit anderen Worten: Es ist immer gut, *sich seines eigenen Verstandes zu bedienen* und sogenannte Fakten zu hinterfragen. In diesem Buch habe ich hauptsächlich Forschung zusammengetragen, die häufig repliziert wurde oder die ich selbst in meinen Labors nachstellen konnte.

Mittlerweile zeigen die moderne Forschung und eine überwältigende Menge an Studien, dass Homosexualität genetisch bedingt ist und *keine* Entscheidung. Trotzdem leben weltweit immer noch viele Homosexuelle versteckt, teils in heterosexuellen Scheinbeziehungen, weil sie Angst haben, diskriminiert zu werden. Es half auch nicht, dass Kardinal Rainer Woelki die Aussagen von Romano Christen (viel zu spät) sanktionierte und Protestaktionen unter anderem von Pfarrgemeinderäten und der Katholischen Hochschulgemeinde ignorierte.

Warum ist es so wichtig, auf dieser Erklärung zu bestehen? Man könnte ja auch die liberale Position einnehmen: Egal, ob es eine Entscheidung ist oder nicht, »jeder, wie es ihm gefällt!«, denn schließlich schadet einvernehmlicher Sex ja niemandem. Jedoch spielt die Art der Erklärung tatsächlich eine Rolle bei der Diskriminierung von Lesben und Schwulen: Menschen, die denken, Homosexualität sei eine Entscheidung oder eine Fehlentwicklung, diskriminieren eher. So nimmt es nicht wunder, dass Eltern ihre homosexuellen Kinder eher akzeptieren, wenn sie Homosexualität als angeborene Laune der Natur verstehen.

Ähnlich ist es bei Transsexualität. Manche Menschen erklären sie zur therapierbaren Krankheit oder zur Entscheidung, und erst im Jahr 2019 strich sie die Weltgesundheitsorganisation (WHO) von der Liste der psychischen Krankheiten. So sinnvoll das war (WRX fragt sich, was diese Menschen sich und anderen denn Böses antun, um als krank zu gelten?), zeigt es aber auch, wie die Psychologie Störungen konstruiert und in diesem Fall dekonstruiert. Der Nachbar, der seine Frau anbrüllt und seine Kinder schlecht behandelt, der aus Gier sein Geschäft in den Sand setzt und Hunderte Mitarbeiter entlässt, ist »gesund« und gilt als »Normmensch«, und jemand, der ein anderes Geschlecht für sich beansprucht, ist krank oder verrückt. Es würde den Rahmen dieses Buches sprengen, aber hier sei gesagt, dass systemische Therapeut*innen Diagnosen insgesamt kritisch beäugen. Ich brauche sie in meiner Praxis nicht, um für Klient*innen nützlich sein zu können; für mich sind Diagnosen ebenfalls vor allem grobe Schubladen. Jeder »Depressive«, jede »Panikgestörte« ist anders![10]

Die Eigenverantwortlichkeit für Anderssein wird so zum Kriterium gemacht, ob jemand akzeptiert oder abgelehnt wird. Wenn er oder sie anders ist und darunter leidet, dann soll er oder sie sich doch einfach anpassen. Diese Logik greift nicht nur bei Homo- oder Transsexuellen. Auch bei körperlich kranken oder behinderten Menschen macht es einen Unterschied, ob man sie für verantwortlich für ihr Schicksal hält. So verhalten sich Menschen abwertender gegenüber Kranken oder Behinderten, wenn sie finden, dass diese ihr Leid selbst verschuldet hätten. Menschen, die aus Lebenslust in ein untiefes Gewässer gesprungen oder beim Paragliding abgestürzt und seither behindert sind, Sprayerinnen, die durch eine Stromleitung zu Schaden gekommen sind, erkrankte Raucher*innen oder Radfahrer*innen, die betrunken angefahren wurden, erleben wenig Mitgefühl. WRX graust es, weil sie beobachtet zu haben meint, dass die meisten Menschen Lebenslust, Albernheiten und Draufgängertum mögen und gern auch mal in geselliger Runde über ihre tollen Abenteuer schwadronieren. Sie hat auch gesehen, dass viele von uns schon einmal ihren Schutzengel bemüht haben und froh sein können, dass sie gesund geblieben sind. Warum reichen ihnen solche Erfahrungen nicht aus, um fair zu urteilen, warum schauen sie auf jene hinunter, die das Schicksal hart getroffen hat?

Unter dem Strich kann man sagen: Wenn Minderheiten eine Mitschuld an ihrem Stigma oder wenn allgemein Menschen eine Verantwortung für ihr Leiden zugesprochen wird, werden sie schlechter behandelt. Die Zuschreibung von Verantwortung ist dabei häufig eine reine Konstruktion und hat mit einer fairen Beurteilung nichts zu tun.

WRX kocht vor Wut. »Eine Idee ist immer falsch, wenn sie die einzige ist«, grunzt sie. Allerdings steckt darin gleichzeitig die Möglichkeit der Intervention. Schließlich kann man Konstruktionen verändern. Im Sinne von WRX, die sich immer die Frage stellen würde: Kann das nicht alles auch ganz anders sein? Ja, es kann.

Menschen haben alle möglichen Konstruktionen über diese Welt, die teils auf Emotionen wie Angst, Wut, Freude usw. basieren oder auf früheren Erfahrungen und teils auf dem, was ihnen erzählt oder weisgemacht wurde. Diese Konstruktionen mögen beharrlich sein, trotzdem kann man sie dekonstruieren; man kann dazulernen und man kann lernen, dass sie nicht in Stein gemeißelt oder gar wahr sind.

In der Ausbildung zur systemischen Therapeutin oder zum Berater mache ich immer wieder klar, dass es sich bei Erklärungen – im Gegensatz zu Ereignissen oder genetischen Unterschieden – immer um Entscheidungen handelt. *Entscheide du, wie du das erklären willst. Und überlege dir die Konsequenzen.* Eine Technik ist es daher, bewusst einmal das Gegenteil zur eigenen Denkweise in Betracht zu ziehen: *Consider the opposite!* Denk einfach mal, dass Frauen gut in Mathematik sind, und schau, ob du dafür Beweise findest. Such bei Frau Merkel, die du vielleicht überhaupt nicht magst, Gründe dafür, warum sie ein Segen für dieses Land sein könnte. Dein ekelhafter Nachbar könnte eigentlich ganz nett sein. Schau mal, wie weit du mit *consider the opposite* kommst und ob sich etwas für dich verändert.

Jeder entscheidet sich für oder gegen bestimmte Konstruktionen. Ich entscheide mich dafür, Opfern von Diskriminierung ein Sprachrohr zu sein und sie zu stärken, damit sie ihr Leben so leben können, wie sie möchten. Ich entscheide mich dafür, ungerechte Konstruktionen aus der Welt zu schaffen. Für mich ist das Leben komplex und bunt und nicht gerecht, daher versuche ich, ein Gleichgewicht zu schaffen und alle atmen und leben zu lassen. Ich habe mich dafür entschieden, Täter als Täter zu betrachten. Ich höre ihre Entschuldigungen und Gründe und versuche sie zu verstehen, und doch sind mir die Opfer wichtiger, weil sie im Kontext von Vorurteilen weniger gehört werden und weil sie im Gegensatz zum Täter gelitten haben. Ich denke, Opfern eine Mitschuld zu geben, führt zu nichts als zur Abwertung des Leids. Ich stelle in meinen Trainings jeden vor die Entscheidung: *Auf welcher Seite stehst du? Es ist dir überlassen. Ich habe mich entschieden.*

Weniger eine Erklärung als vielmehr eine Idee ist der »Glaube an die gerechte Welt«. Aus der Sozialpsychologie ist das Phänomen bekannt, dass statushöhere Menschen das Leid oder die Missgeschicke Statusniedrigerer als gerecht empfinden. So, als gebe es einen gerechten und strafenden Gott – oder eine andere Kraft –, der seine Gründe dafür hat, bestimmte Menschen mit Verlust, Krankheit, Leid zu schlagen und andere zu belohnen. Und die Forschung zeigt, dass Menschen, die die Welt im Großen und Ganzen für gerecht halten, Kranke und Behinderte eher diskriminieren und Mitgliedern von Minderheiten eher die Schuld an ihren wenig erfolgreichen Karrieren, an schlechten Leistungen oder an ihrem Pech, ihren Gebrechen und Krankheiten geben. Mit anderen Worten: Wenn der syrische Nachbar keinen Job hat, schließt man darauf, dass er es verdient hat. Vermutlich ist er faul und will sich nicht richtig anstrengen. Andere Erklärungen wie zum Beispiel Sprachschwierigkeiten, Ablenkungen durch traumatische Erfahrungen oder Mobbing durch Deutsche werden übersehen. Oder wenn jemand krebskrank ist, wird davon ausgegangen, dass er oder sie dazu wohl einen Beitrag geliefert haben muss (Hat die nicht mal geraucht?). Das ist ganz ähnlich wie bei den unterschiedlichen Erklärungen für Homo- oder Transsexualität oder bei der vermeintlichen Eigenverantwortung bei Behinderung. Menschen, die an eine gerechte Welt glauben, denken eher: Die haben sich das selbst zuzuschreiben. Der Glaube an eine gerechte Welt macht Menschen auch selbstgerechter, und sie können es auch nicht ertragen, wenn Diskriminierte ihr Leid äußern oder gar öffentlich davon berichten, womöglich gar wiederholt. »Die geht damit hausieren!« oder »Der hat nur das eine Thema« hört man dann.

Diskriminierungsopfer sollten aber über ihre Erfahrungen sprechen, denn nur so lernen wir daraus, und nur so können sie selbst, therapeutisch gesehen, ihr Leid bearbeiten und darüber hinwegkommen. Oftmals hatten sie ihre Leidensgeschichte lange verdrängt und geheim gehalten. Aus der Traumaforschung weiß man inzwischen, dass es Opfern hilft, darüber zu reden. Und wenn andere ihr Leid würdigen. Dies ist ein erster wichtiger Schritt in Richtung Heilung.

Ein Ziel von Vorurteilstrainings und Selbstbeobachtung ist es deshalb, die eigenen Erklärungsmuster zu reflektieren und zu schauen, wo man Gefahr läuft, das Leiden anderer zu bagatellisieren. Vielleicht ist es ja ein Selbstschutz, vielleicht ist es eine Art Mauer vor der Scham, die wir empfinden, wenn wir in einem obszön teuren Auto an einer alten Frau mit Schrunden an den Füßen vorüberfahren, die uns den schmutzigen Pappbecher entgegenhält. Da fällt uns intelligenten Menschen dann schnell etwas ein, was unsere Scham reguliert, wie: »Hätte sie halt gearbeitet. Meine Mutter musste auch arbeiten, weil wir nicht reich waren.« Oder, gerade in Mode: »Die wird bestimmt von ihrem Clan geschickt und muss alles Geld abliefern. Die verdienen mit der Methode ›Oma auf der Straße‹ Tausende. Tausende!« Solche Konstruktionen können selbstwertdienlich sein, sie können wirksame Mittel sein, unseren Geiz zu rechtfertigen und unseren Status zu genießen. Was haben wir nicht alles getan, um da zu sein, wo wir jetzt sind. Ja, die Welt ist gerecht!

»Mann, bist du blöd!« – Hundsgemeine Glaubenssätze

Um einen Gedanken von oben noch einmal aufzugreifen: Generell macht es einen Unterschied, ob man ein Verhalten von außen oder von innen erklärt.

Interessant sind Erklärungen für Fehler und Erfolge, denn sie sind deutlich und systematisch verzerrt – je nachdem, ob sie »uns« oder »den anderen« passieren. Man kann Verhalten als stabil und durch persönliche Faktoren, von innen verursacht interpretieren (»Ich habe eine Eins in Mathe, weil ich so schlau bin«) oder eher als instabil und durch die Situation, also von außen bedingt (»Dass ich eine Eins in Mathe habe, liegt daran, dass die Klausur leicht war«). Wir nennen das *Attributionen*, also Erklärungen von Verhalten.

Psychisch »gesunde« Menschen neigen dazu, ihre Erfolge als stabile und interne Leistungen zu bewerten (»Die Eins geht auf meinen Fleiß zurück«) und Fehler auf instabile, externe Umstände zurückzuführen (»Die Sechs habe ich, weil der Lehrer blöd ist«). Ähnliche Effekte gibt es bei Gruppenerfolgen. Wenn ich Schalke-Fan bin und gerade »mein« Team gegen den BVB verlieren sehe, liegt das aus meiner Fan-Perspektive nicht etwa daran, dass Schalke ein schlechter Verein wäre, sondern an der Tagesform, dem unfähigen neuen Trainer, dem Rasen, dem unfairen Schiedsrichter, dem Foulspiel der anderen etc. Siegt »mein« Team dagegen, geht das nicht etwa auf die Fehler oder Schwächen der anderen Mannschaft zurück, sondern ist es einzig und allein »unsere« Leistung, weil »wir« einfach klasse sind. Wir haben die besseren Persönlichkeiten auf dem Platz, die Kompetenz und die Talente, und das ist unverrückbar so und müsste uns immer zum Sieg führen, es sei denn, die anderen sind gemein gegen uns und kommen damit durch.

Es gibt kaum etwas, worin Menschen so gut sind wie darin, sich selbstwertdienliche Attributionen zusammenzuzimmern. Und dies meine ich nicht zynisch: Den Selbstwert zu erhöhen ist erst einmal eine gute Sache, wie wir noch sehen werden. Nur bleibt bei dieser Strategie die Gerechtigkeit gegenüber anderen häufig auf der Strecke. Diesen Verzerrungen ist nur beizukommen, indem man genau beobachtet, wie man Erfolge und Misserfolge anderer erklärt. Und auch hier kann man sich mit der *Consider the opposite*-Technik aus der Konstruktionsfalle retten – sofern man es denn ertragen kann; vielleicht waren die anderen ja einfach besser, und wir müssen uns bis zum nächsten Mal noch mehr anstrengen?

Anne Maass und ihr Team haben in Italien untersucht, wie Erfolge und Misserfolge der Eigen- und der Konkurrenzgruppe *sprachlich* ausgedrückt werden. Die Forscherinnen fanden, dass die Fehler der anderen vor allem mit Eigenschaftswörtern umschrieben wurden. Die anderen sind »dumm«, »stupide«, »zu wenig flexibel« etc. Genauso hagelte es Eigenschaftswörter bei der Schilderung von Erfolgen der eigenen Gruppe, die natürlich »schlau«, »teamfähig«, »leistungsstark« usw. ist. Mit Eigenschaftswörtern beschreiben wir normalerweise *feste* Bestandteile unseres Wesens, und das Forschungsteam zeigt sehr schön, wie wir dieses sprachliche Mittel nutzen, um unseren Selbstwert künstlich anzuheben. Eigentlich ist es wie ein Wunschdenken, dass der Unterschied zwischen den Doofen und uns Guten möglichst immer währen sollte.

Dagegen verwenden wir eher konkrete Beschreibungen und Verben, wenn wir über Fehler der eigenen Gruppe reden. Also nicht: »Wir sind aber auch zu doof, einen Elfmeter reinzuhauen«, sondern: »Kim hat den Ball an der Außenkante verzogen« (Verb, das den Fehler als Spezialfall erscheinen lässt, der sich nicht so schnell wiederholen wird). Und bei Erfolgen der Fremdgruppe ist das selbstverständlich andersherum. Da würde man sich hüten zu sagen: »Die sind aber stark, das sieht man vor allem beim Elfmeterschießen«, sondern sagt eher: »Da hat unsere Torwartin ein Mal nicht geguckt.«

Es ist deshalb sinnvoll, in Trainings zu Vorurteilen und Diskriminierung auf solche sprachlichen Unterschiede hinzuweisen oder sich selbst im Alltag einmal daraufhin zu prüfen, wie man Verhalten der eigenen und anderer Gruppen beschreibt, denn auch diese sprachlichen Verzerrungen produzieren wir meist unbewusst. Ehrlich gesagt, ertappe ich mich selbst mitunter dabei, Rechtschreibfehler von Trump-Fans bei Twitter auf deren Doofheit zu schieben, während ich sie bei Robert-Habeck-Followern als Flüchtigkeitsfehler interpretiere (»Die haben das bestimmt im Stress geschrieben«, »die achten eben mehr auf Inhaltliches« etc.). Wenn ich solche Unterschiede beobachte und erkenne, bleibt es mir überlassen, ob ich mich Trump-Anhängern gegenüber nicht doch öffne oder ob ich mich bewusst dafür entscheide, das lieber nicht zu tun. Mir liegt hier daran, eigene Erkenntnisse so zu nutzen, dass sie zu bewussten Entscheidungen führen.

Positive Psycholog*innen, die ja auf der Suche nach dem Sinn solcher Verhaltensweisen sind, finden immer wieder, dass sich diese Art Attributionsmuster bei uns eingeschlichen haben, weil wir

1. uns damit von anderen abgrenzen,
2. als denkende Lebewesen gern alles erklären wollen,
3. da vieles sowieso schwer oder nicht eindeutig zu klären ist, es lieber im eigenen Interesse erklären und
4. damit unseren Selbstwert erhöhen.

Daher ist eine Steigerung des Selbstwerts eine Stellschraube in Richtung Toleranz, die vermutlich grundlegend ist. Ich werde später darauf zurückkommen – aber da unsere Alien sehr ungeduldig ist, sei hier die Frage gestellt: Können wir es schaffen, uns irgendwann selbst zu lieben, *ohne den anderen abzuwerten?* Dazu wäre ein gesellschaftlicher Wandel grundlegend, denn wenn wir uns als Nation oder Gesellschaft gut, sicher und kräftig fühlen, würde es auch den einzelnen Individuen besser gehen.

Ein Blick auf die eigene Sprache kann ein sinnvoller Beginn sein, um sich und die eigenen Vorurteile zu erforschen: Wie spreche ich über Andersdenkende? Hier ist die Herausforderung: Wie spreche ich eigentlich über die AfD? Ist das hilfreich? Wozu führt das?

WRX meint, und hier finde ich, geht sie zu weit, man solle auch bei den bösesten Menschen herausfinden, welchen Grund ihr Verhalten hat. Sie kann sich nicht erklären, dass ein Mensch, der liebevoll aufgewachsen ist, zur Gewalt fähig ist. Sie will das nicht als Entschuldigung für Gewalttaten oder abschätziges Denken verstanden wissen, sondern als Erklärung. Findet man die Gründe, so WRX, dann kann man die Energie, die hinter antisozialem Verhalten liegt, vielleicht sogar kanalisieren, sodass etwas Gutes daraus entsteht. Gedanklich gehe ich widerstrebend mit, gefühlsmäßig bin ich aber noch nicht da. In der Traumapädagogik hat die Suche nach den Gründen allerdings schon viel Erfolg bei aggressiven Jugendlichen gezeigt. Bestrafte man vor noch dreißig Jahren Kinder, wenn sie aus Wut die Möbel in ihrem Zimmer in der Jugendhilfeeinrichtung eintraten, so schauen Traumapädagog*innen heutzutage auf den Grund. Nicht selten finden sie schwere Traumatisierungen durch Gewalt, Misshandlung und Missbrauch in den Biografien der Schutzbefohlenen. Das ist deshalb so entscheidend, weil man mit Jugendlichen, die so etwas erlebt haben, viel respektvoller umgeht. Die Erklärung, »wo das herkommt«, macht einen großen Unterschied.

Gegensteuern – Offenen Auges, blindlings oder per Quote?

Wenn man weiß, wie schnell man Stereotype im Gedächtnis ablegt, kann man sich beobachten und prüfen, ob sie sich nicht vielleicht ab und zu im Alltag zeigen und unsere Urteile beeinflussen. Und was dann?

Es gibt zwei Wege, einmal gefällte Urteile zu korrigieren – einen schnellen, schlampigen und einen langsamen, sorgfältigen. Wenn eine Unternehmenslenkerin bemerkt, dass vor allem Männer am Ende des Jahres Bonuszahlungen erhalten, könnte sie sich schlichtweg vornehmen, im nächsten Jahr die Extras mit der Gießkanne zu verteilen: Jeder kriegt zu gleichen Teilen was vom Gewinn. Genauso könnte ein Lehrer, der merkt, dass seine männlichen Schüler im Kunstunterricht immer schlechtere Noten bekommen, alle um eine Note heraufsetzen. Eine solche *Korrekturstrategie* schlagen Leute ein, die fair handeln wollen und wenig Zeit haben, differenziert vorzugehen. Und handeln sich damit, manchmal durchaus zu Recht, den Vorwurf der Überkorrektur ein. Vor allem einzelne Exemplare der vormals unterlegenen Gruppe kommen dabei zu gut weg, und dies weckt Unmut bei den ehedem Privilegierten. Alle über einen Kamm zu scheren widerspricht unserem Wert der *prozeduralen Fairness*. Wir wollen alle fair behandelt werden, aber doch bitte gemessen an Kriterien wie Leistung, Einsatz, Umsatz, Erfolg etc.

Will ich gewissenhafter vorgehen, könnte ich mir die Kunstarbeiten noch einmal genauer anschauen und vor allem der Leistung der Jungen mehr Aufmerksamkeit schenken. Eine verzerrte Wahrnehmung könnte ja dazu geführt haben, dass mir bei den Mädchen die Stärken eher ins Auge fielen und ich sie bei den Jungen übersehen habe. Mehr Sorgfalt und Konzentration bei der Beurteilung könnten mir helfen, die Dinge anders zu sehen. Genauso könnte ich mir als Chef die Leistungen meiner Mitarbeitenden anhand von festgelegten Kriterien errechnen lassen und dann alle gemäß ihrer tatsächlich erbrachten Leistung belohnen. Diese Strategie wird normalerweise als fair wahrgenommen. Oft fehlt allerdings schlicht die Zeit für eine solche *Neuberechnung anhand der Datenlage.*

Es gibt auch Mischformen, die die Forschung bisher übersehen hat: Wenn ich bemerke, dass sämtliche von mir favorisierten Bewerber um eine Stelle Frauen sind, muss ich mir nicht unbedingt alle Unterlagen noch einmal ansehen, sondern nur diejenigen des qualifiziertesten Mannes in meinem Ranking. Und kann mich dann immer noch entscheiden, ob er nicht eventuell doch passen würde und mit den Bewerberinnen mithalten kann, die ich vor ihm platziert habe. Ziele wären, jedenfalls für mich, sowohl eine gerechte Bewertung Einzelner als auch Diversity in meinem Team. Dabei kann ich mir auch kurz noch einmal vergegenwärtigen, wie aussagekräftig die von mir gefundenen Unterschiede zwischen den Bewerbungen sind. Und wenn es welche gibt, was sagen die denn wirklich darüber aus, wie sich eine Mitarbeiterin später bewähren wird? Sind die Unterschiede minimal, kann ich mich immer noch auf die Diversity-Ziele konzentrieren.

Um das Optimale in Beurteilungssituationen zu leisten, sollte man Maßnahmen ergreifen, die in einem möglichst frühen Stadium die Wirkung von Stereotypen weitestgehend verhindern. Eine davon ist es, sich vorab Kriterien zu überlegen – und diese dann auch anzuwenden. Man kann zum Beispiel am Anfang des Schuljahrs genau definieren, wann jemand eine Eins in Kunst verdient hat, oder welche Leistungen in einem Unternehmen einen Bonus wert sind. An deutschen

Universitäten werden bei Berufungen von Professuren häufig zwar sehr akribisch Kriterien festgelegt, im Lauf der Verfahren jedoch unglaublich schnell verwässert und Einstellungsentscheidungen letztlich vor allem von der Vetternwirtschaft bestimmt.

Beispiel gefällig? Eine Universität suchte eine Frau, die besonders viel Forschungsgeld mitbrachte. Es bewarben sich einige Frauen, die den Kriterien voll entsprachen. Eine Bewerberin hatte sogar ein Millionenprojekt, was in der Psychologie außergewöhnlich ist. Nun handelte es sich dabei allerdings um eine junge Forscherin, die ihren Bewerbungsvortrag recht selbstbewusst hielt und auch sonst sehr durchsetzungsstark wirkte. Das war das Aus für sie. Plötzlich spielten die Millionen keine Rolle mehr. Man suchte und fand: Das Forschungsthema wäre zu eng, außerdem gäbe es bei ihren Projekten Co-Autoren, sodass man ja eigentlich die Forschungsgelder durch deren Anzahl teilen müsste. Zudem müsste man die Forschungspreise der Mitbewerber – sie selbst hatte noch keinen erhalten – mit einem höheren Faktor multiplizieren. Sie ahnen es: Die Stelle bekam ein Mann, der meiner Meinung nach sogar ein noch »engeres« Forschungsthema mitbrachte – und kaum Forschungsgelder. Kriterien sind gut, aber nur dann, wenn sie auch einen Einfluss haben.

Die Antidiskriminierungsstelle des Bundes (ADS) startete im November 2010 eine Studie zur Machbarkeit anonymisierter Bewerbungen. Anonym heißt, dass sich im Lebenslauf weder ein Foto noch Angaben zu Geschlecht, Herkunft, Familienstand oder Alter finden sollen. Fünf Privatunternehmen, das Bundesfamilienministerium, die Stadtverwaltung Celle und die Bundesagentur für Arbeit in Nordrhein-Westfalen beteiligten sich an der Studie.[11] Ihr Fazit: »Besonders das Weglassen des Fotos trägt nach Angaben der Personalverantwortlichen zu einer Fokussierung auf die Qualifikation bei.« Anonymisierte

Bewerbungen seien absolut möglich und hätten sich in vielen Fällen sogar als sehr komfortabel erwiesen. Die Studie hätte man sich allerdings sparen können, denn es liegen haufenweise internationale Untersuchungen vor, die solche *Blindverfahren* befürworten, und in den USA oder Großbritannien sind anonymisierte Bewerbungen längst Standard.

Blindverfahren bieten sich auch in der Schule an. Man kann Schüler*innen bitten, sich einen der Lehrkraft unbekannten Code auszudenken, anhand dessen die Arbeiten erst *nach* der Bewertung identifiziert werden. Das ist die simpelste Idee, um zu verhindern, dass in der frühesten Phase einer Beurteilung oder Bewerbung irgendeine Schublade geöffnet wird. Ein prominentes Beispiel: Claudia Goldin und Cecilia Rouse untersuchten große amerikanische Orchester danach, ob sie ein Blindverfahren anwendeten oder das klassische Vorspielen, bei dem die Prüfenden die Prüflinge sahen. Beobachtungen bei Toporchestern hatten nämlich ergeben, dass Frauen unterrepräsentiert waren, obwohl sie einen großen Teil der Musikstudierenden an den Hochschulen ausmachten. Und siehe da: Wenn die Prüflinge beim Vorspielen hinter einem Paravent saßen, *verdoppelten* sich die Chancen der Frauen, die Stelle zu bekommen. Meine Alien findet gerade dieses Beispiel besonders absurd, weil Orchester ja wirtschaftliche Unternehmen sind, die nur dann Gewinne einbringen, wenn sie qualitativ spitze sind. WRX wundert sich auch, warum man selbst dort auf Geschlecht und Aussehen achtet, schließlich sitzen Orchestermusiker*innen häufig im Graben, wo man sie überhaupt nicht sieht.[12]

Spannend ist, dass nur wenige Unternehmen, die an der Studie der ADS teilgenommen haben, danach das Blindverfahren beibehielten, und dass die ADS selbst erstaunlich zurückhaltend war, was eine Empfehlung anging. Ein häufiger Einwand gegen anonymisierte Bewerbungen lautete: Wie soll man zum Beispiel Frauen oder Migranten fördern, wenn die

Lebensläufe sich über das Geschlecht und den Migrationshintergrund ausschweigen? Ich finde dieses Argument nicht stichhaltig, da man ja spätestens beim Job-Interview sieht, was Sache ist. Eine Quote könnte auch dann noch greifen, und man hätte zudem sichergestellt, dass Qualifikation durchaus etwas zählt, wenigstens bis zum Bewerbungsgespräch.

Ich vermute hinter der ablehnenden Haltung gegenüber Blindverfahren die Selbstüberschätzung deutscher Führungspersonen bezüglich ihrer »guten Intuition«. Nach Workshops und Trainings höre ich immer wieder: »Ich muss einer Person nur in die Augen schauen, und ich weiß, was sie taugt.« Oder: »Ein Bild sagt mehr als tausend Worte.« Es gibt tatsächlich keinen einzigen wissenschaftlichen Beleg dafür, dass diese Aussagen zuträfen oder dass jemand aufgrund seines Bauchgefühls in der Lage wäre, faire Entscheidungen zu fällen.

Und ich gehe jetzt mit meiner Alien einen trinken, weil ich eine solch selbstgerechte Haltung für so himmelschreiend blöd halte, dass ich am besten nichts weiter darüber schreibe.

Auch Quotierungen, also der Vergabe von Ämtern, Funktionen und Jobs nach einem bestimmten Verteilungsschlüssel, stehen viele kritisch gegenüber. In Deutschland müssen Unternehmen mit mehr als zwanzig Arbeitsplätzen mindestens fünf Prozent davon mit Schwerbehinderten oder ihnen Gleichgestellten besetzen, andernfalls droht eine Ausgleichsabgabe von 125 bis 320 Euro pro Monat und unbesetztem Arbeitsplatz. Manche Firmen zahlen lieber. Im Jahr 2017 waren 1 101 131 Pflichtarbeitsplätze mit schwerbehinderten Menschen besetzt und 285 754 unbesetzt. Während 65 172 Arbeitgeber*innen keine Ausgleichsabgabe zahlen mussten, zahlten 99 459 Arbeitgeber*innen die Strafe.[13] Quoten mit direkten finanziellen Sanktionen gibt es für andere Gruppen nicht, obwohl sie für Frauen, Ausländer und Alte seit Längerem im Gespräch sind.

Einen guten Ruf hat die Quote bekanntermaßen nicht: Viele halten sie für ungerecht, da sie Prinzipien der Leistungsgesellschaft außer Kraft setze. Speziell bei der Frauenquote haben viele Angst, dass »eine unqualifizierte Bewerberin einem qualifizierten Mann den Job wegschnappt und deswegen Betriebe geschädigt werden« – und Deutschland den Bach runtergeht. Andere meinen, dass damit Diskriminierung erst recht am Leben erhalten werde, denn wenn jemand durch eine Quotenregelung zu einem bestimmten Recht beziehungsweise Job kommt, wird unterstellt, dass diese Person es nicht aufgrund ihrer Qualifikation geschafft hat. Daher halten auch manche Mitglieder stigmatisierter Gruppen die Quote für ein falsches respektive kontraproduktives Mittel. 2013 publizierte der *Focus* einen Bericht, in dem sich Frauen wie die Schauspielerin Veronica Ferres, die damalige Landwirtschaftsministerin Ilse Aigner, Filmproduzentin Regina Ziegler, Skiläuferin Maria Höfl-Riesch und Nobelpreisträgerin Christine Nüsslein-Vollhardt gegen die Quote aussprachen. In den USA hat es mittlerweile sogar publikumswirksame Prozesse gegeben, in denen Weiße Universitäten verklagten, weil sie trotz besserer Noten Mitbewerber*innen mit schwarzer Hautfarbe den Vortritt lassen mussten. Einige Prozesse gingen bis zum Obersten Gerichtshof, der eine deutliche Quotierung verbot. So musste etwa die Medical School der University of California ihre 16-Prozent-Quotierung für schwarze Bewerber*innen aufgeben. Allerdings wurde in dem Urteil deutlich darauf hingewiesen, dass die Hautfarbe als »Plusfaktor« legitim sei. Bei »gleicher Qualifizierung« darf die Ethnie also den Ausschlag geben. Auch auf Unternehmenslenker*innen wirken Quotierungen oftmals wie ein Eingriff in ihre freiheitlichen Entscheidungen. Das führt häufig zu Widerstand, Widerwillen und trotzigem Verhalten.

Befürworter*innen halten dem entgegen, dass Quotenregelungen die durch strukturelle Diskriminierung geschaffenen Schranken, sich um einen Job zu bewerben und ihn schlussendlich auch zu bekommen, aufheben. Um hier nichts durcheinanderzubringen: Es gibt einerseits die Quote bei »gleicher Qualifikation«, andererseits die Quote, einen bestimmten Prozentsatz erreichen zu müssen, egal, wer sich bewirbt. Es ist klar, dass vor allem Letztere zur Auseinandersetzung reizt, während Erstere eher akzeptiert und von einigen Institutionen proklamiert wird, die Behinderte und Frauen gesondert in Stellenanzeigen einladen. An der Universität Eindhoven sorgt gerade eine Hundert-Prozent-Quote für Aufruhr: Eineinhalb Jahre lang sollen freie Stellen ausschließlich mit Frauen besetzt werden. Wie zu erwarten, brach in der niederländischen Presse ein Shitstorm aus.[14]

Bei aller Unbeliebtheit ist die Quote aus wissenschaftlicher Perspektive durchaus sinnvoll, vor allem wenn man bedenkt, wie wichtig Rollenmodelle beim Erlernen gesellschaftlicher Normen sind. Wenn in bestimmten Branchen Frauen unterrepräsentiert oder gar kaum sichtbar sind, entsteht der (falsche) Eindruck, dass sie dafür nicht geeignet wären. Wenn man zusätzlich davon ausgeht, dass es kaum Leistungsunterschiede zwischen sozialen Gruppen gibt, liegt es nahe, bestehende Unterschiede durch Quoten auszugleichen.

Der Vorteil einer Quote ist, dass hier recht *schnell* Asymmetrien angegangen werden können. Die Erfahrung zeigt zudem, dass die meisten Menschen, die ihren Job einer Quote zu verdanken haben, ihn letztendlich genauso gut erledigen wie die Normmenschen. Oftmals ist es gerade das Stigma der Quotenfrau oder des Quotenbehinderten, das besonders motiviert, es allen zu zeigen. Ein weiterer Vorteil ist, dass schnell Diversität entsteht, und die hat, wie beschrieben, mannigfache positive Auswirkungen auf die Kreativität und die Leistung eines Unternehmens.

Die Bevorzugung von Minderheiten hat aber auch Kosten, wie Faye Crosby, Susan Clayton und ihr Team in Untersuchungen zur Frauenquote belegen. Dazu gehört die Abwertung der »Nutznießerinnen«, denn Kollegen und Kolleginnen betrachten sie häufig als weniger kompetent. Wenn dieses Fremdbild in eine Selbstabwertung übergeht, kann das demotivieren, im Sinne einer sich selbst erfüllenden Prophezeiung: »Ich bin ja eh nur eine Quotenfrau, was soll ich denn schon können.« So manche »Quotenfrau« zeigt die Symptome, die ein negatives Selbstbild üblicherweise mit sich bringt: Sie wird übervorsichtig, zaghaft, fällt vor allem konservative Entscheidungen und braucht zu lange dafür. All das sind Verhaltensweisen, die vor allem in gehobenen Stellungen wenig angemessen sind. Man hat außerdem festgestellt, dass quotierte Personen viel Zeit darauf verwenden, mit dem Status fertigzuwerden, der damit verbunden wird. Sie denken zu viel darüber nach, schlafen schlecht und sprechen zu viel darüber, womit Ressourcen für die Arbeit fehlen. Leider zeigen Untersuchungen auch Arbeitsausfälle durch Krankheiten, Burnout und Kündigungen als Folge dieses Auswahlverfahrens. Alles Gründe, Quotierungen mit Bedacht einzusetzen. Zudem kann sich Quotierung auf das gesamte Betriebsklima auswirken, weil die Belegschaft ständig argwöhnt, wer wohl ein Quotenmensch ist: Untersuchungen zeigen, dass bei Leistungsdefiziten von Frauen, Schwarzen oder Behinderten oft unmittelbar darauf geschlossen wird, es müsse sich dabei um Quotenmenschen handeln.

Aus wissenschaftlicher Sicht kann das Fazit gezogen werden, dass die Quote eine mögliche Methode ist, aber nicht die beste. Ich empfehle sie üblicherweise dann, wenn ein extremes Gefälle zwischen sozialen Gruppen herrscht, zum Beispiel in größeren Organisationen, in denen es überhaupt keine Frauen in den Führungsetagen gibt und die ohne komplizierte Entscheidungsprozeduren Ungerechtigkeiten ausgleichen wollen. Günstigenfalls sollte die Quote unter Berücksichtigung der Leistung eingeführt werden, das heißt, die Gruppenzugehörigkeit wäre ein *Plusfaktor*, aber nicht der Hauptgrund. Weiterhin empfehle ich, und zwar allen Unternehmen, eine ressourcenorientierte Analyse der Talente und Fähigkeiten und die Mitarbeitenden dann entsprechend ihren Stärken einzusetzen. Wenn in irgendwelchen Bereichen Schwächen erkennbar sind, sollten spezifische Förderungen angeboten werden. In guten Organisationen sollten auch Coachings zur Förderung und zur Psychohygiene Standard sein. Zudem sollten konkrete Jahresziele gesteckt werden – so kann man objektiv erkennen, wer was erreicht hat, egal, ob Quotenmensch oder nicht. Ein Unternehmen, das Quotierungen einführt, sollte auch besonders darauf achten, dass eine Diskriminierung der Quotenmenschen sanktioniert wird. Wenn dies alles gewährleistet wird, kann eine Quotierung eine schnelle und wirksame Lösung sein, Ungleichheiten zu korrigieren.

Es bleibt noch kritisch anzumerken, dass vor allem Frauen, Menschen mit Behinderung und Migrationshintergrund durch die Quote bevorzugt werden sollen. Warum eigentlich nicht auch Arme, Alte, Homosexuelle, Menschen mit sogenannten psychischen Störungen oder Übergewichtige? Einige dieser Gruppen kommen in der Charta der Diversität vor, bei der Jobvergabe, bei der es um konkrete finanzielle Verteilungen geht, scheinen sie aber nicht mehr so wichtig zu sein. So konnte in einer Metaanalyse gezeigt werden, dass homosexuelle Männer weniger verdienen als heterosexuelle, und zwar im Schnitt elf Prozent. Das ist auch deshalb recht unfair, weil sie üblicherweise länger arbeiten und sich bei Urlaubszeiten oft nach den Familien richten müssen. Die Einkommen homosexueller Frauen zeigen dagegen einen Lohnvorsprung, der durchschnittlich neun Prozent ausmacht. Erklärt wird dies damit, dass heterosexuelle Männer in den Chefetagen mehr Vorurteile gegenüber Schwulen als gegenüber Lesben haben.

»Eine Welt« –
Warum geht das nicht?

Wie sagte Luther Burbank zynisch: »Wer nicht gern denkt, sollte wenigstens von Zeit zu Zeit seine Vorurteile neu gruppieren.«

Bei all diesen Maßnahmen und Strategien zur Reduzierung von Diskriminierung kommt WRX (und anderen) doch ab und zu wieder dieser Gedanke von »einer Welt« hoch – können wir uns nicht einfach vertragen und allen dieselbe Chance geben? Sind wir nicht doch irgendwo alle gleich und könnten aufhören, in Schubladen zu denken? Warum nicht einfach die Schublade »Mensch« zimmern und nutzen?

Letztendlich sind Gruppengrenzen nichts als Konstruktionen, die man dekonstruieren kann! Erklären Sie mal bitte unserer Alien, warum wir Äußerlichkeiten wie Geschlecht, unterschiedliche Pigmentierung der Haut, Falten im Gesicht, den Preis unserer Kleidung, die Tatsache, ob wir eine Gehhilfe brauchen oder im Rollstuhl sitzen, zum Anlass von Gruppenbildungen machen, die zu Diskriminierung auf breiter Front führen? Und warum es eine Rolle spielen sollte, ob Menschen diesseits oder jenseits einer meist auf irrwitzige Weise gebildeten Grenze geboren sind?

»Deutschland«, das erst 1871 durch den Zusammenschluss verschiedener Länder entstanden ist und aufgrund von Entscheidungen, die damals eine Rolle spielten, und nicht etwa, weil es Deutschland oder den deutschen Menschen gegeben hätte, ist ein Konstrukt. »Europa« beziehungsweise die EU ist, so wie wir sie gerade (er)leben, ebenfalls nichts als ein Konstrukt, in das manche hineinwollen und nicht dürfen, während andere es wieder verlassen – alles im Grunde recht flexible Grüppchen- und Grenzbildungen, so scheint es, die auf menschlichen Entscheidungen beruhen und nicht auf einem schicksalhaft gestalteten Plan.

Und was hat es mit den Hautfarben auf sich? Wann ist eigentlich jemand »schwarz«? Das sieht man doch, oder, das ist doch kein Konstrukt? Der amerikanische Oberste Gerichtshof legte 1896 fest, dass ein Tropfen Blut genügt, um jemanden als schwarz zu bezeichnen. Es ging damals um einen Präzedenzfall, in dem der Kläger sieben weiße und einen schwarzen Ahnen hatte und nicht mehr als schwarz bezeichnet werden wollte. Das Gericht lehnte den Antrag ab. Egal, wie man denkt, man hätte prinzipiell anders entscheiden können – damit ist die Bezeichnung »Schwarze*r« auch nichts als ein Konstrukt. Zudem spielen hier ja nicht nur rechtliche Gesichtspunkte eine Rolle, sondern auch die Psychologie: So machte es für manchen einen Unterschied, als herauskam, dass Meghan Markle, Herzogin von Sussex, »eigentlich schwarz« ist (sie hat eine afroamerikanische Mutter). Für manche Anhänger*innen des britischen Königshauses fühlte sich dies »falsch« an, obwohl sie immer noch so »weiß« aussah wie vorher. Und wann wird in Deutschland jemand nicht mehr als Türke oder Türkin angeschaut? Wenn sie einen deutschen Pass hat? Die Sprache fehlerfrei (ab wann ist das?) spricht? Hier geboren ist? Oder wenn seine Haare heller sind als tiefschwarz?

Menschen *schaffen* Gruppen, auch wenn sie im Nachhinein diese Konstruktion für etwas Wirkliches halten, für etwas, »was schon immer so war« oder die Biologie so mit sich bringt, oder was ein Gott erschaffen hat. Wobei übrigens selbst Päpste ins Konstruieren kommen, wenn sie erklären sollen, warum Frauen keine Priester werden sollen. So Papst Johannes Paul II. in seiner Enzyklika 2003, in der er gegen Feministinnen wetterte, weil sie die existierenden »biologischen Unterschiede« wegdiskutierten, die eine unterschiedliche Behandlung von Frauen und Männern bedingten. Zunächst einmal verwundert daran, dass sich die Religion nun an die Biologie kettet – was bedeuten würde, dass sie mit der sich ständig weiterentwickelnden biologischen Forschung mithalten müsste. Manche Biopsycholog*innen erklären Religiosität mit Wahrnehmungsverzerrungen des Hirns – geht da der Papst etwa auch mit?

Außerdem fragt mich WRX gerade, warum denn ausgerechnet dieser eine biologische Unterschied so wichtig sein soll. Warum nicht besser Leute unter 1,60 Meter vom Priesteramt ausschließen, weil man sie so schlecht auf der Kanzel sehen kann? Oder solche mit leiser Stimme, weil die alten Leute sie nicht verstehen? Oder warum nicht Weiße, weil die bunten Gewänder doch viel schöner auf schwarzer Haut aussehen? Auf dem Missbrauchsgipfeltreffen des Vatikans 2019 forderten einige Opfer: Holt Frauen ins Priesteramt. Das reduziert das Risiko, dass Geistliche Kinder missbrauchen. WRX findet das schlüssig.

Wenn also alles Konstruktion ist – warum sind wir dann außerstande, diese »eine Welt« zu konstruieren? Die Sozialpsychologin Amélie Mummendey hat Gruppengrößen und Fusionen unter die Lupe genommen. Sie war direkt nach der Wiedervereinigung von Münster nach Jena umgezogen, um dort das wohl größte sozialpsychologische Institut Deutschlands aufzubauen. Mummendey musste vom Elfenbeinturm nur auf den Bürgersteig schauen, um die größte Fusion der europäischen Nachkriegsgeschichte zu analysieren. Sie sah zwei Länder, die zu einem zusammenwachsen sollten, und hörte von vielen, dass das schnell gelingen würde, denn schließlich stand ja auf den Schubladen der DDR und der BRD beide Male das Wort »deutsch«. Halten wir etwa nicht die wunderbare deutsche Sprache für einen Schlüssel zur Integration? Auffällig war von Anfang an, dass vor allem die

Westdeutschen keinen Zweifel daran hatten, dass die Wiedervereinigung ein Klacks sein würde.

Mummendey zeigte in ihren Studien, dass Fusionen Intergruppenkonflikte nicht reduzieren. Alle Effekte, über die Sie bis hierher gelesen haben und die man grob unter *Abwertung von Fremdgruppen* (einschließlich der Aberkennung von individuellen Eigenarten und Leistungen) zusammenfassen kann, finden sich auch nach dem Zusammenschluss zweier Gruppen – sie richten sich dann halt gegen eine andere Außengruppe. Fühlten sich Mummendeys Versuchsteilnehmer*innen als Ostdeutsche, setzten sie sich von den Wessis ab; fühlten sie sich als Deutsche, wurden die Vorurteile gegenüber Briten stärker. Egal, wie erfolgreich eine Fusion verlief, es gab immer eine Außengruppe. Ein Forschungsteam fand sogar, dass Menschen, die sich für kurze Zeit einmal als Menschen definieren, sich stärker von anderen Lebewesen wie den Tieren absetzen. Fühlen sie sich als »Mensch«, sind sie weniger bereit, den Sinn von Tierrechten zu verstehen.[15]

Wir Menschen, so Mummendey, halten uns in Gruppen auf und wollen uns damit von anderen Gruppen unterscheiden. Gruppenzugehörigkeit bedeutet soziale Identität: Wer bin ich, was kann ich, was darf ich, und was bin ich wert? Kleinere Gruppen liefern dabei noch mehr Information über uns. Um es WRX zu erklären, mache ich mal den Vergleich »Westliche Welt« und »Russland« auf. Klar unterscheide ich mich als Westler von Putins Land. Mir fallen als erste Stichworte Demokratie, Wodka und kalte weite Landschaften ein. Aber halt, die Gruppe der Westler ist so groß, dass ich auch hier kalte Weiten kenne, zum Beispiel aus Kanada, und in New York trinken meine Freunde und ich gern Wodka-Martini. Und auch Demokratie ist relativ, wenn ich mir den gesamten Westen ansehe – sind wirklich alle Wahlen im Westen sauber? Bei langem Nachdenken bleibt ein Unterschied, ein großer Unterschied, der sich aber merkwürdig vage anfühlt.

Beschreibe ich mich stattdessen als Deutschen, dann sehe ich, allein weil die Gruppe der Deutschen kleiner ist, mehr Unterschiede zu Russland. Trinkgewohnheiten, demokratisches Verständnis fallen mir wieder ein, und dass »die Russen« sich am Ballermann noch schlechter benehmen als »wir Deutschen« (nicht aber »die Briten«, die ebenfalls zur Gruppe der Westler gehören würden). Kleinere Gruppen sind identitätsstiftender, weil sie sich unterschiedlicher zu anderen anfühlen.

Ein anderes Phänomen, das Mummendey während der Vereinigung der beiden Deutschlands entdeckte, war ein *Intragruppenkonflikt*, das heißt ein Kampf zweier Untergruppen innerhalb der großen Gruppe der Deutschen. Von Anfang an ging es nämlich um die Frage: Wer ist denn eigentlich deutsch? Und hier muss ich WRX gestehen, dass das für uns Wessis überhaupt keine Frage war – die Ossis sollten sich gefälligst anpassen. Die sollten doch froh sein, nun am gedeckten westdeutschen Tisch Platz nehmen zu dürfen, wo es Bananen, Nutella und Kaffee gab – bei voller Reisefreiheit und ohne die Stasi! Dankbarkeit wurde erwartet. Merkwürdigerweise hatten die Wessis auch das Gefühl, die Ossis befreit zu haben. Eine irrwitzige Konstruktion. Ohne Montagsdemonstrationen, Protesten in der Kunst, Beteiligungen von Kirchen und einzelnen DDR-Bürger*innen, um nur einiges zu nennen, hätte es den Mauerfall nicht gegeben. Nach 1989 jedoch verbaten sich die Wessis jegliche Einmischung in das Deutschland, das sie ihrer Meinung nach geschaffen hatten.

Die Wessis spielten vor allem die finanzielle Überlegenheit aus. Machtgefälle sind laut Mummendey wichtig bei Fusionen, denn sie bestimmen, wer zum Richtungsgeber der neuen Großguppe wird. Der solchermaßen mächtiger erscheinende Wessi erklärte sich – in Mummendeys Sprache – zum *Prototyp* des neuen Deutschlands, und der Ossi hatte sich ihm anzupassen. Das wurde besonders deutlich in der Diskussion um eine neue Verfassung. Während die Ossis darum rangen, taten die Wessis so, als wüssten sie nicht, was das Problem war: Ist doch klar, es würde einfach die der BRD – das Grundgesetz – übernommen, genauso wie Hymne, Fahne etc. Was war das denn für eine Frage? Die Übernahme ging bis in die Produkte hinein – selbst auf Gurken, Porzellan, Wurst und die Orchester des Ostens schaute der Westen herab. Meiner Alien flirren die pinkfarbenen Augen – sie versteht nicht, warum man nicht einfach das Beste aus beiden Gruppen zu einer neuen Nation gemischt hat.

In ihrer sogenannten *Eigengruppen-Projektionstheorie* beleuchten Mummendey und ihr Kollege Michael Wenzel solche Konflikte, die innerhalb von Gruppen auftreten können. Zwar ist es so, dass Deutsche, die sich als Europäer*innen fühlen, normalerweise andere Europäer*innen wie zum Beispiel Italiener*innen weniger diskriminieren, denn sie gehören ja derselben Gruppe an, und so werden die Ähnlichkeiten untereinander betont. Manchmal tritt aber auch genau das Gegenteil ein: In einem Experiment, das Mummendey zusammen mit Sven Waldszus durchgeführt hat, zeigte sich, dass Deutsche eine *negativere* Einstellung gegenüber Pol*innen einnahmen, wenn sie über sich und Pol*innen als Europäer*innen nachdachten, als wenn sie sich selbst als Westeuropäer*innen empfanden und ihnen damit die Gruppe der Pol*innen als Fremdgruppe erschien.

Wie kann das geschehen? Mummendey beobachtete, dass eine Fusion dann problematisch wird, wenn ein Neuzugang von vornherein als relativ untypisch für den Prototyp der Gruppe bewertet wird. So war das bei den Pol*innen, die 2004 der EU beitraten und als eher »osteuropäisch« und damit fremd angesehen wurden. Es wurde erwartet, dass sie sich in besonderer Weise und möglichst umfassend an die Regeln und Normen anpassten. WRX gibt zu bedenken, dass es ja auch genauso möglich wäre, sich über frischen Wind zu freuen und gespannt zuzuhören, was denn polnische Menschen so in die europäische Gruppe mit einbringen. Weit gefehlt – vielleicht interessierte man sich ja noch in Berlin für ein polnisches Restaurant, aber das war es dann auch schon.

Wenn die Neuzugänge – oder die »unterlegene« Gruppe – sich schlichtweg anpassen, gibt es natürlich kein Problem. Vielen Ossis, die sich nach einem Staat wie der BRD gesehnt hatten, fiel die Integration zunächst leicht. Sie zogen nach Westdeutschland, passten sich in Kleidung und Gebaren schnell an, studierten und machten Karriere. Jene dagegen, die etwa das soziale Miteinander in der DDR vermissten, wurden als »Ostalgiker« beschimpft, man hörte ihnen nicht zu und überließ sie ihrem Schicksal. Manche Soziolog*innen machen diesen Umstand dafür verantwortlich, dass im Osten Deutschlands extreme und radikale Parteien besonders viel Anklang finden. Das scheinen Gruppierungen zu sein, die sich für die Alleingelassenen interessieren, ihnen zuhören und sie nicht verbessern oder verändern wollen, ihnen in der Sprache der Sozialpsychologie ihre Identität lassen. Und damit der Unterschied zur Mehrheitsgruppe der Wessis noch deutlicher zu spüren ist, bieten sich extremere Meinungen an. Ist doch wunderbar, wenn sich die Wessis darüber aufregen, wenn wir »Ausländer raus!« schreien oder Björn Höckes AfD wählen. Nüchtern gesprochen schafft das eine hervorragende Unterscheidung zur Mehrheitsgruppe und eine starke Identität.

Dieser Prozess ist übrigens bei Firmenfusionen ähnlich, und hier hat mir Mummendeys Ansatz bei Coachings immens geholfen. Der Fehler, den Coaches nämlich normalerweise machen, ist, direkt und allein auf die Gemeinsamkeiten zu fokussieren. Tatsächlich sollte davor jedoch eine andere Frage beantwortet werden: »Wie bringen wir unsere Identität mit ein, ohne sie zu verlieren?« Also: Was gehört so sehr zu uns, dass wir es auch in einem größeren Verband nicht aufgeben wollen? Was darf nicht einfach vom Prototyp, den ja meist die größere Gruppe aufstellt, weggenommen oder geschluckt werden?

Manchmal sind das Regeln, Rituale oder Normen, die von außen betrachtet wie Bagatellen erscheinen. In meiner Arbeit mit Fusionen von deutschen und niederländischen Firmen stellte sich häufig heraus, dass die Essenszeiten für Niederländer und Deutsche wichtig und unverhandelbar waren. Während die Niederländer um 18:00 Uhr oder gar früher zu Abend essen, geschieht das bei den Deutschen viel später. Und während die Deutschen an Krawatten nichts Obszönes finden, bestehen die Niederländer auf ihrer Kombination von weißem T-Shirt unter offenem Hemdkragen.

Solche Unterschiede sollte man nicht unter den Tisch kehren, denn unterschwellig produzieren sie immer wieder Zwist, weil aus d*em Kleinen gern etwas Größeres erschlossen* wird. Es eskalierte mitunter, wenn die Deutschen den Niederländern vorwarfen, dass sie »ihre Unterhemden« vor internationalem Publikum zur Schau trugen und »die Deutschen abends die Arbeit machen ließen«, und die Niederländer sich über die »ungeselligen« Deutschen mit ihren »altmodischen« und »reaktionären« Schlipsen mokierten. Wie wir aus Beziehungen wissen, kann man sich über offene Zahnpastatuben und andere Lappalien so sehr streiten, dass der Laden irgendwann auseinanderfliegt.

Ich habe festgestellt, dass manche Unterschiede besser bestehen bleiben sollten, als dass man sie zum Nachteil einer Untergruppe auflöst. Manchmal sind Kompromisse möglich, manchmal nicht – in jedem Fall sollten unterschiedliche Eigenarten benannt und diskutiert werden, damit die andere Gruppe erfährt, was sie einem bedeuten. Es war hilfreich, zu erfahren, dass das Tragen von T-Shirts nicht etwa bedeutete, dass man Businesskleidung oder gar Hierarchien keine Wertschätzung entgegenbrachte, sondern dass die Niederländer das gerade schick fanden. Und es half, dass die Niederländer verstanden, dass die späten Essenszeiten in Deutschland nichts mit mangelndem Familieninteresse zu tun haben, sondern dem Umstand geschuldet sind, dass die Deutschen nach dem Abendessen nicht mehr arbeiten wollen (die Niederländer setzen sich dagegen oft wieder an den Computer, wenn die Kinder im Bett sind).

Die Theorie wirft auch ein neues Licht auf den Holocaust. Mummendey nimmt an, dass die jüdische Bevölkerung aus der Perspektive der Nazis gerade für die Kategorie »Deutsche«, zu der sie gehörte, gefährlich war – es handelte sich also nicht um einen Intergruppenkonflikt, sondern um einen Intragruppenkonflikt. Vor allem die intelligente gebildete jüdische Bevölkerung hob sich deutlich vom Prototyp des blonden großen Ariers mit den »deutschen« Tugenden wie Disziplin, blinder Gehorsam, starre Geschlechterrollen etc. ab. Gerade der Intellekt und das selbstständige Denken waren den Nazis nicht zuträglich, denn sie wünschten sich eine leicht zu manipulierende, ungebildete Masse. Deshalb ernannten sie die jüdische Intelligentia zur Gruppe der schlechteren Deutschen. In der Vorstellung der Nazis sägten diese am Wertegerüst der Leitkultur, die sie gerade aufbauen wollten. Genau das steckte hinter dem Vorwurf, Juden seien »subversiv«. Sie zersetzten *von innen heraus* das System.

Abwertungen anderer Gruppen fallen heftiger aus, wenn sie als »subversive« Untergruppen innerhalb des eigenen Systems wahrgenommen werden. So kommt es, dass manche Menschen Verhaltensweisen von Moslems in Deutschland, wie das Tragen eines Kopftuchs, das Ausrollen eines Gebetsteppichs während der Arbeitspause oder den Bau von Moscheen in der City, als einen Angriff auf ihre eigenen Werte verstehen und darum verachten. Es ist kein Widerspruch, dass dieselben Leute an türkischen, ägyptischen oder marokkanischen Stränden ihren Billigurlaub genießen und die Gesänge der Muezzin als romantisch oder exotisch empfinden. Dort bedrohen Kopftücher oder Gebetsteppiche ja auch nicht das Deutsche, während ihnen das in Berlin oder Bielefeld unterstellt wird.

Diese Theorie kann auch sehr gut erklären, warum Aussteiger*innen und Konvertit*innen von ihrer ehemaligen Gruppe schlechter behandelt werden als jemand, der zwar dasselbe tut, aber nie zur Gruppe gehört hat. Dementsprechend fänden Deutsche es verstörender, wenn eine deutsche Christin zum Islam konvertiert und ein Kopftuch trägt, als wenn etwa eine Algerierin das tut. Die Gruppe zu verlassen bedeutet nämlich, ganz bewusst vom heiligen Wertegerüst zu steigen.

Auch ein *Schisma* – die Spaltung einer Gruppe in zwei neue – führt zu nachhaltigen Anfeindungen, weil beide behaupten, jeweils den wahren Glauben zu leben. Die Reformation und die nachfolgenden Kriege zeigen das eindrücklich. Und unsere Parteien streiten sich darum, wer das »eigentliche« Links oder Rechts ist. Wir sehen das zum Beispiel bei der SPD und der Linkspartei – beide halten sich für die jeweils besseren »Genossen« und behaupten, die anderen hätten ihre Werte verkauft. Es ist nicht trivial und kann durch diese Perspektive gut erklärt werden, dass die SPD lieber mit der CDU/CSU koaliert als mit den Linken. Die Nähe zu den Ideen der Linken führt zu einem Kampf um Identitätsgrenzen.

Was tun mit diesen Einsichten? Für Mummendey ist klar, dass Fusionen nötig sind und dass es sinnvoll sein kann, sich in größeren Verbänden zusammenzutun. Sie und wenige andere würden bestreiten, dass die Wiedervereinigung der richtige Weg war, vor allem vor dem Hintergrund von Alternativen, wie der Idee, ein separates, unabhängiges, aber freies Ostdeutschland zu errichten, die man 1989 noch häufig hörte.

Damit eine Fusion gelingt, sollte man von jedweder Leitkultur absehen. Es empfiehlt sich im Gegenteil, übergeordnete Werte und Regeln vage zu konstruieren, damit sie durchlässig und offen bleiben. Je offener, umso weniger Streit gibt es zwischen den vielen Untergruppen, die in der großen Gruppe Platz finden. Alle können für sich bestehen bleiben, und es gibt keinen engen Prototyp für »Deutsch« oder »Europäer«, der auf viele nicht zutrifft. Wenn zum Beispiel Deutschsein nicht notwendigerweise mit dem Christentum verbunden ist, wären auch andere religiöse Glaubensgemeinschaften nicht absonderlich oder weniger wert. Wenn »Familie« nicht als Vater-Mutter-Kind(er) definiert wird, gehören auch Patchwork-Konstellationen oder Alleinerziehende dazu, ohne schief angesehen zu werden, weil sie dem Prototyp nicht entsprechen. Wenn Geschlecht nicht als M oder W festgelegt ist, können sich auch Menschen hier wohlfühlen, die sich anders definieren oder die diese Unterscheidung irrelevant finden. Dies reduziert Diskriminierung von Kleingruppen innerhalb der großen Gruppe und lässt es zu, dass sich alle gleichermaßen entfalten können.

So könnte die Basis von etwas entstehen, das über Toleranz hinausgeht. Es reicht nämlich meiner Meinung nach nicht, wenn sich Menschen unterschiedlicher Gruppierungen lediglich dulden oder ertragen – das ist eine zu fragile Basis für ein gutes Zusammenleben und scheint mir eine fragwürdige Idee der Sozialwissenschaften zu sein. Wenn es nur um Duldung geht, werden, sobald es Ressourcenkonflikte oder Krisen gibt, die Schwerter gezogen. Um sich mögen zu können, müssen Gruppenwerte so beschaffen sein, dass sich alle darin wiederfinden. Es ist einfacher, die Eigenarten des anderen zu mögen, wenn sie zum allgemein akzeptierten Wertesystem passen. Also: Ich kann dich mögen, weil du ein deutscher Hindu bist, denn in unserem Wertekanon sind diese Religionszugehörigkeit und sowieso Vielfalt der Meinungen mit eingeschlossen.

Mummendeys Ansatz führt notgedrungen zu einer gesellschaftlichen Diskussion, wer wir sind und wie wir sein wollen. Er verlangt von der Politik Entscheidungen hinsichtlich einer deutschen Identität, aber fordert auch Unternehmen und Organisationen auf, sich über ihre Werte im Klaren zu sein und sich Systemgrenzen gut zu überlegen. Sie können dadurch Konflikte verhindern und eine gute Arbeits- und Lebensatmosphäre schaffen.

Bildung als Prophylaxe

Manchmal erscheinen mir all die Ideen oder Forderungen wie ein Riesenberg, der kaum zu bewältigen ist. Und doch, wenn ich mir die jetzige Jugend ansehe, die ich als politisch sehr interessiert und aktiv erlebe, bekomme ich richtig Lust, weiter an dem Thema zu arbeiten. Eine Journalistin, die gerade mit mir ein Interview über Vorurteile geführt hat, berichtete mir, dass ihre zehnjährige Tochter überhaupt nicht begreifen kann, was man gegen Schwarze, Nordafrikaner oder Flüchtlinge haben könnte. Was bringen diese Jugendlichen mit, was macht tolerante Menschen aus, die so denken? Ist es Intelligenz, geistige Flexibilität oder ein guter Selbstwert, der sie so werden lässt?

Tatsächlich gibt es kaum Studien, die den Zusammenhang zwischen Intelligenz und Diskriminierung oder Vorurteilsneigung untersucht haben. Diejenigen, die es taten, fanden das, was man erwarten würde: Menschen, die in mathematischen oder verbalen Intelligenztests schlecht abschneiden, haben mehr Vorurteile. Dies selbst dann, wenn man die Bildung oder den sozioökonomischen Hintergrund statistisch herausrechnet. Das heißt, auch ein armes intelligentes Kind, das bisher wenig Bildung erfahren hat, ist im Schnitt weniger rassistisch als ein weniger intelligentes.

Ich habe mehrere Male betont, dass Vorurteile recht schlichte Orientierungshilfen sind – vermutlich helfen sie wenig intelligenten Menschen, in einem immer komplexer werdenden Alltag zurechtzukommen. Zudem geben ihnen konservative Ansichten Gewissheit, während sie die Idee einer sich ständig und dynamisch verändernden Umgebung irritiert und überfordert. Eine kleine Verunsicherung reicht, und schon kann eine neue Information eine Bedrohung bedeuten – es ist, als ob sie Angst davor hätten, dass ein Update ihrer Festplatte sie zum Abstürzen bringt und nichts als ein schwarzer Schirm übrig bleibt. Mit anderen Worten, für sie ist die Vorstellung angenehmer, dass eine Person in das Erwartungsschema passt, das sie von ihr haben, und dass sie so bleibt, wie sie ist. Einen Schornsteinfeger, der in die Oper geht und mit dem Gedanken an eine Geschlechtsumwandlung spielt, können sie nicht so einfach erfassen.

Ein Teil der Intelligenz ist eine Persönlichkeitseigenschaft, die angeboren ist, jedoch kann man den IQ durch gute Schule und Erziehung steigern. Im höheren Alter kann man den Abbau der kognitiven Leistungen aufhalten oder zumindest verlangsamen, wenn man sich mental fordert, etwa weiterhin Sprachen lernt oder ein Musikinstrument. Insgesamt sollte man den Faktor Intelligenz allein aber nicht zu hoch einschätzen, denn auch die kognitiven Fähigkeiten eines sehr intelligenten Menschen schwanken, zum Beispiel, weil er sich nicht immer gut konzentrieren kann. Dies aber ist, wie wir gesehen haben, die Basis für viele automatische und auch vorurteilsgetriebene Effekte. Wenn man müde ist, abgelenkt oder unter Zeitdruck steht, nutzt man eher stereotype Denkweisen und Verhaltensmuster.

Zudem kann die *formale Bildung* bei vielen Menschen einen Intelligenznachteil wettmachen, vor allem natürlich dann, wenn Toleranz und Verständnis für den anderen und die Welt das Bildungsideal der Schule sind – und nicht etwa, eine Kaderschmiede zu sein, die überhebliche Schüler*innen heranzüchtet.

Gestern pfiff eine Mutter ihren lärmenden Sohn im Supermarkt zu sich und zeigte auf einen Warenauffüller: »Gernot, wenn du dich weiterhin so aufführst, dann hilft auch das teuerste Internat nichts. Dann musst du später so eine dumme

Arbeit machen wie dieser Mann da.« »Dieser Mann da« sagte daraufhin: »Gernot, hoffentlich ist das Internat, auf das du gehst, nicht nur teuer, sondern bringt dir auch bei, dass man keine ehrlich arbeitenden Menschen beleidigt.«

Tolerantes Verhalten oder Egalitarismus, also das Ideal vollkommener Gleichheit in der Gesellschaft, entwickelt sich besonders in der Pubertät – genauso, wie sich Engstirnigkeit im Teenageralter herausbildet. Ob die Waage in die eine oder die andere Richtung ausschlägt, auch hierfür wird Bildung als Hauptfaktor genannt. Da in der Pubertät die Eltern an Einfluss verlieren, während Lehrer*innen – und natürlich Peers – die Einstellungen und Verhaltensweisen stark prägen, lastet einige Verantwortung auf den Schulen. Sie werden zu einer wichtigen Ressource, was den Abbau von diskriminierenden Verhaltensweisen in der Gesellschaft angeht, die genährt und unterstützt werden sollte. Neben Inhalten geht es aber immer auch um die Stärkung des psychischen Systems von Schülern und Schülerinnen.

Bleibt die Frage, was spezifische Vorurteilstrainings eigentlich bringen? Machen das nicht vor allem Leute, die von vornherein schon tolerant sind? Das wäre nicht wenig, denn auch sie brauchen ab und zu Bestätigung, in einer Gesellschaft, in der sich die bürgerliche Mitte nach rechts zu verschieben scheint. Insgesamt, so die Forschung, haben von Fachkräften durchgeführte Diversity-Trainings einen positiven Effekt auf das Betriebsklima und das soziale Miteinander. Und sie reduzieren bei einzelnen Personen nachhaltig diskriminierendes Verhalten. Meiner Erfahrung nach ist für den Erfolg notwendig, anzuerkennen, dass man selbst Vorurteile haben könnte und manchmal diskriminiert.

Um mir meine eigenen Schubladen bewusst zu machen, nutze ich den impliziten Assoziationstest (IAT). Dabei interessieren mich besonders die Unterschiede der Testergebnisse über die Zeit hinweg. Als ich Ende der 90er-Jahre an der Columbia University in New York forschte, hatte Tony Greenwald den Rassismus-IAT gerade neu erfunden und wollte meine Meinung dazu hören. Er testete mich in den ersten Wochen meines USA-Aufenthalts und traute seinen Augen nicht: Als einer der wenigen Testpersonen hatte ich eine deutliche Präferenz (!) für Schwarze. Ein recht irritierendes Ergebnis. Ich selbst war natürlich erleichtert, hatte aber zunächst keine Erklärung dafür. Drei Monate nach meiner Ankunft in den USA maß ich noch einmal nach und erzielte ein vollkommen anderes Ergebnis: Ich hatte nun deutlich negative Vorurteile gegenüber Schwarzen! Dabei hatte ich selbst keinerlei Einstellungsänderung gegenüber Schwarzen bemerkt. Im Gegenteil, da ich nun auch schwarze Kolleg*innen hatte, hatte ich eher vermutet, dass meine Einstellung noch positiver geworden wäre.

Nach einer längeren Suche nach Gründen wurde dieser Wandel aber nachvollziehbar: In meiner Jugend vergötterte ich schwarze Sängerinnen wie Grace Bumbry, Marian Anderson und auch Ella Fitzgerald. Später setzte allen die unerreichbare Jessye Norman die Krone auf. Und da ich oft Musik hörte, ist es kein Wunder, dass für mich »schwarz« sogar positiver war als »weiß«. Bis ich nach New York zog.

Wir wohnten in Butler's Hall, einem schönen Gebäude, an der Grenze zu Harlem, damals als Problemviertel bekannt. Tatsächlich zeigten uns jeden Morgen die regionalen Nachrichtenprogramme, wie in Harlem Schwarze von der Polizei abgeführt wurden, und wenn wir Dokumentationen über berüchtigte US-Gefängnisse sahen, war der Schwarzenanteil der Insass*innen meist recht hoch. Kolleg*innen klärten mich zudem auf, dass Kriminalität vor allem in Vierteln passierte, in denen überwiegend Schwarze lebten. Durch all dies hatten sich wohl stereotype Assoziationen eingeschlichen, an deren Entstehung ich mich völlig unschuldig fühlte – trotzdem schlugen sie sich im IAT-Ergebnis wohl nieder.

Seitdem nutze ich den Test auch gern in Trainings. Selbsterkenntnis ist der erste Weg zur Besserung – wenn man weiß, wie schnell man Stereotype im Gedächtnis ablegt, kann man sich beobachten und aufpassen, ob sie sich nicht vielleicht ab und zu im Alltag zeigen.

Vom Selbstwert zur Wertschätzung der anderen

Als ich Kind war, gab es den Zwiebelkopf. Er schaute tagein, tagaus, die Arme über einem auf das Fensterbrett gelegten Kissen verschränkt, aus dem Küchenfenster und kommentierte, was er sah. Wir Kinder hassten ihn. Sobald wir einmal laut wurden, schrie er: »Ihr kommt alle in die Hölle!«, wenn wir etwas Neues taten, wie unseren Hamstern Kleider anzuziehen, kommentierte er: »Die Lehrer sollten euch barfuß durch den Wald schicken!« Und auch Erwachsene ermahnte er fortwährend. Kam meine Cousine mit einem schwarzen britischen Soldaten nach Hause, machte er Affengeräusche, ließ der vierzehnjährige Peter sich die Haare wachsen, rief er laut »Eiteitei!«, und wenn meine Mutter einen neuen Rock ausführte: »Na, Frau Förster, da haben wir wohl den Geburtsschein verloren?« Aus der Distanz betrachtet tut er mir leid. Der Zwiebelkopf hatte sicher ein Selbstwertproblem.

Unter *Selbstwert* verstehen wir die Bewertung, die wir uns selbst geben: Finden wir uns im Allgemeinen gut? *Selbstvertrauen* (Selbstsicherheit) bezieht sich auf die Einschätzung der eigenen Kompetenz (»Ich bin in Mathe super«), also was man kann und wozu man fähig ist. Aber nicht nur Leistung bestimmt, wie wir uns insgesamt einschätzen, auch Aspekte der eigenen Persönlichkeit (»Ich finde es toll, dass ich so sozial bin und ökologisch denke«), Erinnerungen (»Damals war es so schön, als wir uns den Urlaub gegönnt haben«) und das allgemeine Empfinden (»Ich fühle mich gut in meinem Körper«) spielen bei der Selbstbewertung eine Rolle. Selbstwert ist eine zentrale Ressource und gleichzeitig das Ziel jedes Menschen, denn wir alle wollen uns gut fühlen. Auf einen hohen Selbstwert hinzuarbeiten ist *Selbstregulation*.

Wir tun vieles, um uns positiv bewerten zu können. Positiv ist das, was die eigene Gruppe oder Clique für wertvoll erachtet. Zu einem großen Teil geben die sozialen Normen vor, wann sich jemand mit welcher Leistung oder Eigenschaft gut fühlt. Um ein Beispiel zu geben: Ein älterer Mensch in Deutschland ist angesehen, wenn er viel besitzt. Also hat unsere Generation möglichst viel gearbeitet und sich einiges gekauft, um letztendlich gut bewertet zu werden und so den Selbstwert zu steigern. Normen ändern sich aber. Viele Jugendliche wehren sich derzeit gegen diesen Materialismus, ihr Selbstwert steigt, wenn sie erzählen können, dass sie sich vegan ernähren, ab und zu vom Containern leben oder einen Urlaub mit Interrail gemacht haben. Ziele zu erreichen, die in der Gruppe angesagt sind, ist selbstwertdienlich, führt zu einer guten Stimmung und ist gesund.

Sozialen Normen zu folgen ist ein selbstregulatorischer Prozess, der häufig unbewusst abläuft, was bedeutet, dass wir nicht abschätzen können, wie nachhaltig dies ist. Beim Kaufen als Mittel zur Selbstwerterhöhung wird dies besonders sichtbar. Die Forschung zeigt, dass kleine Einkäufe Menschen kurzzeitig einen Kick geben, der manchen Regentag erträglicher macht. Allerdings landen viele Konsumgüter schnell im Schrank, werden alt und unmodisch, und so ist diese Strategie langfristig eher unwirksam. Zudem müssen sich materialistische Menschen oft für ihren Besitz abstrampeln, sind dadurch gestresst und bleiben in langweiligen oder nervtötenden Jobs, die letztendlich nicht glücklich machen. Hat man sich unter großen Anstrengungen ein neues Auto vor das eigene Häuschen gestellt und fühlt sich großartig, trumpft bald die Nachbarin mit einem noch schöneren Wagen auf – so folgt der Selbstwert dem Wertverlust des Autos.

Wenn der Selbstwert sinkt, sollten sich die Menschen, die einen umgeben, warm anziehen. Denn Selbstwertsteigerung wird häufig durch den sozialen Vergleich erreicht, was bedeutet, dass ich mir entweder möglichst Menschen suche, die weit unter meinen Leistungen oder Einschätzungen liegen, oder dass ich andere abwerte, damit ich besser dastehe. Ein Manager, der seinen Selbstwert nicht im Griff hat und gerade einen Riesenverlust in seinem Unternehmen eingefahren hat, läuft Gefahr, die Arbeit der Sekretärin abzuwerten oder das Konkurrenzunternehmen niederzumachen. In solchen Situationen werden oft völlig Unbeteiligte mit hineingezogen. Es könnte sein, dass der Manager den Obdachlosen, der vor dem Entree des Unternehmens liegt und den er sonst in Ruhe lässt, anknurrt oder dass er sich über das Deutsch des chinesischen Kellners lustig macht – was er bei intaktem Selbstwert vielleicht niemals tun würde.

Selbstwert ist sowohl ein stabiles Persönlichkeitsmerkmal, das heißt, manche von uns denken über lange Strecken ihres Lebens, dass sie weniger wert wären als andere, während andere grundsätzlich positiv von sich denken. Er wird jedoch auch stark durch Ereignisse in der Situation beeinflusst, wie Erfolgs- oder Misserfolgserlebnisse, Feedbacks oder persönliche Ereignisse wie Heirat, Scheidung oder Tod eines Angehörigen. Die Veränderbarkeit des Selbstwerts hat einen Vorteil: Man kann ihn in Therapien und Coachings aufbauen, ohne dass jemand anders geschädigt wird.

Schon höre ich Einwände: Sollte man das wirklich flächendeckend tun? Gibt es nicht bereits genug arrogante selbstbewusste Menschen, die nur an sich selbst denken? Wer will schon Massen von überheblichen Schnöseln, die sich alle supertoll finden? Als Professor habe ich einige Generationen von Studierenden erlebt, und ab und zu waren welche dabei, denen schon als Kleinkind von ihren Eltern erzählt wurde, dass sie der nächste Mozart, Picasso oder die neue Steffi Graf wären. Diese solchermaßen Überhöhten wurden spätestens an der Universität irritiert, schlimmstenfalls landeten sie mit depressiven Verstimmungen in meiner Beratungsstelle. Zu viel und unbegründetes Feedback hält einem Realitätscheck nicht stand und erscheint mir nicht hilfreich. Und Arroganz und Egoismus haben nichts mit einem hohen Selbstwert zu tun, im Gegenteil: Wer gut über sich denkt, hat es – so die Forschung – nicht nötig, andere abzuwerten. Zudem hat ein gesunder Selbstwert, der auf Fakten beruht und daher auch nachhaltig wirkt, rundweg positive Auswirkungen.

Hunderte von wissenschaftlichen Arbeiten haben mittlerweile gezeigt, dass Menschen mit hohem Selbstwert psychisch wie physisch gesünder sind, dass sie weniger Probleme in Beziehungen haben, Stresssituationen und sogar traumatische Ereignisse besser bewältigen und beruflich erfolgreicher sind. Die Pionierin der Familientherapie, Virginia Satir, konnte schon in den 60ern feststellen, dass Kommunikation besser gelingt, wenn beide Gesprächspartner*innen einen guten Selbstwert haben. Daher wird in der systemischen Therapie kein Methodenkoffer à la »Sag das doch mal soundso, und schon läuft das Gespräch« gelehrt, sondern mit den Klient*innen am Selbstwert, an ihrer Haltung zu sich und anderen gearbeitet.

Tatsächlich gibt es viel zu viele Menschen, deren Selbstwert jahrelang geschädigt wurde, teilweise durch Eltern, die selbst unter einem niedrigen Selbstwert litten und dies durch die Kinder zu kompensieren versuchten.

»Herr Förster, als ich klein war, war ich übergewichtig, und es gab keinen Tag, an dem mein Vater mir nicht gesagt hat, dass ich eine fette Kuh bin. ›Hella, geh von der Schaukel, du machst die mit deinem fetten Arsch nur kaputt.‹ Mittags und abends gab es immer Riesenportionen Nachtisch für mich, wahre Kalorienbomben.«

»Hat ihr Vater Sie da auch ›fette Kuh‹ genannt?«

»Nein, da war er wie ausgewechselt. ›Iss doch Kind, wenn es dir schmeckt. Ein bisschen Nachtisch hat noch keinem geschadet.‹ Und bei uns war da in fast allem Mascarpone drin, und alles war süß. Leider mochte ich das, und weil mein Vater dann auch immer so lieb war und lächelte, hatte ich das Gefühl einer Verbindung. Ähnlich war es mit der Schule. Jeden Tag beschimpfte er mich als dumm, aber während andere dumme Kinder Nachhilfeunterricht bekamen, schenkte er mir eine Playstation, und da saß ich dann jeden Nachmittag davor. Richtig sadistisch.«

»Sie sind jetzt trotzdem Chefärztin, schlank und gut aussehend. Wie konnte das denn eigentlich passieren?«

»Tja, irgendwie war meine Freundin ein Geschenk. Mit fünfzehn verliebte ich mich in Milli, und sie fand mich einfach schön und gab mir etwas, das ich bis dahin nie gehabt hatte. Ich konnte in den Spiegel schauen und mir sagen: Du kannst was und du bist was. Und dann machte ich die Realschule zu Ende, zog zu Hause aus, ging aufs Abendgymnasium – and the rest is history.«

Frau Rosen beschreibt recht eindringlich, wie äußere Ereignisse oder Personen zu einer bedeutenden Wende führen können. Leider funktioniert das auch in die negative Richtung, das heißt, Partner*innen können einen hohen Selbstwert auch senken, wenn sie ständig an einem herummeckern, fremdgehen oder negatives Feedback geben. Ebenso können Kolleg*innen oder Vorgesetzte einen recht schnell als dummes Dorfhascherl erscheinen lassen – so etwas ist als *Mobbing* bekannt. Frau Rosen beschreibt auch schon kurz, wie man sich dem entziehen kann – man distanziert sich von diesem Gift, man zieht aus, kündigt, trennt sich und sieht zu, dass man solchen Leuten möglichst selten begegnet.

Irgendwann während des Erwachsenenlebens sollte man entscheiden, was man sich antun möchte und was nicht. Im Zweifelsfall hilft ein Coach bei der Ressourcenarbeit. Wenn

Eltern oder Geschwister die Verursacher sind, wirken solche Schädigungen des Selbstwerts häufig lange nach, manchmal bis ans Lebensende, und gerade hier setzt die systemische Therapie an, Ressourcen und Stärken zu erarbeiten, aufzudecken oder sie wiederzufinden, wenn der Zug aus der Kindheit mit all den Abwertungen wieder einmal vorbeifährt.

Um die Wirkzusammenhänge zwischen Diskriminierung und Selbstwert genauer zu untersuchen, erhielten in einer Reihe von Experimenten Teilnehmende mit chronisch niedrigem oder hohem Selbstwert negatives beziehungsweise positives Feedback. Es zeigte sich, dass diejenigen, die sowieso schon schlecht über sich dachten und deren Selbstwert zusätzlich durch negatives Feedback gesenkt wurde, Minderheiten danach stereotyper beurteilten. Sie gaben zum Beispiel schwarzen Angeklagten härtere Strafen als weißen, selbst wenn beiden ähnliche Delikte vorgeworfen wurden, bewerteten die Bewerbungsunterlagen einer jüdischen Bewerberin schlechter als die einer nichtjüdischen oder beschrieben einen schwulen Bewerber herablassend. Wenn nach diesen Abwertungen der Selbstwert erneut gemessen wurde, konnte eine Steigerung festgestellt werden: Tatsächlich half es wohl, nach unten zu treten.

Andere Forscher*innen sahen noch ein wenig genauer hin, denn Versuchspersonen antworten auf Fragen nach dem Selbstwert häufig sozial erwünscht. In der berühmten Skala von Morris Rosenberg sollen sie Aussagen wie »Ich bin im Allgemeinen zufrieden mit meinem Leben« oder »Ich bin eine wertvolle Person« mit 1 (= »Ich stimme absolut zu«) bis 4 (= »Ich stimme absolut nicht zu«) bewerten. Die Erfahrung zeigt, dass Menschen es peinlich finden, dauernd 4 anzukreuzen, weshalb sie häufig das Ergebnis beschönigen. Das kann durchaus unbewusst geschehen, denn unser psychisches System ist normalerweise auf einen positiven Selbstwert ausgerichtet, und man kann den Fragebogen als Möglichkeit nutzen, sich richtig gut zu fühlen, indem man immer die sozial erwünschtesten Antworten wählt. So, als male man sich für einen Moment ein richtig starkes Selbst. Aufgrund dieser Messprobleme bevorzugt man auch hier inzwischen implizite Maße: Es wird die Reaktionszeit gemessen, in der jemand sein Foto oder seinen Namen mit positiven Aspekten verbinden kann (siehe Kapitel »Die Grenzen der Messung von Vorurteilen«). Und da findet man dann in der Tat Menschen, die im Fragebogen einen recht hohen Selbstwert ankreuzen, im IAT aber einen sehr niedrigen aufweisen.

Neuere Studien zeigen: Ein niedriger unbewusster Selbstwert ist Dynamit. Wenn eine Person, die sehr selbstbewusst und selbstsicher *erscheint*, sich *im Unbewussten minderwertig fühlt*, hat sie wenig Kontrollmöglichkeiten über ihr Verhalten. Dieser unbewusste Anteil kann schließlich dazu führen, dass sie andere diskriminiert, obwohl von außen betrachtet nicht erklärbar ist, warum gerade dieser, nach außen hin stolze, sichere Mensch das überhaupt nötig hätte.

Ein Teil der therapeutischen Arbeit am Selbstwert besteht darin, Menschen an ihre grundlegenden Werte zu erinnern. Jeder Mensch, selbst »der schlimmste Verbrecher«, hat Werte wie »Familie«, »Sicherheit«, »Freiheit«, »Liebe«, »Ehre« etc., für die er steht, und die Forschung zeigt, dass die Erinnerung an diese Werte den Selbstwert stärken kann.

Dazu ein Beispiel aus meinem eigenen Leben: Ich hatte über eine lange Zeit beruflich einiges zu ertragen, als mir im Jahr 2012 von einem anonym klagenden Kollegen Datenmanipulation vorgeworfen wurde.[16] Andere Kolleg*innen distanzierten sich von mir, manche, die ich früher als Freunde bezeichnet hatte, ließen mich im Regen stehen, und im Internet tobte ein Shitstorm – mein Glauben an die Menschheit, mein Selbstwert und mein Selbstvertrauen waren naturgemäß im Keller. Da ich längere Zeit schon Coachings in Anspruch nahm und meine Coachin mich gut kannte, erinnerte sie mich während dieser Regentage an meine Werte wie Ehrlichkeit, Freiheit und Kreativität. In diesen Momenten konnte ich wieder aufblühen und erkennen, dass diese Affäre nichts mit mir, sondern nur mit den anderen zu tun hatte. Werte tragen einen auch dann, wenn sich Leidenszeiten lange hinziehen. Trauer, die schwere Krankheit eines Angehörigen, längere Arbeitslosigkeit etc. sind solche langwierigen Krisen. Meine dauerte fünf Jahre, bis eine Analyse 2017 aus Tel Aviv bewies, dass die Vorwürfe unbegründet waren. Da hatte ich bereits, gestärkt durch meine Werte, den Scherbenhaufen hinter mir gelassen und ein eigenes Institut gegründet.

Werte können selbst unbewusste Unsicherheiten abmildern, wie die Psychologin Maja Storch gezeigt hat. Lernt man die eigenen Werte im Alltag präsent zu halten, reduziert das Stress und schafft Abgrenzungen zu bösen Attacken. In meiner eigenen therapeutischen Arbeit gehört das Erarbeiten und das ständige Erinnern an Werte zu den wichtigsten Methoden, damit Klient*innen lernen, mit Krisen umzugehen und sich selbst zu verwirklichen.

Frau Rosen ist ein konkretes Beispiel für einen solchen ressourcenorientierten Prozess. Ihr eigentliches Thema war Prüfungsangst gewesen. Als Chefärztin nahm sie an einer aufwendigen Fortbildung teil und machte sich vor jedem öffentlichen Vortrag in ihrer Klinik verrückt. Nach meiner Beratung führte sie dies auf ihren Vater zurück, der immer noch in ihrem Kopf herumspukte. Nachdem sie mir ihre Werte wie »Fleiß«, »Liebe« und »Wertschätzung« offenbarte, ließ sie sich einen Ring anfertigen, der sie an diese Stützen ihres Selbstwerts erinnerte. Bei ihr war diese Strategie außerordentlich erfolgreich: Sobald sie auf den Ring schaute, fühlte sie sich sicherer. Irgendwann hatte sich die ständige Erinnerung an ihre Stärken so festgesetzt, dass sie den Ring gar nicht mehr brauchte.

Auch bei Vorurteilstrainings sollte eine Wertearbeit nicht

fehlen. Dabei sollten die Werte von den Klient*innen selbst entwickelt oder erarbeitet werden – hier muss der Trainer oder die Trainerin aufpassen, nicht irgendetwas von außen aufzudrücken. Nur die eigenen Werte können den Selbstwert steigern und Vorurteile reduzieren: Claude Steele und Kollegen fanden, dass Versuchspersonen, die vor einer Bewertung eines Minderheitenmitglieds ihre Werte niederschreiben sollten, weniger diskriminierten. Und nur wenn eine Stärke deutlich sichtbar wird, sollte sie als solche benannt werden, und nur wenn eine Leistung wirklich erbracht wurde, sollte sie gelobt werden.[17] Auf Kinder bezogen heißt das, dass nicht jede Kritzelei als »neuer Picasso« in den Himmel gehoben wird, sondern das gelobt wird, was tatsächlich sichtbar wird: »Da hast du dir sicher viel Mühe gegeben, und wenn du weiterhin so fleißig daran arbeitest, wird es immer besser!«

Virginia Satir hat bereits in den 60er-Jahren Quellen für den Selbstwert jenseits des Leistungsbereichs gefunden. Erfolg durch Leistung ist ja nicht der einzige Zufluss, auch ein schöner Körper und seine Gesundheit, soziale Fertigkeiten und Intellekt nähren den Selbstwert. Es gibt immer etwas, was einen stolz macht, man muss nur danach suchen – diesen konstruktiven Prozess kann man sowohl bei Kindern als auch bei Erwachsenen mit Selbstwertproblemen unterstützen. WRX ist jetzt neugierig, wie ich dem Zwiebelkopf wohl heute begegnen würde. Ich denke, ich würde ein Schwätzchen mit ihm halten – für mich ist Wertschätzung, sofern man dafür nicht über seinen Schatten springen muss, der Weg. Es hatte sicher seine Gründe, dass der Zwiebelkopf so ätzend war. Vermutlich war er es gewohnt, dass man ihm nur dann Aufmerksamkeit schenkte, wenn er sich unfreundlich verhielt. Es ist immer einen Versuch wert, auf Menschen, die sich besonders unfreundlich benehmen, ausgesprochen freundlich zu reagieren.

Der Selbstwert kann durch vieles aufgebaut und verteidigt werden. Man braucht dazu keine Aggression. Wenn mir jemand aus heiterem Himmel etwas vorwirft, ohne dafür genügend Anhaltspunkte zu haben, dann geht es dabei nicht um mich, sondern um diese andere Person, um deren Ängste, Unsicherheiten, deren Inkompetenz oder andere Probleme. Da hilft es, sich zu fragen: Warum hat sie das gesagt, warum ist das wichtig? Was bildet sie sich ein, hat sie vielleicht intellektuelle Defizite, die sie auf diese Weise vertuschen will – und was hat das alles mit mir zu tun?

Forschung zu Diskriminierungsopfern zeigt, dass sie ihren Selbstwert hochregulieren können, wenn sie verstehen, dass negatives Feedback von anderen auch auf Diskriminierung zurückgeführt werden kann, dass es gar nicht um mich als Person, sondern um mich als Mitglied der Gruppe Afrikaner*innen, Behinderte, Alte etc. geht. So war es für eine meiner Kolleginnen schmerzhaft, aber hilfreich, als ich ihr erzählte, dass sie eine Professur nicht bekommen hatte, weil sie eine Frau war. Ich hatte das Geschehen in der Berufungskommission mit viel Ärger beobachtet und trotzdem lange gehadert, ob ich es ihr sagen sollte. Ich sah jedoch, wie traurig sie die Ablehnung machte. Die Information, dass sie diskriminiert worden war, wollte sie zwar nicht juristisch nutzen, jedoch wurde aus ihrer anfänglichen Depression Wut – und Wut ist eine sehr lebendige negative Emotion, die ihr im Gegensatz zu Traurigkeit Handlungsfähigkeit erlaubte. Sie nutzt diese Energie nun, indem sie sich verstärkt für Frauenrechte einsetzt.

Freilich schießen Minderheitenangehörige manchmal über das Ziel hinaus und sehen Diskriminierung in Feedbacks, die allein gegen sie als Person gerichtet sind. Jedoch ist im Alltag der Gedanke, dass ich als Mitglied einer Minderheit nicht fair behandelt werde, recht naheliegend und in jedem Fall eine gesündere Interpretation als »Die haben ja recht, ich bin dumm, wertlos und sollte hier verschwinden«. Oftmals kann man den

»wahren« Grund für ein Verhalten eines anderen nicht ergründen – es gibt immer Interpretationsspielraum –, da stellt sich ganz nüchtern die Frage: Warum sollte ich alles Negative auf mich selbst beziehen? Forschung zeigt, dass Menschen, die Fehler auf andere schieben und Erfolge auf sich beziehen, psychisch wie körperlich gesünder sind, Probleme besser lösen, beruflich erfolgreicher sind und im sozialen Bereich stabilere und mehr sinngebende Beziehungen erleben. Allein Menschen, die vielerorts als »Depressive« bezeichnet werden, beziehen mindestens genauso viele Erfolge wie Misserfolge auf sich selbst. Offensichtlich tut ihnen das nicht gut.

Mir half es damals während des Shitstorms, als ich bemerkte, dass es eher die unterste Liga war, die sich gegen mich wandte. Also lohnt sich die Frage: Ist es wichtig, was derjenige sagt, der mich angreift? Und warum sollte man Kritik von Leuten akzeptieren, die man vorher niemals um Rat gefragt hätte? Gerade Diskriminierungsopfer, die sich häufiger unfaire Bewertungen anhören müssen, sollten sich fragen, ob es das Zuhören oder Reagieren überhaupt wert ist. In der Beratung würde ich also stets hinterfragen, ob das selbstwerterschütternde Feedback von einer wichtigen Person kam, einen wichtigen Bereich des Egos betrifft oder warum man es eigentlich so ernst nimmt. Ich habe es mir angewöhnt, Kritik zu ignorieren, die keine andere Absicht hat, als mich kleinzureden. Die vielen anonymen Kommentare, denen viele heutzutage im Internet ausgesetzt sind, kann man doch leicht als böswillige Angriffe verstehen, die ansonsten keinen Zweck verfolgen. Es erscheint mir eine vernünftige Option, den Dreck gar nicht erst zu lesen. Wer sich nicht in den Dreck begibt, macht sich auch nicht unnötig schmutzig. Auch viele meiner Klient*innen, die in einen Shitstorm gerieten, schauen sich die Häme gar nicht mehr an und werden so den Mobber*innen überlegen. Wer einem etwas sagen will, soll es gefälligst von Angesicht zu Angesicht tun.

Zudem kann ich mit Menschen, die an Selbstwertproblemen leiden, gemeinsam schauen, ob sie sich nicht zu hohe Ziele gesetzt haben. Wenn eine Schauspielerin zu Tode betrübt ist, weil sie noch nie einen Filmpreis gewonnen hat, könnte man ihr von der statistischen Wahrscheinlichkeit berichten, einen solchen Preis zu gewinnen, oder mit ihr gemeinsam die Mitglieder von Jurys anschauen, um zu untersuchen, ob wirklich alle so kompetent und unbefangen sind, wie man denken möchte.

Standards zu relativieren heißt es auch oft im Alter. Wer seinen Selbstwert daraus zieht, dass er an der Beinpresse hundert Kilo stemmen kann, der wird irgendwann, spätestens ab siebzig, seine Erwartungen auf ein realistisches Maß senken und sich an das Gegebene, hier an die Konsequenzen des Älterwerdens, anpassen müssen – psychologisch *Akkomodation* genannt –, um nicht verbittert zu werden und damit sich und anderen den Rest des Lebens schwer zu machen.

Gute Erfolge bei der Selbstwertsteigerung zeitigen auch *Achtsamkeitstrainings*. Dabei lernt man, im Hier und Jetzt zu leben und die Gegenwart zu genießen. Oftmals entsteht ja ein niedriger Selbstwert aus einer länger anhaltenden negativen Stimmung – wenn man häufig mies drauf ist, wird man das irgendwann auf sich selbst beziehen (»Wenn alle anderen dauernd Party machen und ich immer traurig bin, muss etwas mit mir nicht stimmen«). Eine ungute Stimmung entsteht oftmals aus Sorgen, die man sich um die Zukunft macht, oder aus Erinnerungen an schlechte Zeiten. Frau Rosen beispielsweise musste dauernd an ihre furchtbare Kindheit denken, zudem machte sie sich Sorgen, was ihre Zukunft als Chefärztin in der Klinik angeht. Viele Menschen, so die Gestaltpsycholog*innen, stehen mit einem Bein in der Vergangenheit und mit dem anderen in der Zukunft. Und dabei pissen sie auf die Gegenwart. Tatsächlich ertappe ich mich, während ich gerade auf dem Balkon in der Sonne am Stehpult diese Zeilen schreibe, bei einem ähnlichen Muster. Ich denke dauernd an den unschönen gestrigen Tag, weil mich ein AfD-Wähler im Internet beleidigt hat, und mache mir Sorgen, ob ich das Buch termingerecht fertigbekomme. Achtsamkeit lässt mich auf die Gegenwart schauen, und die ist im Gegensatz zu gestern und morgen gerade wunderschön: Balkon, Sonne, ein neuer Laptop, französische Duftrosen ... Schon geht's weiter im Text ...

Insgesamt steigt der Selbstwert, wenn ich mich an meine Werte, Ressourcen, Talente erinnere statt an meine Schwächen, wenn ich mir aktiv ein Umfeld schaffe, das mich unterstützt statt schwächt, und wenn ich mir immer bewusst mache, dass ich für meine Fehler und Erfolge entweder mich oder andere verantwortlich machen kann. Um mit meiner Coachin zu sprechen, der wunderbaren Roswitha Schüttensack: »Für die Stimmung bist immer nur du selbst verantwortlich.« Gut, manchmal braucht man einen Coach, der einem einen Schubs gibt.

Zu guter Letzt sei darauf hingewiesen, dass ein positiver *sozialer Selbstwert,* also der, den man aus der Gruppenzugehörigkeit bezieht, ebenfalls günstig ist, um Diskriminierung zu reduzieren. Wenn ich meine Gruppe gut finde und ihre Existenz für nicht bedroht halte, muss ich nicht notgedrungen die anderen schlechtmachen. Das haben wir aus der Arbeit mit Familien gelernt. Auch hier lösen sich Konflikte, wenn der Selbstwert des Familiensystems gestärkt wird – am besten dadurch, dass alle Mitglieder sich gegenseitig stärken.

WRX besteht darauf, dass ich dieses Kapitel mit Virginia Satirs vier Empfehlungen zu einem hohen Selbstwert beschließe:

1. Erkenne dein wahres Selbst!
2. Schließe Freundschaft mit dir!
3. Mach dir eigene Denkmuster bewusst.
4. Lerne, Nein zu sagen, wenn eine Aufgabe nicht deinem wahren Selbst entspricht.

Die »Kontakthypothese«
oder: *Love rules*

Ich gebe es zu: Ich hatte einmal Vorurteile gegenüber Leuten, die meditieren. Die auf dem Boden sitzen und so aussehen, als ob sie nichts tun. Als Ostwestfale mit protestantischer Arbeitsethik hatte ich fast körperlich Abscheu vor »Nichtstuern«. Meditation gehörte für mich in die Schublade »Da kommt ja nichts bei rum, was man sehen könnte«.

In meiner Therapieausbildung lernte ich dann viele Leute kennen, Menschen, die Literatur lasen, ins Theater gingen und sich mit Politik beschäftigten. Ich fand sie spannend, ich mochte sie, manche wurden Freundinnen und Freunde, und irgendwann später erfuhr ich von einigen, dass sie meditierten. Ich probierte einige Meditationen aus, doch die meisten gefielen mir nicht. Immer, wenn ich stillsitze, wird mir komisch, manchmal sogar richtig übel. Später erst entdeckte ich Bewegungsmeditationen, wie die Schwertmeditation, die mir mehr zusagten, und viele Achtsamkeitsübungen, die man in alltägliche Bewegungen wie Zähneputzen und Radfahren integrieren kann. Letztere passen auch wieder in das Wertesystem eines in Ostwestfalen-Lippe Geborenen, denn man verliert kaum Zeit damit.

Dieses kleine Beispiel illustriert die *Kontakthypothese*, die besagt, dass Kontakt mit Fremdgruppenmitgliedern die eigene Wahrnehmung positiv verändern kann. Auf ihrer Logik basieren städtebauliche Konzepte, bei denen Wohngebiete für Menschen unterschiedlichen sozialökonomischen Hintergrunds geschaffen werden, was unter anderem bedeuten kann, dass in den »besten Vierteln« Sozialwohnungen gebaut werden. Nicht selten führt das zu Protesten der Anwohner*innen. Ich erinnere mich gut daran, wie ich in Amsterdam, in einer der »besten Straßen« der Stadt wohnend, Petitionen im Briefkasten fand, in denen es darum ging, die Prostituierten aus diesem Viertel zu verjagen. Schließlich könnte das Rotlichtgewerbe die Immobilienpreise gefährden. Um es kurz zu wiederholen: Ich bin gegen Prostitution, aber wenn ich sie schon nicht abschaffen kann, dann sollten Prostituierte doch lieber in einer sicheren Gegend arbeiten, in der Polizei nebst privaten Security-Truppen um den Block patrouilliert.

Die sozialpsychologische Forschung kann mehrere Hundert Studien aus vielen Ländern vorweisen, in denen die Kontakthypothese an unterschiedlichsten Gruppen untersucht wurde. In einer Metaanalyse fassten Thomas Pettigrew und Linda Tropp verdienstvollerweise 713 unabhängige Studien zusammen, um zu sehen, ob die Kontakthypothese flächendeckend zutrifft. Die Antwort ist: ja, absolut. Kontakt reduziert Vorurteile und Diskriminierung. Kontakt reduziert die Unsicherheit vor dem Neuen, Kontakt ist auch ein Mittel gegen Ängste vor den anderen.

In meinem Beispiel ging es nicht um große Ängste, eher um Unsicherheit. Ich hatte mir vorgestellt, dass Menschen, die meditieren, über esoterische Dinge oder gar »Erleuchtungen« reden, und das hätte ich recht befremdlich gefunden. Vielleicht hatte ich auch Sorge, dass ich mit solchen Leuten in mühsame Diskussionen geraten würde. Die Wahrnehmung, dass »die ganz normal sind«, sogar häufig interessanter und offener als viele der Leute, die ich bis dahin kannte, stellte sich für mich erst durch den Kontakt her.

In der Metaanalyse wird deutlich, dass die Kontakthypothese vor allem dann zutrifft, wenn Freundschaften entstehen. Beobachtet hat man das unter anderem in palästinensisch-israelischen Jugendfriedenscamps. Vorurteile und Aversionen reduzierten sich drastisch, wenn sich einzelne Mitglieder

der verfeindeten Gruppen anfreundeten oder sogar ineinander verliebten. *Love rules*. Dies mag wenig erstaunen, weniger trivial vor dem Hintergrund der Gedächtnismodelle ist aber, dass sich die Zuneigung zu einem einzigen Mitglied oft schnell und sprunghaft auf die ganze Gruppe ausweitet. Schneller und radikaler als durch Freundschaften kann man offensichtlich kein assoziatives Netzwerk verändern. Daher sind integrative Kindergärten und Schulen an sich sinnvoll, denn sie ermöglichen sowohl Kontakte als auch Freundschaften.

Auch virtuelle Begegnungen, wie sie im Internet und via Film und Fernsehen stattfinden, mindern Vorurteile. Vielen Menschen »begegnen« wir heutzutage nicht mehr von Angesicht zu Angesicht. Auf dem Schirm beobachten wir jedoch genauso, wie unsereins, also Menschen, denen wir uns ähnlich fühlen, anderen begegnet. Solche *parasozialen Kontakte* können ebenfalls eine positive Wirkung haben. So zeigten Studien von Edward Schiappa und Kollegen, dass Versuchspersonen, die mehrere Folgen der US-Serie *Six Feet Under* mit dem schwulen Protagonisten David Fisher gesehen hatten, dauerhaft weniger Vorurteile gegenüber Schwulen zeigten. Ähnliches dürfte geschehen, wenn sich beliebte Personen des öffentlichen Lebens outen. Coming-outs von Thomas Hitzlsperger, Anne Will, Hella von Sinnen, Elton John und Klaus Wowereit, um nur einige zu nennen, sind in ihrer Wirkung nicht zu unterschätzen.

Eher links eingestellte Menschen fordern vermehrt das Coming-out von möglichst allen Homosexuellen. Manche sind so genervt vom Versteckspiel schwuler und lesbischer Sportler und Sportlerinnen, dass sie selbst vor einem Outing nicht zurückschrecken. Hier verdrehen sich auf merkwürdige Weise die Verantwortlichkeiten. Der Grund, warum sich viele Homosexuelle nicht outen, liegt ja zumeist darin begründet, dass sie von Mitgliedern der Gruppe der Heterosexuellen eingeschüchtert sind, dass sie fürchten, ausgegrenzt zu werden oder bestimmte Ziele nicht mehr erreichen zu können. Und das erleben wir ja tatsächlich immer wieder. Vermutlich ist Jens Spahns Coming-out in der konservativen CDU einer der Gründe, warum er bei der Kanzleranwartschaft schnell aus dem Rennen geriet.

Generell wird ein – selbstbestimmtes – Coming-out von den meisten Schwulen und Lesben aber als befreiend erlebt. Die Forschung zeigt, dass Geheimnisse zu hüten sehr viel Energie kostet und sogar krank machen kann. Es stimmt mich als Therapeuten traurig, wenn ich Fußballer mit ihren Frauen sehe, wissend, dass dies nur ein kaltes Arrangement ist, um ihre Homosexualität zu verdecken. Oder wenn die bildhübsche lesbische Schlagersängerin mit einem Typen liiert wird, nur damit sich der Konsument mit ihr im Bett vorstellen kann.

Kontakt fruchtet nicht unter allen Umständen – dies zeigen nicht nur die jüngsten Inklusionsbemühungen in Deutschland, sondern auch schon frühe Beobachtungen in den 60er-Jahren an amerikanischen Schulen, wo man nach der Abschaffung der Rassentrennung versuchte, schwarze, hispanische und weiße Schüler*innen gemeinsam zu unterrichten. Da wollte man eine bessere Welt schaffen, und das Gegenteil war der Fall: Es bildeten sich im Nu Cliquen auf den Schulhöfen, und Mobbing und sogar Ausbrüche von roher Gewalt stiegen im Vergleich zu den Schulen, in denen Ethnien getrennt unterrichtet wurden. Die Vorfälle waren so besorgniserregend, dass schnell von staatlicher Seite darauf reagiert wurde und zahlreiche Psycholog*innen gefordert waren, Trainingsprogramme zu entwickeln. Meist wurde versucht, Empathie und Perspektivenübernahme zu schulen.

Perspektivenübernahme beschreibt die mentale Fähigkeit, sich in andere hineinzuversetzen: Kann ich mir vorstellen, wie eine mehrköpfige Flüchtlingsfamilie in einem einzigen

Raum lebt? Das wäre in der **ABC**-Logik **C**, also die *Cognition*, der Denkprozess. Menschen, die gut im Perspektivenwechsel sind, könnten schnell erklären, warum die Kinder dieser Familie ihre Hausaufgaben nicht machen, würden sofort begreifen, dass in so einem Raum nicht für jedes Kind ein Schreibtisch vorhanden ist. Und sie würden auch umgehend erkennen, dass es den Kindern schwerfallen dürfte, abends früh genug einzuschlafen, weil sich die Eltern noch unterhalten oder die älteren Geschwister noch spielen. WRX mit ihren vielen Köpfen zeigt, was dafür nötig ist: die Möglichkeit, einmal für wenn auch kurze Zeit von außen auf ein System zu schauen, um so die Gesamtgestalt der Situation zu erfassen.

Empathie dagegen ist das Mitgefühl, die Fähigkeit, sich einzufühlen, also *A* wie *Affect*. Jemand mit dieser Fähigkeit wird die Scham fühlen, wenn das Kind vor der Lehrerin steht und seine Schularbeiten nicht gemacht hat, und er wird spontan Gänsehaut bekommen, wenn er sich Details von der Flucht vergegenwärtigt. Meist hängen Empathie und Perspektivenwechsel zusammen, jedoch gibt es auch Menschen, die zwar die kognitive Fähigkeit zum Perspektivenwechsel haben, sich aber nicht gut einfühlen können.

Um Perspektivenübernahme zu trainieren, kann man Rollenspiele veranstalten und in Kursen Informationen über fremde Sitten und Gebräuche vermitteln. Man kann Filme oder Theaterstücke einsetzen, die geeignete Identifikationsfiguren bieten oder in denen Kontakt hergestellt wird. Skeptisch werden viele, wenn Empathietrainings angeboten werden – ist Mitgefühl nicht angeboren? Und ist das nicht überhaupt eher eine weibliche Eigenschaft?

Mittlerweile kenne ich eine Reihe von Methoden, die das Gefühl für andere intensivieren können, sowohl bei Frauen als auch bei Männern. So haben Manfred Nußbaum und ich zum Beispiel gute Erfahrungen mit einem Fußstapfen-Verfahren gemacht, bei dem wir Teilnehmer*innen bitten, sich aus Kartons Schuh- oder Fußsohlen von Geflüchteten zu schneiden, sich darauf zu stellen und einzufühlen. Diese Methode basiert auf neueren Forschungsergebnissen, die zeigen, dass *Embodiment,* also der Einsatz des Körpers, das Nachfühlen von Emotionen erleichtert. Körperliche Empfindungen wie Zittern, Wanken, fest Stehen, Verkrampfungen etc. kennen alle, und sie scheinen die Basis für Gefühle, auch für Mitgefühl, zu sein. Es ist enorm, wie schnell die Teilnehmer*innen so in ihr Gefühl kommen. Menschen, die eben noch kühl überlegen gewirkt haben, fangen an zu weinen, zu stottern, ihnen wird kalt und heiß, und sie kriegen Gänsehaut. Mittlerweile arbeiten Forscher*innen weltweit am Embodiment, und man darf gespannt sein, was sie noch alles finden werden.

Besondere Beachtung fand eine Methode, die Eliot Aronson Anfang der 70er-Jahre mit seinen Kollegen erfand und die er *jigsaw classrooms* nannte (im Deutschen meist »Gruppenpuzzle« genannt). Die Idee dabei ist, dass die Mitglieder verschiedener Gruppen in gegenseitiger Abhängigkeit voneinander Probleme lösen beziehungsweise ein Projekt bearbeiten, beispielsweise gemeinsam eine »ideale Stadt der Zukunft« entwerfen. Die Aufgabe soll so komplex sein, dass sie keiner allein lösen kann und jeder einen wichtigen Eigenanteil einbringen muss, um ein gutes Ergebnis für die Gruppe zustande zu bringen. Das Ergebnis darf nicht als Einzelleistung, sondern nur als Gruppenleistung bewertet werden. Hier wird also eine Kooperation herbeigeführt, die sich angesichts der schwierigen Aufgabe natürlich anfühlt – tatsächlich gibt es ja viele Arbeiten im Alltag, die so gestaltet sind. Wer baut schon ein Haus allein?

Gruppenpuzzles führen zu einer individualisierten Wahrnehmung der Mitmenschen, da jedem schnell klar wird, was die anderen können und wie wichtig deren Einsatz für das gesamte Team ist. Es entsteht also eine positive Begegnung, und sie ermöglicht den Blick auf die persönlichen Eigenschaften der einzelnen Gruppenmitglieder. Aus »der Libanesin« wird Zainab, die die beste Idee von allen hatte, wie man den Park ins Straßenbild integrieren kann. Die Teilnehmenden bemerken zudem, dass sie den anderen ähnlicher sind, als sie bisher dachten. Da erkennt Karl, dass auch Zainab das neue Café in der Südstadt cool findet, und sie hört sogar dieselbe Musikrichtung wie er. So, wie ich damals erstaunt war, dass Leute, die meditieren, auch manchmal in Sterne-Restaurants gehen und Thomas Bernhard lesen. Und wenn Zainab einmal in einer Aufgabe feststeckt, wird Karl in einer solchen Situation lernen, dass es nicht hilft, sie zu mobben, sondern dass er ihr helfen muss.

Neben der Kooperation, die zum Beispiel durch Gruppenpuzzles befördert wird, gibt es weitere Faktoren, die die positiven Einflüsse von Kontakt verstärken können. Einige wurden bereits in den 50er-Jahren von Gordon Allport beobachtet.

Demnach sind die *Langlebigkeit und die Intensität von Kontakten* relevant. Nachbarschaften und Freundschaften mit Mitgliedern anderer Gruppen reduzieren Vorurteile erfolgreicher als eher oberflächliche, sporadische Begegnungen. Zudem sollten sich die Gruppen im *Status ähneln*. Ungleicher Status, also wenn etwa alle Helfer*innen bei der Weinlese Polen sind und die Winzer reiche deutsche Männer, macht ein konfliktfreies Leben schwieriger. Es lebt sich oft gut zusammen, solange alles glattläuft, der Umsatz stimmt, die Sonne scheint und alle gesund sind. Kommt jedoch der erste Regentag, dann schießen die Stereotype in Sekundenschnelle nach oben. Dann hat Frau Nowak nicht etwa einen Termin falsch verstanden, sondern ist sie zu spät gekommen, weil sie eine arbeitsscheue Polin ist. Und alle anderen sind ja genauso. Statusunterschiede verhindern ein Zusammenwachsen von Kulturen, und solange »die Flüchtlinge« und »die Ausländer« nur Hilfsarbeiten verrichten (dürfen) oder im Idealfall unsere Lücken bei Facharbeiter*innen schließen, werden die deutschen

Chefinnen und Chefs auf sie hinabblicken. Nicht alle, aber viele. Studien zeigen, dass Angestellte, die einen schwarzen Chef haben, weniger Vorurteile gegenüber Schwarzen haben als solche, die höhere Tiere nur als Bleichgesichter kennen.

Weiterhin ist es hilfreich, wenn *ähnliche Ziele* verfolgt werden. Wenn in Gruppen irgendwelche Cliquen oder Untergruppen andere Interessen haben, ist Diskriminierung nicht weit. Ich hatte mich damals entschieden, nicht an deutschen staatlichen Universitäten zu arbeiten, weil es mir dort zu viel Ego bei null Engagement für die Forschung gab. Als ich nach Amsterdam ging, wollten »wir niederländischen« Psycholog*innen dagegen richtig gut sein – wir waren auf Kongressen bekannt, wurden Herausgeber*innen von wichtigen Zeitschriften und hatten die besten Doktorand*innen Europas. Allerdings war es vielen Niederländer*innen genug, amerikanische Größen zu imitieren und Trends zu folgen. Die Zugezogenen aber waren mit ihrer eigenen Forschungsagenda angetreten. Sie wollten sich selbst verwirklichen und auch einmal etwas riskieren. Das Ende vom Lied war, dass die Niederländer*innen die Zugezogenen zuweilen als »arrogant«, »durchgeknallt« und »verrückt« bezeichneten, während ihnen die Zugezogenen »Rudeltierverhalten«, »mangelnde Kreativität« und »Kleinkariertheit« vorwarfen. Einige niederländische Universitäten hatten deshalb einen hohen Verschleiß an hoch qualifizierten »Ausländern«, die es irgendwann nicht mehr aushielten und dann doch in den USA ihr Glück suchten.

Auch unterschiedliche Leistungsstandards können Gruppen sprengen und zu Konflikten führen. Wenn Studierende, die Psychologie im Hauptfach studieren, in Arbeitsgruppen auf eine Eins hinlernen, während ihre Kommiliton*innen, die Medizin als Hauptfach gewählt und Psychologie »nur« als Nebenfach belegt haben, wegen der spannenderen After-Work-Partys auch mit einer Vier zufrieden sind, wird daraus schnell ein Überhebliches: »Na ja, wer Psychologie nicht schafft, studiert halt Medizin.« Und von anderer Seite her: »Na ja, wer Psychologie studiert, hat immer einen Schaden.«

Außerdem erschien es Allport notwendig, dass *Gesetze, Autoritäten und Sitten* Inklusionsbemühungen propagieren und unterstützen, damit Anstrengungen Einzelner oder kleiner Gruppierungen nicht verpuffen oder ihnen gar entgegengewirkt wird. Normen in Gesellschaft, Organisationen und Eigengruppe sollten Anderssein ermöglichen und nicht etwa das Gegenteil predigen. Ich kenne einige junge Priesteramtskandidaten, die mit einem großen Herzen für jede Kreatur das Theologiestudium begannen und nach dem Studium recht eng und ausgrenzend dachten. Wenn Toleranz hinter hohen Mauern verblühen muss, dann hilft auch der gute Wille Einzelner, die Pflänzchen der Nächstenliebe zu pflegen, nicht viel. Wenn die eigenen Normen denen der Gruppe arg widersprechen, hat man drei Möglichkeiten: 1. die Gruppe zu verlassen, 2. sich anzupassen, 3. als Revoluzzer*in zu leben. Sicherlich wäre Letzteres in vielen verstaubten Gruppierungen lohnenswert – es ist aber auch kräfteraubend.

Letztendlich ergab die Metaanalyse von Pettigrew und Tropp, dass kooperative Ziele, gleicher Status, das gemeinsame Lösen von Problemen und Unterstützung durch Autoritäten die Wirkung von Kontakt verstärken, aber auch, dass Kontakt selbst dann wirkt, wenn diese Bedingungen nicht oder nur teilweise erfüllt sind. Das bestätigen deutsche Studien, die anhand repräsentativer Befragungen zeigen konnten, dass in Bezirken mit zunehmendem Ausländeranteil die Vorurteile sinken. Kontakt ist demnach eine höchst wirksame Strategie, um Vorurteile zu bekämpfen.

Schluss (mit lustig)

Am Ende der Arbeit zu diesem Buch habe ich WRX zum Essen eingeladen. Ich habe Steinsuppe mit Torfeinlage gekocht, weil sie die so gern mag. Ich will von ihr wissen, was sie uns Menschen raten würde, nach all dem, was sie nun so beobachtet hat. Sie räkelt sich etwas, kratzt sich nacheinander ein paar Köpfe und zermalmt dabei genüsslich ein paar Rheinkiesel. Dann redet und redet sie, und mir schwirrt der Kopf. Plötzlich, als ich ihr etwas durchs Fell kraule, sagt sie: »Ihr seid krass. Ihr seid die einzige Spezies, die so viel darüber debattiert, was gut ist. Und die dann so wenig daraus macht.« Als ich hilflos die Schultern hochziehe, schaut mich ein anderer ihrer Köpfe liebevoll an: »Stimmt ja auch nicht so ganz. Erinnerst du dich an die Geschichte mit Gesa?«

Ich schließe die Augen und erinnere mich: Am Ende des Großraumabteils nimmt ein junger Mann Platz. Er ist schlank, hat riesengroße Augen und ist im Ganzen ziemlich bunt. Überall an seinem Körper prangen Tattoos, auf den Armen, am Hals, auf den unbehosten Waden, und über eine Gesichtshälfte kriecht ein Kirschblütenstrauch. Ziemlich kunstvoll gestaltet, wie da rosa Blüten sanft und konturlos in die Haut überlaufen. Er hat einen Gitarrenkasten dabei, einen großen Rucksack und einen Überseekoffer. Schwierig, das alles in einem deutschen Zug unterzubringen. Gesa deutet mit einem Augenwink auf ihn: »Was für ein schöner Alien«, raunt sie mir zu. Dann kommt der Schaffner. »Ja Herrschaftszeiten, wir sind doch hier nicht in einer WG bei Asozialen.« Offensichtlich spricht der junge Mann kein Deutsch. Der Schaffner reißt ihm die Gitarre vom Schoß und hält sie in die Luft, als wäre er auf einer Bühne und wollte uns allen etwas Schräges zeigen: »Sis häs to go in the overhead compartmant, you understand?« Schon ist Gesa aufgestanden, baut sich vor ihm auf und schaut ihm direkt in die Augen. »Moment mal. Ich habe den Eindruck, Sie behandeln ihn schlecht, nur, weil er anders aussieht. Das werde ich nicht zulassen. Vor Ihnen sitzt ein Fahrgast wie alle anderen.« Der Schaffner erstarrt und gibt dem Mann mürrisch die Gitarre zurück. Schimpft leise etwas von Sicherheit und Unverschämtheit und Das-muss-ich-mir-von-so-einer-nicht-sagen-Lassen. Und verschwindet.

Ich streiche WRX, und wir schreiben den Rest des Buches gemeinsam: Zivilcourage ist nötiger denn je. Auch wenn Gesa vielleicht unrecht gehabt hat, weil der Schaffner womöglich auch jedem anderen die Gitarre vom Schoß gerissen hätte, so ist Zivilcourage in diesen Zeiten, in denen Rassismus, Sexismus und Ausgrenzung wieder en vogue kommen, lebenswichtig. Sie ist wichtig für unser aller Leben. Lieber einmal mehr reinpreschen als einmal zu wenig.

Schon höre ich mich warnend »Achtung« rufen, denn die Rechtsradikalen werden brutaler. Und sie werden mehr. Und sie treten immer häufiger öffentlich auf. Und treten Unschuldige nieder.

Der Schaffner war vermutlich keiner von ihnen, jedoch sind die Auswirkungen der neofaschistischen Bewegung auch beim Normalmenschen deutlich zu spüren. Die Standards der politischen Korrektheit haben sich deutlich in Richtung rechts verschoben, und der Ton wird aggressiver, vor allem gegenüber Schwächeren.

Das kann weitreichende Folgen haben. Wer öffentlich »Absaufen, absaufen!« brüllt und ernsthaft meint, Geflüchtete sollten lieber ertrinken, als »zu uns« zu kommen, der macht auch vor anderen Minderheiten nicht halt, wie die Forschung zeigt. Der ist auch mit großer Wahrscheinlichkeit Frauenfeind, hat keinen Respekt vor alten Menschen und findet es okay, wenn Schwule und Lesben verprügelt werden. Kommt noch die Dehumanisierung hinzu: »Absaufen, absaufen!« spricht Menschen ihre Menschlichkeit und ihr Recht auf Leben ab – und schon sind wir nicht mehr weit von Gewalttaten. Der Fall Lübcke zeigte dies bereits. Wenige Wochen darauf wurde ein Eritreer auf offener Straße angeschossen, aus fremdenfeindlichem Motiv. Und in Halle erschoss nur drei Monate später ein Neofaschist zwei unschuldige Passanten, nachdem er erfolglos versucht hatte, ein Blutbad in einer Synagoge anzurichten. Er hatte vorher ein »Manifest« im Internet veröffentlicht, in dem er versprach, möglichst viele Juden zu töten, darunter mindestens ein Kind. Mit der global agierenden Internetgruppe, der er angehört und die jeden Toten mit Tokens honoriert, beobachten wir live, wie eine Gruppe ein neues, abscheuliches Wertesystem schafft, das auch vor dem Gesetz nicht haltmacht. Ein neuer Terrorismus, der Menschen zu Avataren in einem Videospiel degradiert, die man ermorden darf, ja sollte, um etwas zu gelten. Dem muss mit aller Härte des Gesetzes Einhalt geboten werden. Und wir dürfen dazu nicht schweigen.

Die Opfer von Diskriminierung selbst, sofern sie die Kraft haben, mögen sich ebenfalls artikulieren. Wenn es geht, lautstark. #MeToo, #MeTwo sind Beispiele für ein Sich-zur-Wehr-Setzen, das uns allen zugutekommt. Cherno Jobatai verließ die TV-Sendung *Zimmer frei*, als ihm als Legastheniker eine Buchstabensuppe serviert wurde, Bettina Böttinger kam zu Harald Schmidt in die Sendung, um als Reaktion auf üble sexistische Witze gegen sie das Studio gleich wieder zu verlassen – all dies sind wichtige Grenzsetzungen.

Natürlich stehen diese Ereignisse in keinem Verhältnis zu terroristischen Morden, psychologisch gesprochen gibt es aber eine Beziehung zwischen Sprache → Stereotypen → Vorurteilen → Diskriminierung → Dehumanisierung → Aggression → Mord. Wehret den Anfängen. Wenn man kann, sollte man zeigen: »Ich trete für andere ein, und ich lasse mir auch nicht die leiseste Beleidigung gefallen. Diskriminierung ist außerhalb *unserer* Normen.«

Jede Gesellschaft definiert immerfort ihre Normen neu, und wenn wir zuschauen, wie Menschen Hasslieder singen oder andere nur wegen ihrer Gruppenzugehörigkeit schlecht behandeln, definieren wir die Normen mit.

Man kann nicht nicht handeln.
Zusehen ist Handeln.
Wegschauen ist Handeln.
Sich Herausreden ist Handeln.
Schweigen ist Handeln.

All das schafft genauso Normen, wie sie aktiv zu verändern zu versuchen. Zögerlich merken das die Politiker*innen. Diplomatie nennt man das wohl, wenn Donald Trump ungestraft rassistisch sein darf. Viktor Orbán darf faschistische Parolen verlauten lassen, Boris Johnson macht sich über Hijab und Burka lustig, Erdoğan darf weiter Kurd*innen festnehmen lassen, und als er einen kriegerischen Feldzug in Syrien beginnt, interveniert kaum jemand oder sagt etwas, »um die internationalen Beziehungen nicht zu gefährden«.

Vor diesem Hintergrund der schweigenden Zustimmung zu offensichtlichem Unrecht gibt eine Pressekonferenz der Kanzlerin Merkel Hoffnung. Als Donald Trump eine Gruppe von US-Politikerinnen mit Migrationshintergrund wochenlang mit rassistischen Twitterangriffen bombardierte, hielt die Klasse der europäischen Toppolitiker*innen wieder einmal den Mund. Trump hatte gesagt, die Frauen sollten in ihre »ursprünglichen« und »völlig kaputten« Länder zurückgehen, und eine Menge Trump-Follower schrie begeistert: »Schickt sie zurück!« Kurz vor ihrem Urlaub durchbrach Angela Merkel die schweigende Zustimmung und kritisierte Trump öffentlich: »Ja. Ich distanziere mich davon entschieden und fühle mich solidarisch mit den drei attackierten Frauen.«

Normgrenzen müssen klar kommuniziert werden, sonst wird aus Abwertung schnell Hass, und Konflikte sowie Schlimmeres werden folgen.

Stereotype sind bequem. Sie geben Orientierung, sie erledigen im Handumdrehen die Beurteilung von Personen, sie erleichtern Entscheidungen und informieren uns über nächste Handlungsschritte. Natürlich können wir nicht ständig auf der Hut sein, natürlich sind wir uns nicht jedweder Handlung bewusst, und natürlich müssen wir nicht ständig mit größter Energie die besten aller Urteile fällen. Vor allem in sicheren Zeiten und wenn die Normen einer Gesellschaft humanistischen Idealen von Fairness, Inklusion, Wertschätzung und Friedfertigkeit folgen, können wir uns auf unsere Schubladen verlassen.

In solchen Zeiten leben wir aber nicht. In solchen Zeiten leben wir nicht mehr. Aus irgendeinem Grund glauben immer mehr, zu kurz gekommen zu sein, zu wenig zu haben, sich nicht entfalten zu können. Irgendwer hat ihnen eingeredet, dass sie mehr verdient hätten.

Eine absurde Idee: Wer hat etwas verdient, und warum? Wieso sitzen wir in gepflegten, warmen Wohnungen mit fließend Wasser und haben so viel, dass wir es uns leisten können, Lebensmittel vergammeln zu lassen, durch die Welt zu fliegen und in ärmeren Ländern unser Recht auf Schnitzel und deutschen Dröppelkaffee geltend zu machen? Womit haben wir das verdient, und warum hat ein Mensch in Afrika das nicht verdient?

Nichts haben wir verdient. Wir haben Glück gehabt, und wir haben große Teile der Welt ausgebeutet und sie mit teuren Waffen versehen. Stolz können wir darauf nicht sein. Wir haben nicht mehr verdient als die anderen überall in der Welt.

Vielleicht ist es ein erster Schritt, das zu würdigen, was wir alles geschafft haben, und dankbar für das zu sein, was wir alles haben? Dankbar dafür zu sein, dass wir nicht irgendwo anklopfen und um Schutz bitten müssen. Dankbar dafür zu sein, dass wir uns entfalten können. Sich selbst zu verwirklichen, das sollten wir auch jedem anderen zubilligen. Und nicht nur das, wir sollten jedem einzelnen Menschen auch dazu verhelfen.

Danksagung

Mein Dank geht an Margit Ketterle, Jürgen Bolz und Caroline Draeger, die mich bei Droemer Knaur hervorragend betreut haben.

Sabine Wünsch sei für das überaus sorgfältige, kreative und achtsame Lektorat gedankt. Wieder einmal hieß es, drastisch zu kürzen, und das hat überhaupt nicht wehgetan – im Gegenteil, es hat dem Buch nur genutzt.

Frank G. Hirschmann hat mich immer wieder dazu ermuntert, Wissenschaft auf meine eigene Weise zu präsentieren. Dein unerschütterlicher Glauben an mich motiviert mich stets aufs Neue, Projekte anzugehen, die mir zunächst zu groß erscheinen. Und deine Wut über Ungerechtigkeit und Dummheit in der Welt geben mir immer wieder Energie, mich mit unangenehmen Themen auseinanderzusetzen.

Manon Grashorn hat mich schon früh mit guter Literatur versorgt. Du hast mir bereits in meiner Kindheit eine Idee gegeben, dass diese Welt nicht an den Grenzen von Ostwestfalen-Lippe aufhört, und eine Neugierde in mir entfacht, die mich immer wieder motiviert, Neues zu versuchen und auf Menschen zuzugehen.

Roswitha Schüttensack sei gedankt für ihre erstklassige Supervision. *Jeder ist für seine Stimmung selbst verantwortlich* – dieser Satz von dir bekommt im Bezug auf dieses Buch eine besondere Bedeutung. Man darf Ungerechtigkeiten nicht so stehen lassen, auch, damit man sich selbst nicht länger darüber ärgern muss.

Ich danke dem Institut für Systemische Ausbildung und Entwicklung, IF Weinheim, das mir die gedankliche und finanzielle Freiheit bietet, die ich benötige, um größere Projekte anzugehen. Das Buch hat darüber hinaus von intellektuellen Diskussionen mit euch und den Teilnehmenden unserer Seminare profitiert! *Wer redet wie über wen, wie nehmen wir andere wahr, was ist mein Anteil bei der Personenwahrnehmung, was bedeutet eine Krise für ein System, und wie gelingt ein Blick von außen auf diese Prozesse ...* Diese Fragen sind im Fokus unserer Therapieausbildung. Mein Dank geht an Hagen Böser, Angelika Pannen-Burchartz, Bettina Grote, Dennis Haase, Cornelia Hennecke, Eva Kaiser-Nolden, Andreas Klink, Christopher Klüthmann, Karin Nöcker, Barbara Ollefs, Hans Lieb, Martina Pestinger, Stephan Theiling, Claudia Terrahé Hecking und alle anderen des Teams!

Jan Scheibe hat mir immer wieder Mut gemacht. Du hast meine Bücher verschlungen und sie in unserer Supervisionsrunde wieder und wieder in die Mitte des Raums gestellt, mit den Worten: »Das müsst ihr lesen.« Ich vermisse dich. Ruhe in Frieden.

Meiner Familie und allen meinen Freund*innen sei gedankt, die mich stets unterstützt haben. Gerade in den letzten Jahren hatte ich mit dem Aufbau unserer Praxis und des Systemischen Instituts für Positive Psychologie viel zu tun – vielen lieben Dank für Langmut und Hilfe!

Manfred Nußbaum hat mich während des gesamten Schreibprozesses begleitet, er hat die erste Version Korrektur gelesen und mich immerfort beraten. Manchmal haben mir die Themen des Buches richtig schlechte Laune gemacht, und dann hast du dich mit mir ereifert und geärgert und bist mit mir wandern gegangen. Wenn gar nichts mehr geht, hilft deine weltbeste Pizza sowieso über alles hinweg! Und wenn mir alles zu schwer erscheint, fragst du mich sanft, wie WRX, warum es nicht auch leicht sein könnte. Lieben Dank!

Literaturempfehlungen

Einleitung:
Wenn Normale verrücktspielen

Förster, J. (2007). Kleine Einführung in das Schubladendenken. Über Nutzen und Nachteil des Vorurteils. DVA, München.

Allport, G. W. (1954). The nature of prejudice. Reading, MA: Addison Wesley.

Teil I
Vorurteile, Diskriminierung und Stereotype – Von was reden wir hier eigentlich?

Werth, L., Denzler, M., & Mayer, J. (2017). Sozialpsychologie: Das Individuum im sozialen Kontext: Wahrnehmen – Denken – Fühlen. Springer Berlin.

Förster, J. (2012). Psychologie. Einführung in die Alltagspsychologie. Eine DVD-Serie mit 14 Psychologie-Vorlesungen. Zeit-Akademie, Hamburg.

Förster, J. (2018). Warum wir tun, was wir tun. Wie die Psychologie unseren Alltag bestimmt. Droemer Knaur, München.

Lippmann, W. (1922). Public opinion. Harcourt, Brace, New York.

Stroebe, W., Hewstone, M., & Stephenson, G. M. (1996). Sozialpsychologie. Eine Einführung. Springer, Berlin.

Tsvetkov, Y. (2016). Atlas der Vorurteile. Knesebeck, München.

Klamt, Marlies (2016). Handlungsempfehlungen für eine diversitätssensible Mediensprache. Frankfurt Goethe-Universität; https://www.uni-frankfurt.de/66760835/Diversitätssensible_Mediensprache.pdf.

Teil II
Unbewusste Vorurteile

Banaji, M. R., Hardin, C., & Rothman, A. J. (1993). »Implicit stereotyping in person judgment«. In: *Journal of Personality and Social Psychology,* 65, S. 272–281.

Devine, P. G. (1989). »Stereotypes and prejudice: Their automatic and controlled components«. In: *Journal of Personality and Social Psychology,* 56, S. 5–18.

Förster, J., & Liberman, N. (2007). »Knowledge activation«. In: E. T. Higgins & A. W. Kruglanski (Hrsg.), Social Psychology: Handbook of basic principles, S. 201–231. 2. Auflage, New York, Guilford.

Higgins, E. T., Rholes, W. S., & Jones, C. R. (1977). »Category accessibility and impression formation«. In: *Journal of Experimental Social Psychology,* 13, S. 141–154.

Hamilton, D. L., & Sherman, S. J. (1989). Illusory correlations: Implications for stereotype theory and research. In: Stereotyping and prejudice. Springer, New York, S. 59–82.

Wagner, U. (2016). »Sozialpsychologische Empfehlungen an Gesellschaft und Politik zum Umgang mit Geflüchteten in Deutschland«. In: *Systhema,* Heft 3, S. 223–232.

Förster, J. (2012). Unser Autopilot. Wie wir Wünsche verwirklichen und Ziele erreichen können – von der Motivationspsychologie lernen. DVA, München.

Henry, J. D., von Hippel, W., & Baynes, K. (2009). »Social inappropriateness, executive control, and aging«. In: *Psychology and Aging,* 24(1), S. 239–244.

Correll, J., Park, B., Judd, C. M., & Wittenbrink, B. (2002). »The police officer's dilemma: Using ethnicity to disambiguate potentially threatening individuals«. In: *Journal of Personality and Social Psychology,* 83, S. 1314–1329.

Duncan, B. L. (1976). »Differential social perception and attribution of intergroup violence: Testing the lower limits of stereotyping of blacks«. In: *Journal of Personality and Social Psychology,* 34(4), S. 590–598.

Gelfand, M. J., Harrington, J. R., & Jackson, J. C. (2017). »The strength of social norms across human groups«. In: *Perspectives on Psychological Science,* 12(5), S. 800–809.

Weichselbaumer, D. (2017). »Discrimination against migrant job applicants in Austria: an experimental study«. In: *German Economic Review,* 18(2), S. 237–265.

Liberman, N., & Förster, J. (2000). »Expression after suppression: A motivational explanation of post-suppressional rebound«. In: *Journal of Personality and Social Psychology*, 79, S. 190–203.

Förster, J., & Jostmann, N. B. (2015). »What is automatic self-regulation?«. In: *Zeitschrift für Psychologie*, S. 147–156.

Förster, J., Liberman, N., & Higgins, E. T. (2005). »Accessibility from active and fulfilled goals«. In: *Journal of Experimental Social Psychology*, 41, S. 220–239.

Levy, B. (1996). »Improving memory in old age through implicit self-stereotyping«. In: *Journal of Personality and Social Psychology*, 71, S. 1092–1107.

Seibt, B., & Förster, J. (2004). »Risky and careful processing under stereotype threat: How regulatory focus can enhance and deteriorate performance when self stereotypes are active«. In: *Journal of Personality and Social Psychology*, 87, S. 38–56.

Werth, L., & Förster, J. (2007). »The effects of regulatory focus on braking speed 1«. In: *Journal of Applied Social Psychology*, 37(12), S. 2764–2787.

Steele, C. M., & Aronson, J. (1995). »Stereotype threat and the intellectual test performance of African Americans«. In: *Journal of Personality and Social Psychology*, 69, S. 797–811.

Förster, J., Higgins, E. T., & Idson, L. C. (1998). »Approach and avoidance strength during goal attainment: regulatory focus and the ›goal looms larger‹ effect«. In: *Journal of Personality and Social Psychology*, 75(5), S. 1115–1131.

Hannover, B. (2008). »Vom biologischen zum psychologischen Geschlecht: Die Entwicklung von Geschlechtsunterschieden«. In: A. Renkl (Hrsg.). Lehrbuch Pädagogische Psychologie. Huber, Bern. S. 339–388.

Kray, L. J., Thompson, L., & Galinsky, A. (2001). »Battle of the sexes: gender stereotype confirmation and reactance in negotiations«. In: *Journal of Personality and Social Psychology*, 80(6), S. 399–411.

Brewer, M. B. (1997). »On the social origins of human nature«. In: C. McGarty und S. A. Haslam (Hrsg.), The message of social psychology: Perspectives on mind in society. Blackwell, Cambridge, MA. S. 54–62.

Schultz, P. W., Nolan, J. M., Cialdini, R. B., Goldstein, N. J., & Griskevicius, V. (2007). »The constructive, destructive, and reconstructive power of social norms«. In: *Psychological Science*, 18(5), S. 429–434.

Haslam, N., & Loughnan, S. (2014). »Dehumanization and infrahumanization«. In: *Annual Review of Psychology*, 65, S. 399–423.

Gervais, S. J., Vescio, T. K., Förster, J., Maass, A., & Suitner, C. (2012). »Seeing women as objects: The sexual body part recognition bias«. In: *European Journal of Social Psychology*, 42(6), S. 743–753.

Kenrick, D. T., & Sheets, V. (1993). »Homicidal fantasies«. In: *Ethology and Sociobiology*, 14(4), S. 231–246.

Tajfel, H. (1978). Differentiation between social groups: Studies in the social psychology of intergroup relations. Academic Press, London.

Mummendey, A., & Otten, S. (2001). »Aversive discrimination«. In: G. Fletcher & M.S. Clark (Hrsg.). Blackwell handbook of social psychology: Intergroup processes, S. 112–132.

Simon, B., & Pettigrew, T. F. (1990). »Social identity and perceived group homogeneity: Evidence for the ingroup homogeneity effect«. In: *European Journal of Social Psychology*, 20(4), S. 269–286.

Kram, J. (2018). Ich hab ja nichts gegen Schwule, aber …: Die schrecklich nette Homophobie in der Mitte der Gesellschaft. Querverlag, Berlin.

Förster, J. (2010). »Die Sozialpsychologie des Schubladendenkens: Vorurteile, Stereotype und Diskriminierung«. In: S. Baer, S. Smykalla, K. Hildebrandt (Hrsg.). Schubladen, Schablonen, Schema F. Stereotype als Herausforderung für Gleichstellungspolitik. Kleine-Verlag, München. S. 23–35.

Teil III
Bewusste Vorurteile

Ahrendt, H. (1990). Eichmann in Jerusalem. Reclam, Berlin.

Förster, J. (2015). Was das Haben mit dem Sein macht. Die neue Psychologie von Konsum und Verzicht. Pattloch, München.

Fromm, E. (1976). Haben oder sein. Die seelischen Grundlagen einer neuen Gesellschaft. dtv, München.

McConahay, J. B. (1986). »Modern racism, ambivalence, and the Modern Racism Scale«. In: J. F. Dovidio & S. L. Gaertner (Hrsg.). Prejudice, discrimination, and racism. Academic Press, Orlando, FL. S. 91–125.

Swim, J. K., Aikin, K. J., Hall, W. S., & Hunter, B. A. (1995). »Sexism and racism: Old-fashioned and modern prejudices«. In: *Journal of Personality and Social Psychology*, 68, S. 199–214.

Förster, J., Higgins, E. T., & Strack, F. (2000). »When stereotype disconfirmation is personal threat: How prejudice and prevention focus moderates incongruency effects«. In: *Social Cognition*, 18, S. 178–197.

Glick, P., & Fiske, S. T. (2001). »An ambivalent alliance: Hostile and benevolent sexism as complementary justifications for gender inequality«. In: *American Psychologist*, 56, S. 109–118.

Abrams, D., Viki, G. T., Masser, B., & Bohner, G. (2003). »Perceptions of stranger and acquaintance rape: The role of benevolent and hostile sexism in victim blame and rape proclivity«. In: *Journal of Personality and Social Psychology,* 84, S. 111–125.

Wright, L. W., Adams, H. E., & Bernat, J. (1999). »Development and validation of the homophobia scale«. In: *Journal of Psychopathology and Behavioral Assessment,* 21(4), S. 337–347.

Adams, H. E., Wright, L. W., & Lohr, B. A. (1996). »Is homophobia associated with homosexual arousal?«. In: *Journal of Abnormal Psychology,* 105(3), S. 440–445.

Olatunji, B. O. (2008). »Disgust, scrupulosity and conservative attitudes about sex: Evidence for a mediational model of homophobia«. In: *Journal of Research in Personality,* 42(5), S. 1364–1369.

Pratto, F., Sidanius, J., Stallworth, L. M., & Malle, B. F. (1994). »Social dominance orientation: A personality variable predicting social and political attitudes«. In: *Journal of Personality and Social Psychology,* 67(4), S. 741–763.

Adorno, T. W., Frenkel-Brunswik, E., Levinson, D. J., Sanford, R. N., Aron, B. R., Levinson, M. H., & William R. Morrow. (1950). The authoritarian personality.

Fromm, E. (1994). Escape from freedom. Macmillan, London.

Fromm, E. (1980): Arbeiter und Angestellte am Vorabend des Dritten Reiches. Eine sozialpsychologische Untersuchung. Bearbeitet und hrsg. von Wolfgang Bonß. DVA, Stuttgart.

Förster, J. (2019): Journeys with the greatest thinkers of the world: ERICH FROMM. Book 21: Hoedong-Gil, Paju-Si, Gyeonggido. Südkorea.

Baumeister, R. F., Smart, L., & Boden, J. M. (1996). »Relation of threatened egotism to violence and aggression: The dark side of high self-esteem«. In: *Psychological Review,* 103, S. 5–33.

Hanke, S., Rohmann, E., & Förster, J. (2019). »Regulatory focus and regulatory mode–Keys to narcissists' (lack of) life satisfaction?«. In: *Personality and Individual Differences,* 138, S. 109–116.

Altemeyer, B. (1996). The authoritarian spectre. Harvard University Press, Cambridge, MA.

Van Hiel, A., & De Clercq, B. (2009). »Authoritarianism is good for you: Right-wing authoritarianism as a buffering factor for mental distress«. In: *European Journal of Personality,* 23(1), S. 33–50.

Furia, P. A., & Lucas, R. E. (2008). »Arab Muslim attitudes toward the West: Cultural, social, and political explanations«. In: *International Interactions,* 34(2), S. 186–207.

Verkuyten, M., & Martinovic, B. (2012). »Social identity complexity and immigrants' attitude toward the host nation: The intersection of ethnic and religious group identification«. In: *Personality and Social Psychology Bulletin,* 38(9), S. 1165–1177.

Greenwald, A. G., McGhee, D. E., & Schwartz, J. L. (1998): »Measuring individual differences in implicit cognition: the implicit association test«. In: *Journal of Personality and Social Psychology,* 74(6), S. 1464–1480.

Neumann, R., Ebert, M., Gabel, B., Gülsdorff, J., et al. (1998): »Vorurteile zwischen Bayern und Norddeutschen. Eine neue Methode zur Erfassung evaluativer Assoziationen in Vorurteilen«. In: *Zeitschrift für experimentelle Psychologie,* 45, S. 99–108.

Fiedler, K., Messner, C., & Bluemke, M. (2006). »Unresolved problems with the ›I‹, the ›A‹, and the ›T‹: A logical and psychometric critique of the Implicit Association Test (IAT)«. In: *European Review of Social Psychology,* 17(1), S. 74–147.

Förster, J., Higgins, E. T., & Werth, L. (2004). »How threat from stereotype disconfirmation triggers self-defense«. In: *Social Cognition,* 22, S. 54–74.

Gillebaart, M., Förster, J., & Rotteveel, M. (2012). »Mere exposure revisited: The influence of growth versus security cues on evaluations of novel and familiar stimuli«. In: *Journal of Experimental Psychology: General,* 141(4), S. 699–714.

Greenberg, J., Pyszczynski, T., & Solomon, S. (1986). »The causes and consequences of a need for self-esteem: A terror management theory«. In: R. F. Baumeister (Hrsg.). Public self and private self. Springer-Verlag, New York. S. 189–212.

Lavine, H., Lodge, M., Policak, J., & Taber, C. (2002). »Explicating the Black Box through Experimentation: Studies of Authoritarianism and Threat«. In: *Political Analysis,* 10(4), S. 343–361.

Teil IV
Wie wir das Atom spalten

Williams, K. D., Forgas, J. P., & Von Hippel, W. (Hrsg.) (2005): The Social Outcast: Ostracism, Social Exclusion, Rejection, and Bullying. Psychology Press.

Meyer, I. H. (2003). »Prejudice, social stress, and mental health in lesbian, gay, and bisexual populations: conceptual issues and research evidence«. In: *Psychological Bulletin,* 129(5), S. 674–697.

Brown, R. C., Plener, P., Brähler, E., & Fegert, J. M. (2019). »Zusammenhang von Mobbing, internalisierenden Verhaltensproblemen und Inanspruchnahme von psychiatrischer und psychotherapeutischer Behandlung in der deutschen Allgemeinbevölkerung«. In: *Nervenheilkunde,* 38(01), S. 10–16.

Lindert, J., von Ehrenstein, O., Priebe, S., Mielck, A., & Brähler, E. (2009): »Depression and anxiety in labor migrants and refugees – review and meta-analysis«. In: *Social Science & Medicine,* 69, S. 246–257.

Plöderl, M., Kralovec, K., Fartacek, C., & Fartacek, R. (2009). »Homosexualität als Risikofaktor für Depression und Suizidalität bei Männern«. In: *Blickpunkt der Mann,* 7(4), S. 28–37.

Förster, J. (2017). Der kleine Krisenkiller: 12 Wege, schwierige Lebenssituationen zu meistern. Pattloch, München.

Frankl, V. E. (2018). Der leidende Mensch: Anthropologische Grundlagen der Psychotherapie. Hogrefe, Göttingen.

Förster, J. (2016). »Wenn wir bleiben, sind wir wie der Strand, nicht ganz Wasser, nicht ganz Land«. Bericht über den Fachtag »Flucht – Trauma – Resilienz« in Hamm (25. und 26. Juni 2016). In: *Systhema,* Heft 3, S. 295–302.

Hüllemann, B. (2019). Einführung in die Traumatherapie. Carl-Auer Compact, Heidelberg.

Hardin, R. (2015). Collective action. RFF Press, Washington.

Kawakami, K., Dovidio, J. F., Moll, J., Hermsen, S., & Russin, A. (2000): »Just say no (to stereotyping): effects of training in the negation of stereotypic associations on stereotype activation". In: *Journal of Personality and Social Psychology,* 78(5), S. 871–888.

Vervecken, D., Gygax, P. M., Gabriel, U., Guillod, M., & Hannover, B. (2015). »Warm-hearted businessmen, competitive housewives? Effects of gender-fair language on adolescents' perceptions of occupations«. In: *Frontiers in Psychology* (Online Journal), 6, No. 1437.

Förster, J., & Nußbaum, M. (2015). »Die Oma mit dem Häkeljäckchen. Möglichkeiten von Toleranz im Fernsehen«. In: *tv diskurs,* 19, S. 36–39.

Schiappa, E., Allen, M., & Gregg, P. B. (2007). »Parasocial Relationships and Television: A Meta-Analysis of the Effects«. In: Preiss, R. W., Gyle, B. M., Burrell, N., Allen, M., & Bryant, J. (Hrsg.). Mass media effects research: Advances through meta-analysis. Lawrence Erlbaum Associates Publishers, Mahwah, NJ. S. 301–314.

Ford, T. E., Boxer, C. F., Armstrong, J., & Edel, J. R. (2008). »More than ›just a joke‹: The prejudice-releasing function of sexist humor«. In: *Personality and Social Psychology Bulletin,* 34(2), S. 159–170.

Tajfel, H., & Turner, J. C. (1979). »An integrative theory of intergroup conflict«. In: Austin, W. G., & Worchel, S. (Hrsg.). The social psychology of intergroup relations. Brooks/Col, Monterey, CA. S. 33–47.

Förster, J. (2016). »Denken Sie einmal nicht an rosa Elefanten. Vom Nutzen und Nachteil der politischen Korrektheit«. In: *tv diskurs*, 20, S. 24–27.

Wegner, D. M., Schneider, D. J., Carter, S., & White, L. (1987). »Paradoxical effects of thought suppression«. In: *Journal of Personality and Social Psychology*, 53, S. 5–13.

Förster, J., & Liberman, N. (2001). »The role of attribution of motivation in producing post-suppressional rebound«. In: *Journal of Personality and Social Psychology*, 81, S. 377–390.

Förster, J., & Liberman, N. (2005). »A motivational model of post-suppressional rebound«. In: *European Review of Social Psychology*, 15, S. 1–32.

Denzler, M., Förster, J., & Liberman, N. (2010). »Aggressive, funny and thirsty: A motivational inference model approach to behavioral rebound«. In: *Personality and Social Psychology Bulletin*, 36, S. 1385–1396.

Ng, E. S., Schweitzer, L., & Lyons, S. T. (2012). »Anticipated discrimination and a career choice in nonprofit: A study of early career lesbian, gay, bisexual, transgendered (LGBT) job seekers«. In: *Review of Public Personnel Administration*, 32(4), S. 332–352.

Spitzer, R. L. (2003). »Can some gay men and lesbians change their sexual orientation? 200 participants reporting a change from homosexual to heterosexual orientation«. In: *Archives of Sexual Behavior*, 32(5), S. 403–417.

Haider-Markel, D. P., & Joslyn, M. R. (2008). »Beliefs about the origins of homosexuality and support for gay rights. An Empirical Test of Attribution Theory«. In: *Public Opinion Quarterly*, 72(2), S. 291–310.

LeVay, S., & Hamer, D. H. (1994). »Evidence for a biological influence in male homosexuality«. In: *Scientific American*, 270(5), S. 44–49.

Corrigan, P. W., River, L. P., Lundin, R. K., Penn, D. L., Uphoff-Wasowski, K., Campion, J., & Kubiak, M. A. (2001). »Three strategies for changing attributions about severe mental illness«. In: *Schizophrenia Bulletin*, 27(2), S. 187–195.

Shaver, K. G. (2016). An introduction to attribution processes. Routledge, Abingdon.

Lieb, H. (2014). Störungsspezifische Systemtherapie: Konzepte und Behandlung (Störungen systemisch behandeln). Carl Auer, Heidelberg.

Hafer, C. L., & Sutton, R. (2016). »Belief in a just world«. In: Sabbagh, C., & Schmitt, M. (Hrsg.). Handbook of social justice theory and research. Springer, New York. S. 145–160.

Human-Vogel, S., & Morkel, J. (2017). »Teacher and learners' belief in a just world and perspectives of discipline of Grade 4-8 learners in South African schools«. In: *Educational Studies,* 43(3), S. 343–353.

Steele, C. M. (1997). »A threat in the air: How stereotypes shape intellectual identity and performance«. In: *American Psychologist,* 52(6), S. 613–615.

Maass, A., Salvi, D., Arcuri, L., & Semin, G. R. (1989): »Language use in intergroup contexts: the linguistic intergroup bias«. In: *Journal of Personality and Social Psychology,* 57(6), S. 981–993.

Denson, N. (2009). »Do curricular and cocurricular diversity activities influence racial bias? A meta-analysis«. In: *Review of Educational Research,* 79(2), S. 805–838.

Kalinoski, Z. T., Steele-Johnson, D., Peyton, E. J., Leas, K. A., Steinke, J., & Bowling, N. A. (2013). »A meta-analytic evaluation of diversity training outcomes«. In: *Journal of Organizational Behavior,* 34(8), S. 1076–1104.

Strack, F., & Hannover, B. (1996). »Awareness of influence as a precondition for implementing correctional goals«. In: Gollwitzer, P. M., & Bargh, J. A. (Hrsg.), The psychology of action: Linking cognition and motivation to behavior. Guilford Press, New York. S. 579–596.

Goldin, C., & Cecilia R. (2000). »Orchestrating impartiality: the impact of ›blind‹ auditions on female musicians«. In: *American Economic Review,* 90, S. 715–741.

Crosby, F. J., Clayton, S., Downing, R. A., & Iyer, A. (2003). »Affirmative action: Psychological data and the policy debates«. In: *American Psychologist,* 58, S. 93–115.

Crosby, F. J., Clayton, S., Downing, R.A., & Iyer, A., & (2003): »Affirmative action: Psychological data and the policy debates". In: *American Psychologist,* 58, S. 93–115.

Klawitter, M. (2015). »Meta-analysis of the effects of sexual orientation on earnings«. In: *Industrial Relations: A Journal of Economy and Society,* 54(1), S. 4–32.

van Elk, M., & Aleman, A. (2017). »Brain mechanisms in religion and spirituality: An integrative predictive processing framework«. In: *Neuroscience & Biobehavioral Reviews,* 73, S. 359–378.

Wenzel, M., Mummendey, A., & Waldzus, S. (2008). »Superordinate identities and intergroup conflict: The ingroup projection model«. In: *European Review of Social Psychology,* 18(1), S. 331–372.

Kessler, T., Mummendey, A., Funke, F., Brown, R., Binder, J., Zagefka, H., … & Maquil, A. (2010). »We all live in Germany but … Ingroup projection, group-based emotions and prejudice against immigrants«. In: *European Journal of Social Psychology,* 40(6), S. 985–997.

Förster, J., & Nußbaum, M. (2018). »Körperweisheit trifft Vorurteil: Der Einsatz von Embodiment bei Trainings zu Empathie und fairer Personenbeurteilung«. In: Brohm-Badry, M., Peifer, C., Greve, J.M., & Berend, B. (Hrsg.). Wie Menschen wachsen. Pabst, Lengerich.

Schoon, I., Cheng, H., Gale, C. R., Batty, G. D., & Deary, I. J. (2010). »Social status, cognitive ability, and educational attainment as predictors of liberal social attitudes and political trust«. In: *Intelligence,* 38(1), S. 144–150.

Beere, C. A., King, D. W., Beere, D. B., King, L. A. (1984). »The Sex-Role Egalitarianism Scale: A measure of attitudes toward equality between the sexes«. In: *Sex Roles,* 10, S. 563–576.

Fein, S., & Spencer, S. J. (1997). »Prejudice as self-image maintenance: Affirming the self through derogating others«. In: *Journal of Personality and Social Psychology,* 73, S. 31–44.

Mruk, C. J. (2013). Self-esteem and positive psychology: Research, theory, and practice. Springer Publishing Company, New York.

Rosenberg, M. (1965). Society and the adolescent self-image. Princeton University Press, Princeton.

Greenwald, A. G., & Farnham, S. D. (2000). »Using the implicit association test to measure self-esteem and self-concept«. In: *Journal of Personality and Social Psychology,* 79(6), S. 1022–1038.

Crocker, J., & Major, B. (1989). »Social stigma and self-esteem: The self-protective properties of stigma«. In: *Psychological Review,* 96(4), S. 608–630.

Michalak, J., Teismann, T., Heidenreich, T., Ströhle, G., & Vocks, S. (2011). »Buffering low self-esteem: The effect of mindful acceptance on the relationship between self-esteem and depression«. In: *Personality and Individual Differences,* 50(5), S. 751–754.

Satir, V., & Watson, R. (1975). Self esteem. Celestial Arts, Millbrac, CA.

Molter, H., & Grabbe, M. (2014). »Virginia Satir. Das bleibt!«. In: *Familiendynamik,* 39, S. 284–294.

Pettigrew, T. F., & Tropp, L. R. (2006). »A meta-analytic test of intergroup contact theory«. In: *Journal of Personality and Social Psychology,* 90, S. 751–783.

Allport, G. W. (1954). The nature of prejudice. Addison Wesley, Boston.

Heatherington, L., & Lavner, J. A. (2008). »Coming to terms with coming out: Review and recommendations for family systems-focused research«. In: *Journal of Family Psychology,* 22(3), S. 329–343.

Woltin, K.-A., Corneille, O., Yzerbyt, V.Y., & Förster, J. (2011). »Narrowing down to open up for other people's concerns: Empathic concern can be enhanced by inducing detailed processing«. In: *Journal of Experimental Social Psychology,* 47, S. 418–424.

Aronson, E., & Patnoe, S. (1997). The jigsaw classroom. 2. Auflage. Longman, New York.

Förster, J., & Nußbaum, M. (2016). Eine Begegnung mit der Schublade auf Augenhöhe – Wie man körperliche Metaphern zur Vorurteilssensibilisierung einsetzen kann. Konferenz des IF Weinheim, Institut für systemische Ausbildung und Entwicklung, Weinheim.

Für ein vollständiges Literaturverzeichnis des Autors siehe:
https://scholar.google.de/citations?user=V51Qj1wAAAAJ&hl=
oder
https://www.systemisch-positive-praxis-koeln.de/ueber-uns/dr-jens-foerster/

Anmerkungen

Einleitung:
Wenn Normale verrücktspielen

1 Namen von Personen und Orten aus meinem alltäglichen Leben sind normalerweise geändert. Gespräche mit Klienten beschreibe ich hier so, dass man sie nicht wiedererkennen kann. Die Anekdoten dienen der Illustration.
2 Hashtag, der sich gegen die Diskriminierung von Menschen mit Migrationshintergrund wendet. »Two« steht für zwei Identitäten oder zwei Kulturen, denen sich diese Menschen oft verbunden fühlen.
3 Beim Schreiben dieses Buches wurde Missbrauch an Studentinnen an den Musikhochschulen in Düsseldorf und Hamburg öffentlich …

Teil I
Vorurteile, Diskriminierung und Stereotype –
Von was reden wir hier eigentlich?

1 https://www.faz.net/aktuell/wirtschaft/sexuelle-diskriminierung-ein-unmoralisches-angebot-1306414.html
2 https://www.eurosport.de/fussball/mesut-ozil-seine-zusammengefasste-erklarung_sto6859289/story.shtml
3 Beim Schlager und an der Oper aber weiß ich es sicher: Hier werden europäisch aussehende Weiße vorgezogen.
4 Dies führt, wie eigene Forschung an der Universität Amsterdam gezeigt hat, auch dazu, dass man sie gern abends und am Wochenende arbeiten lässt (»Die haben ja sonst nichts zu tun …«).
5 Ich zähle drei Sozialpsychologie-Professoren aus dem deutschen Osten.
6 Die Charta der Vielfalt war ursprünglich eine Selbstverpflichtung von vier Unternehmen und ist seit 2010 ein Verein unter der Schirmherrschaft der Bundeskanzlerin.
7 https://www.uni-frankfurt.de/66760835/Diversitätssensible_Mediensprache.pdf

8   Für sie fand ich noch nicht einmal eine angenehmer klingende Berufsbezeichnung. Toilettenfrau klingt, finde ich, auch nicht besser.

Teil II
Unbewusste Vorurteile

1   Oder dass auch Frauen zu Täterinnen werden können, wenn sie nur genügend Macht haben. https://www.stern.de/neon/wilde-welt/gesellschaft/-metoo-thread--wenn-maenner-sexuell-missbraucht-werden-8366020.html
2   https://www1.wdr.de/nachrichten/ruhrgebiet/rechtswidrige-personenkontrolle-hautfarbe-100.html
3   Wobei aufmerksame Leser*innen hier vermutlich stutzen, denn die Prozesse waren den Fahrgästen nicht bewusst. Vermutlich war die Basis dafür ein im Gedächtnis schlummerndes Stereotyp.
4   https://www.zeit.de/arbeit/2017-09/anonyme-bewerbung-unternehmen-diversity-gleichberechtigung.
5   http://www.spiegel.de/kultur/gesellschaft/metwo-wo-kommst-du-eigentlich-her-darf-man-das-fragen-a-1222620.html
6   Ebda.
7   https://www.zeit.de/2017/20/rassismus-identitaet-integration-hautfarbe-herkunft
8   Siehe den Bericht aus der *taz* aus dem Jahr 2007. Seitdem scheint sich kaum etwas getan zu haben: https://www.tagesspiegel.de/politik/studie-wenig-bildungschancen-fuer-sozial-schwache/962868.html
9   https://www.zeit.de/karriere/2016-07/kinderarmut-eltern-einkommen-klassenfahrten-bildung/seite-2
10 Die Geschlechtsbezeichnung ist hier bewusst gewählt, es gibt ja kaum weibliche Professoren.
11 https://auslandskarriere.de/beste-laender-zum-auswandern-2017/
12 Dabei haben viele von uns schon einmal Mordgedanken gehabt. In einer Befragung, die wir vor einigen Jahren in Deutschland durchführten, waren es 60 bis 80 % der Teilnehmenden; das entspricht dem Prozentsatz in anderen, internationalen Studien. Aber wie wir wissen, setzt nur ein minimaler Teil diese Gedanken auch um. Die meisten von uns hätten gar große Probleme, anderen körperliche Schmerzen zuzufügen.
13 Um dem Eindruck entgegenzuwirken, das wäre kein aktueller Fall, sei darauf hingewiesen, dass in den USA derzeit ein Anwachsen von Mor-

den gegenüber Homosexuellen und Transmenschen beobachtet wird. https://abcnews.go.com/US/recent-lgbtq-attacks-highlight-hate-crimes/story?id=63575407

14 Gegen diese These sprechen auch noch andere Befunde, auf die ich später zurückkommen werde.

15 Ich fand allerdings den Titel der *taz* noch genialer; sie hatte ein eingeschwärztes Titelblatt, worauf in weißen Lettern stand: »Oh, mein Gott!«

16 Oftmals bieten sich deshalb bei Paarberatungen Therapeuten-Tandems an. In unserer Praxis beraten wir oft Paare zu zweit, weil sich so etwaige Parteilichkeiten ausgleichen.

17 Üblicherweise werden die Versuchsteilnehmenden vor solchen Untersuchungen darüber aufgeklärt, dass sie vor und während der Studie nicht alles über den Untersuchungszweck erfahren und ihnen Informationen eventuell vorenthalten oder verzerrt geboten werden. Am Ende werden dann alle detailliert aufgeklärt und können beantragen, dass ihre Daten gelöscht werden.

18 Der Blogger Johannes Kram verfolgt den schwulenfeindlichen Humor schon seit Jahren. Der Nollendorfblog ist unter anderem ein Zeugnis der immer wiederkehrenden Homophobie im deutschen »Humor«. https://www.nollendorfblog.de

Teil III
Bewusste Vorurteile

1 https://www.tagesschau.de/inland/luebcke-pegida-101.html

2 Tatsächlich stand mehrere Male im Netz, dass ich mich umgebracht hätte.

3 Im Herbst 2019 erschien eine Fromm-Biografie von mir: *Journeys With the Greatest Thinkers of the World*: Erich Fromm.

4 Hitler hat sich in *Mein Kampf* seitenweise Fragen der Erziehung gewidmet. Er forderte, das deutsche Kind im Bewusstsein einer Herrenrasse zu erziehen: »Seine gesamte Erziehung und Ausbildung muss darauf angelegt werden, ihm die Überzeugung zu geben, anderen unbedingt überlegen zu sein.« Gleichzeitig soll das Kind lernen, dass es vor Ranghöheren nichts wert ist – die Unterwerfung gegenüber Schutzbefohlenen geht dabei so weit, dass »der junge Volksgenosse« sogar lernen muss, »zu schweigen, nicht nur, wenn er mit Recht getadelt wird, sondern er soll auch lernen, wenn nötig, Unrecht schweigend zu ertra-

gen.« Treffender kann man die Mischung aus Sadismus (nach unten treten) und Masochismus (nach oben buckeln) nicht zusammenfassen.
5 WRX, der ja offensichtlich gar nicht in Gruppen denkt, zeigte in dem Test übrigens überhaupt keine Präferenz. Zwar mochte er bestimmte Namen besonders gern (Imke, weil ihn das an Bienen erinnerte, die er gern im Fell hat, Sepp, weil er mit meinem Neffen gern Kasperle spielt, etc.), aber diese individuellen Bewertungen glichen sich in den Gruppen jeweils aus. Es kann aber auch sein, dass er schummelte.
6 IATs zu mehreren Themen stellt z. B. die Website https://implicit.harvard.edu/implicit/germany/ zur Auswahl.
7 Okay, WRX findet es insgesamt bedenklich, dass wir mit unserem anfälligen mentalen System Gesellschaften schaffen, in denen immer alles schnell gehen muss. Warum lässt man sich nicht Stunden Zeit, bevor man jemand anderen bewertet? Gut, ein Alien darf so etwas mal fragen ...
8 https://www.faz.net/aktuell/politik/fluechtlingskrise/beatrix-von-storch-afd-vizechefin-will-polizei-sogar-auf-kinder-schiessen-lassen-14044186.html

Teil IV
Wie wir das Atom spalten

1 Wortlaut des Vatikans (Papst Franziskus) in seiner Stellungnahme zur »Gender-Theorie« – https://www.katholisch.de/aktuelles/aktuelle-artikel/vatikan-veroffentlicht-kritische-stellungnahme-zu-gender-theorie
2 Höcke bedient sich immer wieder faschistischer Rhetorik. Ein anderes Beispiel: »Heute […] lautet die Frage nicht mehr Hammer oder Amboss, heute lautet die Frage Schaf oder Wolf. Und ich, liebe Freunde, meine hier, wir entscheiden uns in dieser Frage: Wolf.« In der NSDAP-Zeitung *Der Angriff* schrieb Propagandaminister Joseph Goebbels: »... Wir kommen als Feinde! Wie der Wolf in die Schafherde einbricht, so kommen wir!« (https://www.bento.de/politik/afd-bjoern-hoecke-nutzt-goebbels-anspielung-beim-kyffhaeusertreffen-in-sachsen-anhalt-a-00000000-0003-0001-0000-000002539482)
3 Aber auch das hängt vom jeweiligen Kontext ab. In Sabine Nägelis religiösem Gedicht »Du hast mein Dunkel geteilt« stört es mich jedenfalls nicht – hier ging es ihr wohl darum, sowohl Männer wie Frauen sprachlich zu inkludieren. Und wer weiß, wenn wir uns in ein paar Jahren daran gewöhnt haben, fällt es vielleicht ja nicht mehr auf.

4 WRX erinnert auch an E. T., Mork vom Ork und Alf, wo »endlich« einmal die Wahrheit über Außerirdische gezeigt worden wäre. Nämlich, dass es sich dabei um freundliche Wesen handelt und nicht etwa um schleimige Feinde.

5 In meinem Buch *Was das Haben mit dem Sein macht* habe ich die Forschung zu den Nachteilen des Materialismus zusammengefasst.

6 Tatsächlich waren für das Pionierexperiment aus genau diesem Grund Eisbären gewählt worden, denn wenn der Effekt schon bei Eisbären auftritt, wie stark muss er dann erst bei relevanterem Material sein?

7 Psychologische Theorien sind wie Think Tanks, die immer wieder neue Ideen produzieren können. Ich kann dem wissenschaftlichen Nachwuchs nur empfehlen, sich an der Entwicklung von Theorien zu versuchen, auch wenn das an deutschen Universitäten verpönt ist. Ich muss zugeben, dass ich auch 20 Jahre nach der Erfindung unserer Unterdrückungstheorie noch immer stolz auf sie bin. Hunderte haben sie zitiert und als Basis für neue Forschungsideen genützt (s. https://scholar.google.de/citations?user=V51Qj1wAAAAJ&hl=de). Zudem konnten wir vielen Menschen helfen, aus der Bumerang-Falle herauszukommen.

8 Übrigens liegt das teils daran, dass Schwule in Domänen, die mit heterosexuellen Männern assoziiert werden, Angst vor Diskriminierung haben und auch deshalb diese Branchen meiden, wie Eddy Ng und Team zeigen konnten.

9 Auch in Spanien unterstützt die Bischofskonferenz Therapien gegen Homosexualität (https://hpd.de/artikel/spanien-bischofskonferenz-unterstuetzt-kurse-zur-heilung-homosexueller-16769). Und der Vorstoß von Gesundheitsminister Jens Spahn vom Frühjahr 2019, solche Therapien zu verbieten, zeigt, dass es sie auch in Deutschland immer noch gibt!

10 Eine ausführliche Auseinandersetzung mit Vorschlägen zur Umgangsweise mit Diagnosen in der systemischen Therapie findet sich bei Hans Lieb (2014).

11 Das ist, mit Verlaub, eine peinlich kleine Stichprobenzahl. Wenn »die Politik« tatsächlich denkt, dass das Forschung sei, wird klar, wie weit entfernt Deutschland von einem Forschungsland ist.

12 Um meine Alien noch mehr zu belustigen, könnte ich nun anführen, dass, so die Forschung, selbst in Armeen und bei der Bundeswehr das Aussehen bei der Bewerbung eine große Rolle spielt – und auch da ist es ja letztendlich egal, wer im Graben liegt oder, auf die Spitze gebracht, fürs Vaterland stirbt. Damit sie aber nicht vollends schlecht über uns denkt, hänge ich das hier einmal nicht an die große Glocke.

13 Für 2018 und 2019 waren beim Verfassen des Buches noch keine Zahlen verfügbar; https://www.rehadat-statistik.de/de/berufliche-teilhabe/Beschaeftigung/BA_Schwerbehindertenstatistik/index.html.
14 Für eine deutsche Pressemeldung siehe https://www.faz.net/aktuell/wirtschaft/universitaet-eindhoven-frauenfoerderung-extrem-16255790.html.
15 Man kann sich vorstellen, was WRX befürchtet. Sie fordert »eine Gruppe des Universums« und merkt gleichzeitig, wie wenig das Mummendeys Logik widerspricht.
16 Für eine Chronik der Geschehnisse siehe http://socolab.de/main.php?id=66.
17 Wobei es natürlich immer im Auge des Betrachters liegt, was eine Stärke ist. Jedenfalls sollte Lob nicht mit der Gießkanne verteilt werden, sondern selektiv. Dies ist, so die Forschung, wirksamer.

Alle im Text enthaltenen externen Links begründen keine inhaltliche Verantwortung des Verlages, sondern sind allein von dem jeweiligen Dienstanbieter zu verantworten. Der Verlag hat die verlinkten externen Seiten zum Zeitpunkt der Buchveröffentlichung sorgfältig überprüft, mögliche Rechtsverstöße waren zum Zeitpunkt der Verlinkung nicht erkennbar. Auf spätere Veränderungen besteht keinerlei Einfluss. Eine Haftung des Verlages ist daher ausgeschlossen.

JENS FÖRSTER

WARUM WIR TUN, WAS WIR TUN

Wie die Psychologie unseren Alltag bestimmt

»Alles ist Psychologie. Jeder Händedruck, jede Kaufentscheidung, jede Politikdebatte verrät viel über die Akteure, sobald man die Dinge psychologisch betrachtet.«
Jens Förster

Warum stärken Komplimente unser Selbstbewusstsein? Wie vertrauenswürdig sind Zeugenaussagen? Weshalb unterschätzen sich manche Menschen? Gibt es Sex ohne Liebe und Liebe ohne Sex? Jens Förster begibt sich auf einen Streifzug durch unseren Alltag und zeigt an vielen anschaulichen Beispielen, wie die Psychologie unser Denken, Fühlen und Handeln erklärt – mit dem Ziel, uns selbst und andere besser zu verstehen.